江戸・明治の慶弔

～三河商家　萬般勝手覺～

新家　猷佑

郁朋社

はじめに

本稿で使用した『萬般勝手覺』は、筆者の先祖・萬屋源兵衛が、書き残した古文書である。大正時代、祖父・泰賀（八代）の転居で故郷（愛知県西尾市吉良町）を離れ、叔父・満の元に流れ着いた。叔父が亡くなり、遺品を整理していた叔母・千鶴子が見つけ、筆者の元に送ってきた。祖父も、叔父も『萬般勝手覺』の存在を知らなかったか、忘れていたようだ。

本稿の執筆に当たり、脳裏に浮かんだのは、アレックス・ヘイリーの自伝的長編小説『ルーツ』である。『ルーツ』ほど、劇的な起伏に富んでおらず、小説でもないので、執筆中、何度もひるんだが、江戸後期・明治の庶民の識字状況、慶弔を中心とした慣習・付き合い、暮らしぶり、方言、幕末の混乱期の様子等は、少なからず想像可能と考え、脱稿にこぎつけた。権力者が、好き勝手に紡ぐ織物の模様の一つとして映え、そして消えていった萬屋を描いた『ルーツ』の日本版『心の故郷《ふるさと》』とでも言うべき作品である。権力争いの混乱する時代に巻き込まれ、権力争いの勝者が、作り上げる時代に翻弄され、痛い目に合うのは、常に庶民である。

盛者必衰は世の習いか。庄屋を勤めた本家・松屋（喜左衛門）や白木屋（分蔵）をはじめ、本稿に登場する商店の殆どは現存しない。当主は萬屋同様、故郷を捨てた。現存する数少ない商店も業態を変えた。企業家は、世上の変化を注視し、創意・工夫をして挑戦し続けなければ、時代の波にのまれ、萬屋と同じ道を辿る。明治の初め、屋号の〝源兵衛〟名を領主に〝剥奪〟され、「當春凶年」と嘆いている萬屋は、企業家とは言えまい。

解読（印刷用の文字化）に当たっては、出来る限り原典に沿った。日付は、なるべくそのままとしたが、誤解を避けるため、手を加えたところもある。文章の区切り方は、現在とは異なり、読みにくいが、これもできるだけ、そのままとした。誤字・当て字（随時カッコで正字を示す）、脱字（随時カッコで補う）も当然、そのままとした。

したがって、当時の筆致状況が分かる。漢字の楷書、行書、草書をはじめ、異体文字、片仮名、平仮名、変体仮名と縦横無尽に使用。同一人でも、ほぼ同時期に様々な字体を使っており、あたかも、その時々の気分で書いているようにも思える。返り点は、付けなければ、読めないような個所はないので、省略した。

また、明らかな誤字と考えられる、辞書にもない字は、それらしい字に改めた。読めない字は、□で表すか、読めない字が多い部分は割愛した。（ゟは「ヨリ〈より〉」）

古文書に、現代で言う誤字、当て字、脱字等という概念は持ち込めない。書いた人は、誤字だとか、当て字だとか、脱字があるなどとは思っていない。常に正しい、と思って書いている。符丁もあるので、後世に読む人は、誤読を避けられない。

後世は習慣、考え方、言葉遣い等、様々な事柄が書かれた時代とは異なる。古文書を読むに当たって、誤読、間違いを恐れてはいけないし、非難してはならない、と筆者は思う。

自治体発行の村史、町史、市史、県史にも誤読、間違いがある。自己弁護のきらいがあるが、未熟さもあり、本稿にも誤読、間違いがある。そのことを頭に置いて読んで頂きたい。

なお、江戸時代の値段は、貨幣単位が複雑で変動がある上、何を基準にするか等、現代の価格への正確な換算はできない。だが、それでは読者に不親切と思い、本稿では、一応の目安として、米の価格を基準とした「古文書ネット」の換算方式で、現代のおよその価格を示す。

金貨は一両＝四分＝十六朱。銀貨は一貫＝千匁＝一万分＝十万厘。銭貨（銅銭）は一貫（〆）文＝千文。金一分＝金百疋。南鐐＝二朱銀。江戸中後期には、金一両が銀六十匁、銭六千五百文で換算されたという。米一石は約百五十キロ。現代の米価格は、かなり幅があるが、「古文書ネット」では、五キロで約二千五百円とするので、米一石の値段は約七万五千円となる。米一石は当時、ほぼ一両で買えた、といわれるので、一両は約七万五千円となる。したがって、銀一匁は約千二百五十円。銭百文は約千百五十二円となるから、銭一文は約十二円。金一分は二万円弱、金一朱は五千円弱となる勘定だ。

江戸・明治の慶弔／目次

源右衛門葬儀代は約二両一分／布施は良興寺に五百文と晒一反／八事山興正寺に回向料／三十四人が香典寄せる／最高額は糟谷友右衛門の二朱／津平村の大庄屋が弔問／二十五人から悃悵見舞い／五七日法事で取り延べ御斎／百ヶ日は三十七人に飾り配り／宇平を育てた乳母が死去／呼び人なしで父・源右衛門一周忌／彼岸中日に四霊の追善観音懺法／観音懺法に僧侶十七人が列席／「首尾よく済ませた」と喜ぶ宇平／源右衛門三回忌も呼び人なし／二代妻・飛さの三十三回忌／四代・宇平が妻・ひさを披露／松屋内室・民の案内で挨拶回り／伯母十三回忌と妹？　二十三回忌／東蔵石蔵の改築に着手／一ヶ月で東蔵石蔵改築が完成／ひさが四人で京参詣に出向く／留守見舞い断るが十九人が寄せる／三十人に線香、蝋燭等の土産／二つの年忌とも呼び人なし／宇平継母十七回忌は治兵衛が相伴／宇平が道明けで善助方へ挨拶／四十四人に土産の餅配る／名倉村大蔵寺の新命和尚が来訪／ひさが帯直し、女児を出産／西尾藩今井家老が祝い品／年末のため七夜祝い早める／四十六人に祝いの餅配る／女児を〝万津〟と名付け宮参り／盛大に父の七回忌／相伴は六人だが一汁七菜／若松屋へ〝松〟初立ちの餅／〝松〟の足立ち祝う餅配る／蓮如上人三百遠忌で良興寺御斎／〝松〟が四歳になり内祝い／実母二十三回忌で八事山へ回向料／宇平が盛大に祖父五十回忌／二斗八升もの米で餅を搗く／御斎は一汁七菜で本膳九人／宇平が急病を人参で治す／凶作の中、継母の二十三回忌／御斎の相伴は治兵衛と万久／ひさの病気が悪化、見舞い品／西尾藩今井家老から饅頭／今井家老がひさを見舞う／ひさの病気が再発し他界／灰葬は源徳寺が伴僧と営む／今回も津平村の大庄屋が弔問／五七日斎作りに又門添える／三十二人から香奠／報恩講兼ね惆悵飾りの餅搗き／村外十七軒、村内二十七軒に配る／又門が元服、文助と改名／ひさの百ヶ日は三上人招く／宇平が前蔵建て替え／領主死去で普請中断／十一月十日までに普請完了／ひさ一周忌に大工二人も呼ぶ／布施は十疋の予定が二十疋／父十三回忌を引き上げ／文助、松が相次ぎはしか罹患／ひさ三回忌呼び人は女性のみ／ひさ三回忌正当は文助が調菜／文化改元後に乳母十三回忌／友国村で先祖六霊の講／宇平継母二十七回忌を引き上げ／宇平は子供に手習い教える／御斎の相伴は十四人／献立一汁八菜は初めて／店の使用人が初めて調菜／継母二十七回忌と実母三十三回忌／一人娘の松が疱瘡に罹る／今井家老が上菓子等寄せる／八十五軒に松快癒祝いの餅／神棚、酒湯など一切なし／淋首座は二法事とも布施五十文

三　五代源兵衛・文助の時代

文化四（一八〇七）丁卯年二月七日／葬儀参列者は、ひさとほぼ同じ／布施は良興寺に五百文と白麻一反／三十九人が香典寄せる／懺法講帰り三ヶ寺和尚が寄る／宇平立日は三十四軒に餅配る／宇平五七日呼び人は十人／祖父十七回忌呼び人は八人／飾り餅配り先は十七人／宇平妻七回忌は女性のみ呼ぶ／宇平一周忌は呼び人八人／宇平三回忌も呼び人八人／宇平の弟と実母の三十七回忌／初代母百回忌を営む／二代妻五十回忌を営む／初代百回忌を盛大に営む／聖人

五百五十回忌と宇平継母三十三回忌／聖人五百五十回忌呼び人二十二人／宇平継母三十三回忌は分蔵と父呼ぶ／宇平弟三十三回忌に塔婆立てる／一緒に三代二十三忌と四代七回忌／三代姉三十三回忌と三代二十三回忌／宇平妻・ひさの十三回忌／松が嘉助、そのを連れ京参り／京参りの験か、男児を出産／七夜祝いの餅配りは四十二軒／五月に弥四郎祝儀で柏餅配り／宇平継母・しなの三十七回忌／父と弟の一周忌を一緒に営む／三代二十七回忌に四代妻十七回忌も／宇平乳母の二十七回忌を営む／文助が上横須賀村組頭に就任／宇平十三回忌は布施三十疋／飾り配りは他村の五軒だけ／性勒尼が初めて経をあげる／母命日に妹の二十三回忌／妻の松が赤痢に罹る／弟命日に父と弟の七回忌／文助に娘・こぎが誕生／宇平十七回忌と妻二十三回忌／斎の呼び人は二十人と多い／三代三十三回忌は呼び人三人／文政七年は大きな法事なし／母の十三回忌を営む／文政九年は祥月法事のみ／文助娘・こぎが熱を出す／三代三十七回忌も呼び人三人／四代妻・ひさの二十七回忌／三つの法事を一緒に営む／四代二十三回忌を引き上げ／呼び人は親戚三軒が二人ずつ／弥四郎が元服、弥三郎と改名／文助が改元前に体調崩す？／四代二十七回忌は呼び人二十三人／三代実母の百回忌を営む／正月から文助の病状悪化

四　六代源兵衛・弥三郎の時代

文助葬儀に約百五十人／灰葬は七十人の支度／野送りに全下村役人／布施は正向寺に金百疋と白麻一反／七十五人が香典寄せる／名古屋・本町の店と取引／四十九日飾り配りは他所のみ

／父四十九日に四代妻三十三回忌／父・文助の石塔立てる／五人のハコツを八事山に納める／父一周忌飾り配りも村外のみ／呼び人は二十一人／献立も一汁七菜と豪華／二十六人が列席し懺法講／母・松が四人で善光寺参り／父・文助母の二十三回忌／父三回忌飾り配りは八人／呼び人は十八人／弥三郎が乙川村・喜兵衛娘と結納／藤次郎妻の百回忌／父命日に初代祥月法事も／弥三郎が道明けで参上／宇平妻・ひさの三十七回忌／飾り配りは二ヶ所のみ／弥三郎が喜兵衛娘・せつと婚礼／取持客等約七十人が列席／献立は一汁三菜念入り仕立て／天保六年から四年続きで凶作／嫁廻り土産は半紙や風呂敷／婚礼費用は約十四両／四十五人から祝いの金品／妻・せつが帯直し／せつが男児を死産／死産男児の七夜を祝う／五七日法要を三七日に営む／せつの帯直しで御袋再来／せつが再び男児を死産／死産男児初七日に四代三十三回忌／飾り配りは村外四軒／童子一周忌に続き百ヶ日／せつ三度目は女児死産／父七回忌飾り配りは七軒／呼び人は十二人／三代五十回忌呼び人は九人／飾り配りは二ヶ所／母・松が疲れ病気／松が四十五歳で病死／灰葬は七十人の支度／布施金二朱は於ひぬのきばり／五十六人が香典寄せる／淋し見舞い断るが十二人が寄せる／母の葬儀費用は約五両／惆悵飾り配りは村外二十一軒／母五七日は十九人呼ぶ／せつが女児出産も死去／二十人が香典寄せる／灰葬に約二十人参列／再登場の観喜光院様五十回忌／四代乳母五十回忌に性勒尼／先祖代々二十六人の施餓鬼／母一周忌の飾り配り五軒／呼び人は二十一人／料理は一汁三菜念入り仕立て／死んだ二女児の三回忌と一周忌／母ハコツを八事山に納める／母三回忌飾り配りは村外のみ／呼び人は二人減の十九人／四代三十七回忌飾り配り五軒／呼び人は十八人／せつが病に罹り見舞い品／せつが

二十七歳で病死／灰葬は七十人分を支度／四十二人が香典寄せる／葬儀費用は約五両壱分／淋し見舞いはわずか四件／二十四軒に中陰飾り配り／せつ五七日の呼び人は三十三人／献立は一汁三菜と質素／妹・こぎが若松屋と結納交わす／婿入りと舅入りで土産／婚礼費用は約十両二朱／こぎを帯直しで遣わす／せつ一周忌の呼び人五人／こぎが出産後に死去／若松屋でこぎの子の七夜／せつ三回忌も呼び人五人／若松屋へ嫁ぎ死去の妹一周忌／父十三回忌飾り配り三軒／通例の一汁五菜で倹約？／母七回忌飾り配りは二軒／於げんと半世紀以上交流／弘化四年は祥月法事のみ／父と弟の三十三回忌取り止め／初代命日に蓮如上人三百五十回忌／弥三郎に女児・栄が誕生／栄の七夜祝いに十四人呼ぶ／御馳走は一汁三菜／前妻・せつの七回忌は簡略／父十七回忌飾り配り八軒／献立は通例の一汁五菜／米の値段が一升百十文／四代妻五十回忌は凶作で取り延べ／男児・源治郎が誕生／七夜祝いの呼び人十三人／初節句に紙幟飾る／二代百回忌も凶作で取り延べ／取り延べ四代妻五十回忌は祥月並み／母十三回忌飾り配りは一ヶ所／母十三回忌に後妻・屋つ披露／二十人から祝儀を受ける／母十三回忌と後妻披露で約二両／男児・弥四郎が誕生／七夜祝い呼び人は三人／嘉永七年末に大地震／弥三郎が濃州へ引っ越す／濃州引っ越し後初の法事／濃州で四人目の子供誕生／弥三郎が流行の風邪に罹る／濃州で最後の法事／三人目の男児・与茂助誕生／五人目の子も呼び人三人／三歳の与茂助が疱瘡罹患／弥四郎が真如寺に弟子入り／六人目の子・ぶん誕生／差支えで七夜祝い二日遅れ／ぶんが疱瘡に罹る／一緒に母二十七回忌と父三十三回忌／呼び人八人で一汁三菜／福泉寺へ庭石四個寄贈／出家した弥四郎の剃髪披露／七人目の子・よね誕生／七夜祝いで七軒に送り膳／弥三郎は改元

序章

ここに『萬般勝手覺《ばんぱんかってぼえ》』なる古文書がある。書いたのが萬屋源兵衛《よろずやげんべえ》を名乗る家だから、「萬屋が、よろず物事を勝手に書いた覚え」という意味であろうか。慶弔、病に関する勝手向きの収支が主に書かれており、「萬屋の勝手向きよろず物事の覚え」とも考えられる。内容を見ると、双方の意味を加味した印象を受け、一種の日記風家計簿と言えよう。

五代百二十五年間の記録

萬屋源兵衛は、『仮名手本忠臣蔵』で〝悪者〟にされた吉良上野介義央《よしひさ》が名字の語源という八ツ面《やおもて》山(愛知県西尾市)産の雲母《きらら》の如くキラキラ輝く「吉良の里」、そして侠客・清水次郎長の子分・吉良仁吉と、小説家・尾崎士郎の生誕地でもある、三河国幡《は》豆《ず》郡横須賀村(西尾市吉良町)で、江戸後期から大正時代まで農家兼商家を営んだ。三代(源右衛門)に当たる江戸時代の天明四(一七八四)年から、七代(源十郎)が筆を折る明治四十三(一九一〇)年まで、百二十五年にわたり、書き継がれた萬屋源兵衛家の記録が、『萬般勝手覺』である。

幡豆郡横須賀村は、室町後期の享禄年間(一五二八—一五三二年)に当時、一帯に勢力を張る東条吉良氏に仕官しよう、と上総《かずさ》国(千葉県)からやって来た浪人・山﨑彦次郎の一党によって、矢作古川(当時は矢作川本流)下流の左岸に開かれたとされ、山はない。

天明五(一七八五)年、上村《かみむら》(上横須賀村)と下村《しもむら》(下横須賀村)に分かれた。明治時代に周辺の村々を合併し、再び横須賀村となり、昭和三十(一九五五)年、同じ幡豆郡下の吉田町との合併により吉良町が誕生。平成二十三（二〇一一）年の大合併で、幡豆郡下の一色、幡豆両町とともに、三河西南部の主要都市・西尾市に編入された。

萬屋源兵衛が居を構えたのは、上横須賀村の下町《しもまち》と呼ばれた地域。三河南東部と西尾城下を結ぶ東西に走る要路（現県道・西尾幡豆線）沿い。西へ行くと、矢作古川の渡し場がある。現在の西尾市吉良町上横須賀宮前である。江戸から明治・大正、昭和の戦後にかけて、商店が立ち並び、行き交う人も多く、にぎわいを見せるが、交通網の変化で衰退する。

そうした場所で暮らした、萬屋源兵衛が書き残した『萬般勝手覺』を基に、江戸後期から明治にかけての三河西部の慶弔を中心とした習俗、慣習等、見えてくるものを探った。

五代の時に最盛期を迎える

本題に入る前に、萬屋源兵衛家について概観しておきたい。本家は、同じ上横須賀村の本町に住む松屋喜左衛門家。萬屋は分家である。初代（弥四郎）は、正徳二（一七一二）年二月に死去した。行年は分からないが、分家したのが二十代前半で、死去したのが四十歳前後とすると、発祥は、元禄時代（一六八八―一七〇三年）にまで遡れるであろう。

商業で発展し、五代（文助）の文化・文政から天保初期にかけて最盛期を迎え、村方三役（村役人）の一角（組頭）を勤めた。農家としての土地所有面積も、最大に達し、五代が死去する天保五（一八三四）年の農地面積は、田畑合わせて一町八反一歩、石高にして二十六石七斗八升二合八勺であった。そして、商業で衰退する。

萬屋の商業形態は、初期は店名が示すように、様々な日用品を扱っていた。その後、時期は、はっきりしないが、四代（宇平）のころ、料理屋に転身、繁栄の基礎が築かれた。幕末の混乱期を何とか生き抜くが、明治時代に入り、領主に源兵衛名を〝剥奪〟され、衰退の一途を辿る。大正時代に七代（源十郎）の二男・泰賀が跡を継ぐが、歯科医になり、廃業。同十四年、店舗兼住宅を売却、京都に引っ越し、萬屋は最期を迎えた。

一　三代源兵衛・源右衛門の時代

天明四年に『萬般勝手覺』を起筆

本稿の基となる『萬般勝手覺』は、表紙に「天明四（一七八四）甲辰年　萬般勝手覺　正月吉日出来」と書かれている。

冒頭の頁は、日付なしで、「五月神《しん》せん之正《しょう》ぶ　王幾《わき》さし弥四郎」とあり、町内・王可松《わかまつ》や（若松屋）、阿良古《あらこ》（荒子）・ば々さ、治太夫、本町・分蔵（白木屋）、吹貫《ふきぬき》・清八（菓子屋）、町内・忠八（川崎屋）、と六人の名が列記され、以下空白である。

これは、十五歳前後の元服の時期に、大人になった証《あかし》として、脇差を帯びる〝刀指の祝い〟のことを述べているのではないか。戦国時代は、厳密な士農の区別はなく、状況によって、農民は武士にもなる。一度だけの記載だが、横須賀村には、江戸時代の天明のころまで、その遺風があった、と考えられる。

ところで、弥四郎とは誰か。六代源兵衛・弥三郎が、明治六年に書き残した〝萬屋歴代の仏〟によれば、弥四郎は、萬屋元祖（初代）の名だが、時代が合わない。ここに登場する弥四郎は、四代源兵衛となる宇平の幼名ではないか。

宇平は、文化四（一八〇七）年二月七日に死去する。戒名は鉄翁志堅居士。行年は不明だが、戒名に「翁」が付いていることから推察すると、四十歳前後になっていた。すると、天明四年当時の年齢は、十六、七歳と思われ、元服の時期に当たる。「王幾《わき》さし弥四郎」なる文言は、幼名が初代と同じ弥四郎だった宇平の元服を言い表している、と考えた。

最初の日付は四月十四日

『萬般勝手覺』の日付の入った最初の記述は、「天明四甲辰年四月十四日　結納入用」である。後の記述や〝萬屋歴代の仏〟等で分かるが、同居する三代・源右衛門の異母弟・治兵衛が、隣村の冨田村に住む糟谷善右衛門娘・ちせと交わした結納の品と値段が記される。

「こん婦《ぶ》五王《わ》　壱匁弐分五（厘）」「三本入《いり》扇入《いれ》　壱匁壱分」「帯産（腹帯）　壱匁九分五（厘）」「帯原版（反）壱筋　金三分二朱」「春《す》る女《め》廿《にじゅう》枚　百五十三文」「紙水引　六分五（厘）」「さかな代四百四十四文」「のし壱把　四分」「長水引代　三分」――等で結納品と、その値段。

次に、日付があるのは十一月二十五日。嫁入り衣裳と思われる衣類が列記されるが、その前に、日付なしで、婚儀とは関係のない、「本町与茂助方へ遣す、天明四甲辰年小袖のお目見、棒組宇平、又七」なる記述がある。

この記述の意味を考えてみた。与茂助は、棒組の頭（差配人）であろう。宇平は、後に当主として、四代源兵衛を名乗り、萬屋繁栄の基礎を築いた男である。又七は、子孫だろうが、後に萬屋又七として登場するので、宇平と同い年の有力な使用人と考えられる。

「小袖のお目見」とは何か？

では、「小袖のお目見」とは何か。それを知るには、まず宇平の年齢を知る必要がある。宇平は文化四（一八〇七）年二月に死去するから、前述したように、元服の時期に当たる。「小袖のお目見」は、元服を機に行われた、と考えて良いのではないか。

上横須賀村では、元服は何歳の時に行われていたのだろうか。治兵衛と、ちせの長男で、後に五代源兵衛となる文助（幼名・又門）に関する記述を見てみよう。享和元（一八〇一）年極月大晦日、「又門十六才　朝、元服致候、直右衛門さ相頼《あいたのむ》」とある。

では、六代源兵衛となる弥三郎（幼名・弥四郎）に関する記述は、どうか。「文政十二（一八二九）己年丑四月四日　弥三郎元服　王《わ》多《た》内《うち》幸右衛門殿相頼申候《あいたのみもうしそうろう》」とある。弥四郎は、文化十一（一八一四）年十二月十三日生まれだから、やはり十六歳である。

小袖のお目見をした宇平は、天明四年に十六歳になった、と考えて良さそうだ。宇平の生まれた年を逆算すると、明和五（一七六八）、六年となろう。死去した文化四（一八〇七）年には、三十九歳か、四十歳だった、と考えられる。戒名に〝翁〟の字が入っているのは、〝翁〟と呼べる年齢、つまり四十歳前後になっていた。

棒組は棒の手を教える集団？

では、〝棒組〟とは何か。祭礼に関する〝組〟の一つと考えられる。愛知県下には、「棒の手」と呼ばれる庶民の武術が、伝統芸能として伝わる。棒組は、棒の手（棒術）を学ぶ集まりで、与茂助は、棒の手の師匠と考えて良い。

棒の手は「馬の頭《とう》」に伴う警固（警護）隊として発生した、とされる。「馬の頭」は、「馬の塔」とも書き、背に飾り付けをした馬を奉納する神事。通称「オマント」と呼ばれる。

尾張部では、熱田神宮（名古屋市熱田区）と龍泉寺（同守山区）、三河部では猿投神社（豊田市）に、数村が集まり、合同で奉納した〝合宿《がつしゅく》〟と呼ばれる「馬の頭」が、有名である。しかし、村の神社に奉納した例もある。

三河西南部の高浜市春日神社と八剱社《はつけんしゃ》に伝わる「おまんと祭り」は、円形の馬場を、鈴や造花を背負って走る馬に、法被《はっぴ》姿の若者が取り付き、人馬一体となって駆ける。馬に飾り付けをして奉納する「馬の頭」とは、形態が異なるが、「馬の頭」からの派生、という。

上横須賀の春日神社でも馬の頭？

春日神社は、奈良市の春日大社から勧請された春日神を祀る社。上横須賀村にも、天正十二（一五八四）年、鈴木憲善が創建した、と伝えられる春日神社がある。ここでも江戸時代、「馬の頭」の奉納が行われていた可能性はありそうだ。

上横須賀村に隣接する幡豆郡寺嶋、駮馬《まだらめ》、瀬戸の三ケ村で、瀬戸村に祀る瀬門神社の祭礼に奉納される飾り馬に使う馬駈馬具は、愛知県の指定文化財。西尾市教委によれば、鞍十一具、鐙《あぶみ》十一双で、江戸時代が中心だが、戦国時代の永禄二（一五五九）年の銘入り鞍がある。

昭和五十六年刊行の吉良町誌によると、瀬門神社では当時、馬駆けが行われていた。また、上横須賀村に隣接する冨田村の冨田神社でも当時、馬に飾り付けをして奉納、余興で馬駆けがあった。いずれの神社でも〝棒突〟が参列する。〝棒突〟は棒の手ではないか。

「小袖のお目見」は棒組入会挨拶

「小袖のお目見」は、棒の手の練習に参加できる年に達したとして、棒の手を教える青年組の一つ「棒組」の長に、入会の挨拶に行く儀礼と考えて良いだろう。その時の服装が、子供の着る振袖ではなく、大人の着る小袖の装束であった。

元禄時代を生き抜いた尾張藩士・朝日重章が書き残した『鸚鵡《おうむ》籠中記』によれば、「馬の頭」は、不作の年は出ない、とある。すると、豊作を感謝して奉納されるのが、「馬の頭」と考えて良い。ところで、天明四年は、教科書によれば、飢饉の最中《さなか》だが、飢饉は東北が中心である。本州中部に位置する横須賀村が、飢饉に襲われた可能性は低い。この年、「馬の頭」の奉納があったかどうかは分からないが、奉納があったとしても、おかしくはない。

その後、萬屋から棒組に係る者が出なかったのか、棒組自体が無くなったのか、は分からないが、『萬般勝手覺』に、「小袖のお目見」「棒組」なる文言が、再び記載されることはない。なお、上横須賀から、北西に直線距離で六キロほどしか離れていない、同じ西尾市の田貫《たぬき》町（旧幡豆郡田貫村）に伝わる棒の手は、愛知県無形民俗文化財に指定されている。

上横須賀の婚儀を考える

最初に日付の記載がある結納の続きを紹介する。

天明四（一七八四）年十二月二十五日晩方　何《か》の方へ遣申候《つかわしもうしそうろう》

一　郡内もんつ起《き》（紋付）嶋袷《あわせ》　壱ツ　一　茶とん寿《す》（緞子）春袷　壱ツ

一 もんつ起詣嶋袷 壱ツ　一 藤色小紋詣ふ多以（二重） 壱ツ
一 ひ王《わ》茶小紋詣ふ多以 壱ツ　一 御納戸太引ふ多以 壱ツ
一 飛《ひ》いろ徒《つ》むき（紬）ふ多以 壱ツ　尤卜も　此色ハ赤ケなし　青色品耳《のみ》候也
一 黒とん（す）さや（紗綾）ふ多以 壱ツ　一 花いろ徒《つ》むきふ多以 壱ツ
一 阿さきむく（無垢）ふ多以 壱ツ　一 白むくふ多以 壱ツ
一 花いろ小紋ふ多以 壱ツ　一 飛いろ寿《しゅ》春《す》（繻子）ふ多以 壱ツ
一 金もうるふ多以　婦り袖 壱ツ　一 ひちりめん婦多以 壱ツ
一 ひかのこふ多以 壱ツ　一 此原ちりめんふ多以 壱ツ
一 黄むくふ多以 壱ツ　一 黒詣袷 壱ツ
一 浅キ詣ち《ぢ》々み片平《かたびら》（帷子） 壱ツ　一 越後ち々み片平 壱ツ
一 白片ひら 壱ツ　一 嶋詣ち々み 壱ツ
一 こ婦茶越後ち々巳《ぢみ》 壱ツ　一 花いろ越後 壱ツ
一 おなんと（御納戸）ちりめん帯 壱ツ　一 花色里《り》ん春《ず》（綸子）帯 壱ツ
一 白寿《しゅ》春《す》帯 壱ツ　一 此原ちりめん帯 壱ツ
一 切袋大 壱ツ　〆物数三十成
又 一 黒寿春女帯　當世風巾廣近代物　壱ツ　多ん春《す》壱ツニ入申候尤小引出しハ物なし

すべて衣類（切袋を除く）。花嫁の衣装と見ていい。〝ふ多以《たい》〟は〝二重《ふたえ》〟で、上着と下着が具わった着物。かの方とは、だれを指すのか。ちせの親・糟谷善右衛門と考えた。

四日から五日にかけて婚礼

その次に書かれているのが、「婚礼入用諸拂」である。

日付は、十一月廿三日の「三百六拾文　ワリ木壱荷」に始まり、廿六日「百拾六文　あさり可以《かい》」「三百文　さかな可以」、廿七日「壱〆（貫）百七拾五文　西尾ニテ干物その外買申候又七」「百文　よし六王《わ》（かこひに遣イ申候）」、廿八日「五〆文　引出《ひきで》物包」、卅《さんじゅう》日「百文　刻タハ己《きざみたばこ》（手傳衆へ）」「弐百文　ワリ木代」――等と続く。

そして、十二月朔日「弐分　小半し弐帖」「弐分四（厘）　犬山者《は》し代」、二日「弐百卅八文　牛房《ごぼう》四王《わ》・いも三升」「三匁　炭六〆分」等、三日「壱分八りん　小半し一帖」「四百七十四文　さかな代」「十五文　みりん代」とあり、六日「壱匁五分八りん　足袋一足（嘉吉どのへ進上）」「弐匁六分　セッ多一足（喜平殿進上）」「五百文　三郎衛門殿時食料理人」「五百文　林蔵殿同断」等で終わる。

これらの記載を見ると、十二月三日までは買い物、最後の十二月六日は支払いだけ。四、五日は全く記載がない。すると、婚礼は、四日から五日にかけて行われた可能性が大きい。

婚礼の費用は、合わせて金六両三分と拾三匁四りん（厘）、とある。現代では、約五十二万六千円。

他にも、幾分入用があった、と添え書きがある。

また、三ツ目女中客なる記述があり、婚礼から三日目に、冨田村から嫁いだ治兵衛の妻・ちせの御袋、冨田河分屋内室、おち可さ満、おまて殿、松喜お多ミ、白木屋お津年、お可よ、お可んの八人を招いて、もてなした。献立は「一汁五菜ニ田作り鱸《すずき》を注文出シ申候」とある。

嫁村廻りと嫁廻りがあった

嫁村廻りは、二十四軒。良興寺、源徳寺、福泉寺、甚太夫、断池田屋、断平兵衛、彦七、権平、彦八、儀平、源七（尾張屋）、林蔵、甚右衛門、源蔵（鍛冶屋）、惣左衛門の十五軒に、半紙二帖（良興寺は菓子袋弐ツ）を持参した。

与兵衛、与左衛門、岡右衛門（藤屋）、喜左衛門（松屋）、平蔵（白木屋）、分蔵（同）、太郎兵衛、又七、治太夫の九軒には、風呂敷を添えた。

良興寺は浄土真宗大谷派で、東城《とうじょう》（駮馬《まだらめ》）村にある松屋・萬屋の菩提寺。源徳寺は、良興寺と同じ宗派で、上横須賀村寺町にあり、侠客・吉良仁吉の墓がある。福泉寺は、浄土宗で萬屋と同じ下町にある。小説『人生劇場』で知られる作家・尾崎士郎の先祖の墓がある。

風呂敷を添えたのは、本家の松屋喜左衛門など、いずれも付き合いが深い家で、萬屋の慶弔には常に顔を出す。岡右衛門は藤屋、平蔵と分蔵は白木屋を営む。与兵衛は、吉良町史によれば、川原新田に一町二反六畝を持つ大地主。

ほかに、嫁廻りとして、下町、法六町、渡内、八王子の四地区と、十三軒が記載される。寺町が藤七、源徳寺、傳六の三軒、上町が玄朴、惣左衛門、久兵衛、おさよの四軒、本町が喜左衛門、半六、分蔵の三軒、吹貫町の新左衛門、町名なしで儀平、清兵衛の二軒。

嫁村廻りと、嫁廻りの違いは何か。嫁村廻りには持参品があるが、嫁廻りにはない。だが、回り先にダブりがある。

百六十を超える人に餅配り

十二月四日には、餅配りが行われた。

配り先として、村内九十二人、村外二十七人、取り持ち働きの衆二十七人、合わせて百四十六人もの名前が列記される。ほかに、村外からの供の者・家来（家人）十九人と、余りがあったため、近付にも配った。

以上から、婚儀が簡略化されている、とは思えない。この点からも、天明の飢饉は、西三河地方の横須賀村には及んでいなかった、と考えて良い。

このほか、「当座之覚帳ゟ《ヨリ》相《あい》う津《つ》（写）し申候」の断り書きとともに、「婿入節之扇子配り所」として、付き合いが深い、と思われる十九人の名前が記される。婿入りは、婚礼に関係があり、婿入りの際に、末広がりを願う縁起物の扇子を配ったことは分かるが、婿入りとは何か、また、それが、いつ、どのように行われるのか、が分からない。

後の寛政八（一七九六）年、四代源兵衛・宇平は、二月晦日に道明けが済む、として与兵衛等と四人で二十六日夕、妻・ひさの実家である町内の若松屋善助方を訪れる。宇平が婿入りした道明け、と考えられるが、宇平が、いつ婿入りしたか、は書かれていない。

さらに下って、天保八（一八三七）年、婿入りを済ませた六代源兵衛・弥三郎は、吉日の九月二十一日、道明けになったとして、仲人、親類と三人で妻となる、せつの実家である幡豆郡乙川村（西尾市吉良町）の大竹喜兵衛方へ参上する。

婿入りを済ますと道明け

この時も、婿入りの時期は、書かれていないが、婿入りを済ますと、道明けになる。つまり、婿入りは、道明けとセットになった婚姻に絡む習俗で、婿入りが終わると、道明けになり、夫が妻方へ挨拶に訪れるのが習わしだった、と言えよう。今に伝わらないが、横須賀村だけでなく、幡豆郡下一帯で行われていた、と考えて良い。

だが、いつ行われるのかは、はっきりしない。六代源兵衛・弥三郎の場合、結婚式に至る順序は、結納が天保七（一八三六）年、道明けの参上が天保八年、婚礼が天保九年なので、結納の後、婿入りがあり、結婚式は道明け後。しかし、四代源兵衛・宇平の場合は、寛政五（一七八三）年七月十四日に妻を披露するが、道明けは、二年半後の寛政八年二月晦日である。

筆者は、婿入りは、嫁廻りの夫版で、妻方の付き合いの深い親類などに挨拶して回ることではないか、と考えるが、実態は分からない。

圧倒的に多い法事の記載

『萬般勝手覺』には、弔事、中でも法事の記載が目立つ。最初の記載は次の通り。

天明五（一七八五）年三月廿日　斎豫修　釋尼妙思七回忌

呼　人　良興寺　不染坊　与左衛門　与兵衛　蓮心坊　傳助　オキハラ（荻原）おりさ

本町おたみ　法六町おみな　与茂助　又七　一汁五菜　料理人　林蔵

お可ざり配り所　与左衛門　与兵衛　甚太夫　三左衛門　治太夫　源七　又七　白木屋　新蔵
柏屋宇（兵衛）岡右衛門　彦七　権平　市十（槌屋）半六　林蔵　福泉寺　源徳寺　喜左衛門
玄珉　寺嶋（弥惣右衛門）良興寺　高濱［ゐん居計り、順治］友右衛門　五反ハ弥助　権兵衛
トミダ善右衛門　〆廿七軒

釋尼妙思は、〝萬屋歴代の仏〟及び、後の記述によると、三代源兵衛・源右衛門の後妻で、四代源兵衛となる宇平の継母。俗名は、しな。幡豆郡寺嶋村の伊奈弥惣右衛門《やそうえもん》家から輿入れ、安永八（一七七九）丁亥年五月廿日に死去した。

斎（仏事の食事）を豫修《よしゅう》（取り越し、引き上げ）で二ヶ月早めた。呼び人は十人（良興寺を加えると十一人）。おたみは本家・松屋の内儀、おみなは、治兵衛婚礼の際に取持ちの一人として働いた。与茂助は宇平、又七が入会した棒組の師匠。料理の一汁五菜は通例。

飾り配り先の友右衛門、弥助、権兵衛は、糟谷《かすや》姓で荻原村に住む。友右衛門は、二代源兵衛妻・飛さの実家。呼び人のおりさは、荻原村に住むから友右衛門の一統と考えられる。

治兵衛の長男・又門が生まれる

天明六（一七八五）丙午《ひのえうま》年　正月廿九日夜五ツ時（午後八時頃）

出生ノ男子又門出産之　義ハ冨田ニて七夜之祝義も　御座候

又門は、治（次）兵衛と、ちせの長男で、出産、七夜の祝いとも、母の実家である冨田村の糟谷善右衛門家で行われた。治兵衛が独立していなかったからであろう。

二月六日を中心に三月四日までに、三十二人が祝いの金品を寄せた。荻原村に住む父・治兵衛母の実家になる糟谷友右衛門をはじめ、一族の同忠右衛門、同権兵衛、同平蔵、同弥助が含まれる。産着、鉢の物壱荷、重《じゅう》の物壱、とう婦弐〜三丁、菓子袋、まんちう、酒壱升、さ可な（もいを、春々《ず》き）、青銅十疋（百文）等である。

唯一の災害記載は寛政の大水害

この後に水害の記述があるが、『萬般勝手覚』で水害の具体的記述は、これ一件。

寛政元（一七八九）己酉《つちのととり》年六月十八日　洪水岡山細ヶ濤堤　外記《げき》様御知行《ちぎょう》所壱ヶ所
沢渡り周防《すおう》様御領内九郎治前三〆目壱ヶ所　又弥兵衛うしろ〆弐ヶ所　都合四ヶ所大小有
左堤切レし由《ゆ》へ水入ニ付見舞　全躰町の水入ハ岡山切シ所ゆへ　水押通り申候大水入
同廿二日當町中水入　町中船ニて通ひ候時分　喜兵衛殿　長兵衛殿　喝殿
此御三人つ連《れ》ニて　小船へ積入御自分達小船を　押立押立御積入
無事品貰イ　申候折左之通ニ御座候以上
　一　ワリ木七把　　小牧朝岡喜兵衛　　一　同　七把　　小牧鳥山長兵衛
　一　ワリ木五把　　友国尾﨑　喝　　一　同　五把　　友国かでん坊
　　四ヶ所〆割木高弐十四把貰イ申候

（文中の外記様は旗本の津田氏の四代・正安、周防様は寛政元年、周防守を名乗った岡崎藩主・松井松平家の八代・康定）

旗本と大名の支配地を使い分け

旗本の支配地は知行所、大名の支配地は領内（領地内）と、呼び方を区別して記述しているところが興味深い。つまり、庶民も、旗本の支配地と大名の支配地を区別していた、と言える。また、当時は、通称の〝外記様〟〝周防様〟で通用した。

萬屋源兵衛も、江戸時代は〝萬源《まんげん》さ〟〝源べさ〟で通っていた。本名を使うことは、殆どなかった。二代に至っては、〝萬屋歴代の仏〟を記した子孫の六代源兵衛にすら本名が伝わっていない。もっとも、二代の名が源兵衛で、萬屋の呼び名になった可能性はある。

寛政元年の六月十八日、矢作古川上流に隣接する岡山村で、左岸堤防が四ヶ所で切れた。水が岡山村を押し通り、上横須賀村も〝大水入り〟となった。四日後の二十二日になっても水はひかず、〝中水入り〟。町中を船で通う状態だったことが分かる。

この中水入りの中、二十二日に小船を操ってやって来た三人が持参したのは、煮炊き用の割木。小牧村の朝岡喜兵衛と鳥山長兵衛が七把ずつ、友国村の尾﨑喝、かでん坊が五把ずつ、用意した、合わせて二十四把である。小牧、友国両村は山間《やまあい》にあり、割り木の供給地。

呼び人なしで後妻の十三回忌

寛政三（一七九一）辛亥《かのとい》年二月廿日　釋尼妙思十三回忌　取越《とりこし》相勤申候

御布施　弐十疋（二百文）　外ニ南鐐《なんりよう》（二朱銀）一片進上　　呼人なし

取り越しとは、忌日を繰り上げて、法事を行うこと。安永八年に他界した源右衛門の後妻・釋尼妙思の命日は、五月廿日だから、三ヶ月繰り上げたことになる。

御加さり配り　良興寺　寺じ満（伊奈弥惣右衛門）（糟谷）友右衛門（同）休意
（同）権兵衛（以上村外）与左衛門　与兵衛　治兵衛　権平　彦七（槌屋）市十
三左衛門（藤屋）岡右衛門（河内屋）清兵衛　福泉寺　源徳寺（松屋）喜左衛門
（白木屋）平蔵（同）分蔵　又七（尾張屋）源七　傳介
こんや町勘八　コレハ當年方勘七　相勤申故ニ也在所之　法事ニ此方へかさり立て候処　此方ゟも又遣し申べし

布施の額は、現代の価格に換算すると、弐十疋（二百文）は約二千三百円。南鐐一片は一万円弱。釋尼妙思七回忌は布施の額が書いてないので、今回とは比較できない。

飾り配りは、村外五ヶ所を含む二十三ヶ所。七回忌に比べ四ヶ所少ない。しかも、呼び人がなく、接待が簡略だ。なお、但し書きと後の記述から、飾りを配られた勘八は萬屋の下男・勘七の実家と分かる。

この年は、松平定信により天明七（一七八七）年から始まった「寛政の改革」の最中《さなか》。寛政の改革が始まる二年前の七回忌より飾り配り所を減らし、呼び人をなくすなど、接待を簡略にしたのは、寛政の改革の嚆矢《こうし》と考えられる。

三代源兵衛・源右衛門が病に伏す

五月十七日　親仁病中見舞之覚

一　うんどん弐ろじ　花岳寺　一　こしあん牡丹餅弐重　白木屋　一　鯛壱枚　荻原休意
一　すゞ起弐本　友右衛門　一　赤大根漬　花岳寺　一　じる阿め一者《は》ち　源徳寺
一　牡丹餅《ぼたもち》一重　白分　一　ようかん一包　白木屋て以主《いしゅ》　一　そは切少　嘉六
一　まんぢう五ツ　満んぢうや婆々さ　一　うんとん少　治兵衛

見舞い品の届いた日付がなく、一括して書かれた三日後の五月二十日、三代源兵衛・源右衛門が旅立つ。釋尼妙思の十三回忌のころ、三代源兵衛・源右衛門は、体調を崩していたのではないか。そのため、釋尼妙思の十三回忌の接待が簡略化された、とも考えられる。

二　四代源兵衛・宇平の時代

源右衛門葬儀代は約二両一分

五月廿日未之上刻（午後一～二時）命終　釈顕證（源右衛門）　葬式入用

「三百拾三文　西尾可《か》い物」「九分二厘　杉原（紙）廿四枚」「二分二厘　半し（紙）一上（帖）」「拾三匁　近江晒壱反」「百文　又西尾可い物」「四分八厘　はし四把」「壱分八厘　丈長《たけなが》一枚」「六厘半し五枚」「三分　銀紙二枚」「三分八厘　丈長四枚」「三拾弐文　骨加免壱つ」――等が書かれ、「〆十四匁八分七厘　せ（ぜ）に六百五拾壱文」とある。

この後に、布施の額、村内の店、手伝い人等の支払額が列記される。そして、

惣〆　金壱分二朱　銀十四匁八分七厘　銭七〆（貫）九百三拾弐文　合　弐両壱分ト八拾文也

（朱筆）香奠さし引　凡　壱両弐分ト三百八拾六文（十一万五千円弱）入用ニ候

源右衛門の葬儀代は、約二両一分（十九万円弱）かかったが、約七万五千円が香典で賄われた。

布施は良興寺に五百文と晒一反

では、布施の額等を見てみよう。

良興寺　五百文　近江晒《さらし》一反　番（伴）僧　百文　供弐人　百文

源徳寺　弐百文　番僧　百文　供壱人　廿四文

正向寺　百文　供壱人　廿四文　福泉寺　百文　供壱人　廿四文　墓埋代　百文

称名院　百文　供壱人　廿四文　海蔵寺　弐百文　番僧　五十文、供壱人　廿四文

花岳寺　弐百文　私香典御持参使僧御出誦経　尾州八事山　回向料金壱分
知法坊　亡者伽志百文、榊原泰俊　薬礼五百文、林奇　弐百文、奇傳　弐百文
勘七女房　志百文、平原日用の女人　百文、渡内文八　拭き代五十六文

葬儀は、伴僧が列席した浄土真宗大谷派の良興寺、源徳寺が中心になって営んだ、と考えられる。布施等の百文は、一文銭九十六枚として計算するため、約千百五十二円、五百文は約五千七百六十円。金壱分は二万円弱。墓埋代を出した福泉寺は、浄土宗だが、萬屋の墓がある。江戸時代、菩提寺が遠い場合、墓は宗派に関係なく近くの寺に建てた、という。

正向寺は、木田村にある真宗大谷派の寺。称名院は、下横須賀村にある浄土宗西山深草派の寺。海蔵寺も、やはり浄土宗西山深草派で荻原村にある糟谷家の菩提寺。三河三十三観音二十六番札所でもある。いずれも、幡豆郡下（西尾市吉良町）の寺である。

八事山興正寺に回向料

金壱分の回向料を献上した八事山は山号で、愛知郡八事村（名古屋市昭和区）にある興正寺。弘法大師・空海が開いた高野山真言宗の別格本山。貞享三（一六八六）年に創建され、二代尾張藩主・光友が帰依したことから、尾張徳川家の祈願寺として繁栄。「尾張高野」と称され、高野山に代わる〝尾張の弘法さま〟として、三河部でも信仰を集めていた。

林奇、奇傳の二人に布施を出した理由について「盲目で、かねて折節、按摩などしてくれた。そのお蔭で病気もなく、療治することもなかった」、花岳寺は「私が香典を持参したので使僧が来訪し、

御経をあげた」――と但し書きがある。

三十四人が香典寄せる

香奠之覚（三十四人）

一 弐朱　白へき　粕谷友右衛門
一 三匁壱分　白木屋平蔵
一 弐百文　本家喜左衛門
一 壱匁　白へき　分蔵
一 百文　吹貫町おり可
一 百文　友国村安兵衛
一 兎丸五己入壱王　糟谷権兵衛
一 兎丸五己入一王　糟谷平蔵
一 長寿香五己入壱王　花岳寺
一 蝋そく十丁二百入　中野茂兵衛
一 蝋そく十五丁二百入　木田《きだ》三左衛門
一 五種香二帰く　か王《わ》ちや清兵衛
一 蝋そく廿五丁百三十入位　原田氏弥惣八
一 平せんこ十己　吹貫町伊介内儀

一 弐匁五分　白へき　元右衛門
一 弐百文　伊奈弥惣衛門
一 三百文　治兵衛
一 百文　津の平野田重右衛門
一 百文　友国村清十
一 兎丸五己入弐王　白へき　糟谷忠右衛門
一 たら丹香五己入壱王　糟谷弥介
一 同断（兎丸五己入一王）　かし王《わ》や宇兵衛
一 蝋そく十五丁百四十入位　本町半六
一 同十丁二百入　中野七右衛門
一 同廿丁九十入位　とミ多善右衛門
一 弐百文　市子平重
一 大丸二己　とミ多願専寺
一 上たら丹五把　半田屋兵介

一　兎香五己入弐王　粕谷権右衛門
一　たら丹小四己　ツノ平泉徳寺
一　小蝋拾丁　とミ多御袋
一　丁子香五己　笹曽根彦介
一　蝋そく十五丁百五十入位　赤ば年《ね》おりせ
一　たら丹香五己入三王　坂邊喜兵衛

最高額は糟谷友右衛門の二朱

このうち金銭を出したのは十二人。最高額は粕（糟）谷友右衛門の二朱（一万円弱）。ほかに高額なのは、白木屋平蔵の三匁壱分（約三千八百七十五円）、元右衛門の弐匁五分（約三千百二十五円）。一般的と考えられる額では、百文が四人、二百文が本家・松屋など三人、三百文（治兵衛）が一人といったところである。金銭以外では、蝋燭八人、丁子香《ちょうじ》、五種香、長寿香、たら丹（陀羅尼）香といった焼香用の香や線香が十四人。現代と異なり、金銭以外の方が多い。

続いて「往生人之斎非時《さいひじ》近年其《その》町内切《ちょうないきり》ニ相成申候依之《あいなりもうしそうろうこれにより》當町　渡内不残《のこらず》相招キ申候志手傳《てつだい》之衆中へ斎振舞《ふるまい》申候分左ニ記」と但し書きし、次に十一人の名を列記する。

林蔵　治助　丈右衛門　政蔵　仙治郎　左平　半六　源蔵　本町半六　本町茂吉　寺町傳六
葬礼へ御立ニ成候　友右衛門　おな紀　お里さ　元右衛門　連《つらな》り御帰りのよし
朝ゟ　悔は可《ばか》り　平蔵　末吉　善右衛門

この記述から、渡内は当町（下町）と同等に扱われ、十一人は手伝いの人たちで、下町・渡内以外の人が含まれる。斎は仏事の食事。非時は会葬者に出す食事、午後の食事。

葬礼に立った友右衛門、おな紀、お里さ、元右衛門の四人は、連立って帰った。友右衛門は前述したが、荻原村に住む二代源兵衛妻の実家。おな紀、元右衛門も友右衛門の身内であろうか。元右衛門は香典を寄せたが、今後の登場はない。

津平村の大庄屋が弔問

廿二日　灰葬　良興寺御一人　相伴　次兵衛　分蔵　喜左衛門
献立　一汁三菜　与兵衛方へ膳遣ス　野へ庄八　傳介　両人手傳　志勘七相添
参詣之衆中　おのと　おちせ　おみせ　おなつ　おたミ
他所悔ニ御出之衆　津ノ平彦助　願専寺　壽祭　鳥山長兵衛　トミタ平左衛門
谷村《やむら》徳左衛門　悔状　春日井五郎左衛門　端田新左衛門

灰葬は良興寺一人で行われ、治兵衛、分蔵、喜左衛門の三人が相伴する。野の手伝いに庄八、傳介(助)。勘七を添えた。庄八は四十八年後の天保十一年に登場するが、子孫か。傳介は中屋の人で、宇平乳母の沐浴を手伝う。勘七は萬屋の使用人。

前にも述べたが、おちせは治兵衛妻、おたみは松屋内儀。おのと、おなつ、おみせの三人は、源右衛門の五七(三十五)日法事に呼ばれる。おみせは、弟子がいるので芸事の師匠。

弔いに訪れた彦助は、幡豆郡津平《つのひら》村に住む大庄屋の大竹彦助。大庄屋は、割元名主とも呼ばれ、代官・郡奉行の下で村々の名主・庄屋を管掌する村役人。吉良町史によると、彦助は、上総国大多喜《おおたき》藩(千葉県大多喜町)の出先役所・小牧陣屋の下で大庄屋を勤め、三十三ヶ村が支配下にあった。しかし、上横須賀村は支配下ではなく、萬屋の知己なのだろう。

鳥山長兵衛は、寛政元年の水害時に小舟を操り、見舞いの割木を届けた小牧村の知人。願専寺は、隣接の冨田村にある浄土真宗の寺。徳左衛門は、幡豆郡谷村《やむら》（西尾市東幡豆町）に住む糟谷善右衛門の知り合いと考えられる。治兵衛とちせ婚礼の祝い餅が配られ、又門誕生時に産着代を寄せたが、今後の登場はない。他は初出で、再登場もない。

二十五人から惆悵見舞い

宇平は、中張（惆悵）見舞いを断るが、五月二十一日から六月二十二日までに、二十二人から寄せられ、見舞い品と送った人が列記される。

見舞いの品は、あつき免《め》し（小豆飯）凡《およそ》三升、素《そ》う麺五王《わ》、志ゐ竹（椎茸）一袋、うとん粉一重、そは粉弐升位、こ王《わ》免し（赤飯）弐升余、満んぢう十五、菓子一袋、婦き（蕗）二把、割木八束、かんひやう（干瓢）四十糸、か王《わ》竹壱袋――等である。

五月廿六日　初七日　信道山（源徳寺）御斎　松屋ゟ仕出《しだし》　茶めし　平皿　配前（膳）一切

宇平は、父・源右衛門の初七日に、本家・松屋から仕出しを取り、配膳を一切任せた。後に呉服屋を手広く営む松屋は、このころ、仕出し屋を営んでいた。

六月　四日　二七日　御斎　又七　仕出し　茶免し　平（皿）付

初七日同様、宇平は、松屋から仕出しを取った、と考えられる。又七が相伴する。

十一日　三七日　御斎　西尾利兵衛内室

（鳥山）利兵衛の内室が相伴した。夫・利兵衛は、寛政元年の水害で見舞いに饅頭を寄せた。

廿一日　四七日　信道山（源徳寺）　御茶菓子計《ばか》り
廿四日夕　信道山　御勤　振舞《ふるまい》なし
廿五日　五七日　良興寺壱人　御布施
私曰宇平去ル廿一日大野（知多郡大野村＝常滑《とこなめ》市か）へ参り　廿四日ニ帰り故　呼人なし
二十五日（五七日）の法事は、宇平が大野から帰宅直後のため、呼び人なしで勤めた。

五七日法事で取り延べ御斎

廿六日　右（廿四日夕）取りのべの分　源徳寺　御斎
呼　人　弥惣右衛門　平蔵　彦八　岡右衛門　与兵衛　林弥（嘉吉弟）　勇吉　よも介
千代之介　又七　市十　与左衛門　又門　伊平　権平　傳介　治兵衛　吉兵衛　ち法坊
おかよ　お可ん　おのと　おちせ　おみせ　おなつ　松屋母
呼び人は二十六人。十七人が、とう婦（豆腐）、阿希《あげ》とう婦、志ゐ竹、青瓜、かんひやう（かんぴょう）、ゆふ顔（夕顔）、五種香、小蝋を厚志として寄せた。呼び人の林弥は嘉吉の弟。本来なら嘉吉が呼ばれると思うのだが、病気でもしていたのだろうか。
七月二日　六七日　御斎御断故　大信様へ拝持遣ス
大信様とは、信道山、つまり源徳寺の老僧と考えて良いだろう。
同九日　壱（七）七日　御斎　信道山　御布施　金百疋（二万円弱）　十一日上納致候

百ヶ日は三十七人に飾り配り

九月朔日　百ヶ日當り　信道山御壱人　御斎　御布施　弐拾疋（二百文）
御かさり配り　良興寺　花岳寺　寺じ満《ま》（弥惣右衛門）　鳥山長兵衛
友国村　喝　奇傳坊　清十　安兵衛　利兵衛　友右衛門　休意　権兵衛　弥助　忠右衛門
吉兵衛　喜左衛門　彦七　法六町仙二郎　権平　源七　ち法坊　忠兵衛　治兵衛　傳介
与兵衛　おさの　与左衛門　かし王《わ》や　岡右衛門　三左衛門　市十　清兵衛　白木屋
分蔵　又七　下男勘七　同御袋方へ

かざりの配り先は三十七軒。村外は、良興寺（東城村）、花岳寺（岡山村）、弥惣右衛門（寺嶋村）、鳥山長兵衛（小牧村）、尾﨑喝、奇傳坊、安兵衛、清十、利兵衛（以上友国村）、友右衛門、休意、権兵衛、弥助、忠右衛門（以上荻原村）の十四軒。吉兵衛以下が村内。おさのは、法六町に住む徳平の後家で、長寿者として吉良町史に登場する。

宇平を育てた乳母が死去

寛政四（一七九二）壬子《みずのえね》年三月四日　夜　乳母死去　宇平御育シ者也　法名　釋尼妙華
布施は、良興寺に弐百文と木綿一反・供廿四文、源徳寺百文・供廿四文、福泉寺百文・供廿四文・墓代五拾文。他の出費は、奇傳坊礼弐百文、医者の榊原へ薬礼三百文等である。
また、沐浴に携わった与兵衛に酒一徳り、同傳介に米一升、おげんに衣類、よごれ物等、勇吉に仙台羽織を贈る。

おげんは病中介抱、勇吉は〝連節〟が理由。連節とは、廉直な節操を意味する「廉節」の意味だろうか。それとも「連接」で、長い付き合いが続くことを意味するのか。

三月廿日朝　釈顕證一周忌取越
　良興寺　御斎　御布施　二拾疋　　私曰法事呼人相止メ申候也
御かさり配　友右衛門　弥助　休意　忠右衛門　権兵衛　〆五軒
良興寺　源徳寺　寺じ満《ま》弥惣衛門　市子平十　去年貰申候故如斯《かくのごとし》　重テ相止可《べく》申候
喜左衛門　太郎兵衛　又七　加し王《わ》や　花岳寺　尤《ゆう》易法ニ付《つき》如斯《かくのごとく》奉《たてまつり》申《もうす》
中野（村）茂兵衛　是ハま江《え》死去之節　香奠百文持参申候故　如此《かくのごとく》こなし重テ例なし
吉兵衛　七外ニキビ　ち法坊　七〃　伊平　七〃　太兵衛（ひしや）七〃　林弥　七〃
三左衛門ハキビ三　権平　与兵衛　与左衛門　岡右衛門　市十　善助　清兵衛
源蔵　兵治　〆　　黒米弐斗一升　キビ壱斗

呼び人なしで父・源右衛門一周忌

宇平は、父・源右衛門の一周忌を呼び人なしで勤めた。理由は記してないが、寛政の改革の浸透が窺える。前年の釋尼妙思の十三回忌も、呼び人がなかった。領主の駿河国（静岡県）沼津藩主・水野出羽守は、寛政の改革を受けて、接待を制限した可能性が大きい。

飾り餅は黒米（玄米）二斗一升、キビ壱斗で搗いた。玄米は今回のみだが、配り先は三十軒と多い。寺が良興寺、源徳寺、花岳寺の三軒、村外は荻原村の友右衛門、弥助、休意、忠右衛門、権兵衛、寺嶋村・弥惣右衛門、市子村・平十、中野村・茂兵衛で合わせて八軒。

宇平は「平十には去年、飾り餅を貰ったので配った。今後はやめるべきである」「茂兵衛には、以前、死去の斎に香典を貰った、今後は例としない」「花岳寺は優れた占法をしたので献上した」と、飾り餅を配った理由を書き添える。

五月廿四日　(釋) 周達　年回信道山さし上申候

釋周達は〝萬屋歴代の仏〟によれば、宇平弟で、俗名・周八。安永九(一七八〇)年に死去しており、十三回忌に当たる。

寛政五(一七九三)癸丑《みずのとうし》年二月二日　一行首座《しゅそ》年回傳心庵御布施遣申候也

宇平は、友国村の尾﨑喝宅で営まれた師匠・一行首座の年回忌に当たり、法事を取持った傳心庵に布施を差し出す。首座は禅宗の役僧で、坐禅修行の首位の者をいう。

彼岸中日に四霊の追善観音懺法

二月九日　此日當年彼岸之中日也

浄岸智清禪定《ぜんじょう》尼　三十三回忌　法道顕澄《ママ》(證)　三回忌

釋尼妙華　宇平てゝ(乳母)　一周忌　大超一行上座　同人師匠　廿三年

右為四霊追善観音懺法《せんぼう》相勤《つとむ》者也

浄岸智清禪定尼は、〝萬屋歴代の仏〟によれば、宝暦十一(一七六一)年十二月廿四日に死去した糟谷友右衛門家から輿入れした二代源兵衛妻・飛さ、法道顕證は宇平父・源右衛門、釈尼妙華は宇平の乳母、大超一行上座（首座）は宇平の師匠。「てて」は「ちち」の転で、父のほか乳母の意も。

實相和尚道師　長久和尚　泉徳和尚　金剛和尚　観音和尚　三善和尚　西岸寺

清秀寺　願成寺　道興寺　傳心庵　岡山両寺　使僧

其外衣僧　都合十七人　外ニ俗十人計り

朝　熟餅　黄粉付　茶津監《ママ》（茶通？）　午時《ひるどき》　一汁五菜　御茶　草《ママ》（菓）子

調菜人　義寛禅師　万吉　林弥　　御布施　黄金一顆

観音懺法に僧侶十七人が列席

懺法は、実相寺（上町《かみまち》村）の和尚を導師に、長久院（池田村）、泉徳寺（津平村）、金剛院（寺津村）、観音寺（津平村）、三善寺（上地《うえじ》村）、西岸寺（冨田村）、清秀寺（赤羽村）、願成寺（巨海《こみ》村）、道興寺（上町村）、傳心庵（友国村）の各和尚、岡山両寺（華蔵寺、花岳寺）の使僧等十七人の僧侶によって執行された。

いずれも臨済宗の寺。額田郡の三善寺（岡崎市）を除き、幡豆郡下の寺で、現在は西尾市内となる。なお、傳心庵は第二次世界大戦後、廃庵となった。

宇平をはじめ家人ら俗人は、十人程が参列した。総勢約二十七人が集まる盛大さで、宇平は、朝は黄粉付の熟餅等、昼は一汁五菜でもてなした。調菜は義寛禅師、万吉、林弥が担当した。義寛禅師は、どこかは分からないが、懺法を営んだ禅寺の和尚。

宇平は、懺法の布施として、黄金（大判金）一顆（枚）を差し出した。この懺法には、「寛政の改革」

の影響が感じられない。大判金は七両二分（約五十六万四千円）。

「首尾よく済ませた」と喜ぶ宇平

首尾能相済《しゆびよくあいすまし》 相悦入《えつにいり》申候也　私ｼ曰諸道具不自在御経机
里ん　木奥膳　ハチツヅミ　其外花岳寺拝借長持ニ余ル　花篭十枚　海蔵寺
古打皮　本寺様　福泉寺　地蔵堂　其外當《あた》りまかセニ借用

宇平は、観音懺法を首尾よく済ますことができた、と大喜び。諸道具が不自在なため、りん、鉢鼓、花篭など懺法に必要な道具を、花岳寺、海蔵寺、良興寺、福泉寺、地蔵堂のほか、手当たり次第に借りて、調えたと述懐する。

地蔵堂は、初出である。吉良町史によると、地蔵堂は通称で、上横須賀村内の法六町にある立信教会(浄土宗)。小説『人生劇場』で知られる作家・尾﨑士郎の大叔母の出家した私庵。旧尾﨑邸内に建つ。ただ、町史には、江戸末期とあるので、時代が合わない。

大叔母とは祖父母の姉妹。尾﨑士郎の生年は明治三十一（一八九八）年。祖父母の姉妹が開いたとすると、一八三〇年代から同五〇年代。広辞苑によれば、祖父母の母も「おおおば」という。すると、もう少し遡れる。寛政五年は一七九三年。このころ地蔵堂が出来たとすれば、祖父母の母なら何とか辻褄は合うかもしれない。

後の記述で、地蔵堂の尼僧は寿永で、法六町に住む。すると、地蔵堂は江戸後期から法六町にあった、と考えられる。寿永は、尾﨑士郎の大叔母なのだろうか。それとも、この地蔵堂は、尾﨑士郎の大叔母が設けた私庵の前身か。

源右衛門三回忌も呼び人なし

二月廿日　釋顕證　三回忌取古《とりこ》し　良興寺御一人　御布施　弐拾疋　相伴人なし

御かさり配り　良興寺　源徳寺　福泉寺當年営《いとなむ》ニ付　花岳寺一周忌ノ例　弥惣右衛門

友右衛門　弥助　休意　忠右衛門　権兵衛　〆五軒

与兵衛　赤　権平　赤　善助　赤　与左衛門　赤　喜左衛門　赤　又七　赤

太郎兵衛　かし王や　三左衛門　市十　岡右衛門　傳平　吉兵衛　ち法坊　林弥

兵治　源蔵　凡　弐斗一升　きび搗　八升

源右衛門三回忌の飾り餅の配り先は、一周忌に比べ三軒少ない二十七軒。寺は良興寺、源徳寺、福泉寺、花岳寺の四軒、村外が荻原村の友右衛門、弥助、休意、忠右衛門、権兵衛の五軒と、寺嶋村の弥惣右衛門で合わせて六軒。残る十七軒が村内である。赤餅の配布は初めて。六人に配るが、理由は分からない。ただ、この六人は法事の常連である。

飾り餅は、一周忌のように、黒米とは書いてないから、白米を使ったのだろう。米の量は同じで、キビが二升ほど少ないが、一周忌と大差ない。御斎の相伴人は今回もいない。

二代妻・飛さの三十三回忌

二月廿四日　智清禅定尼　三十七《ママ》（三）年取越　福泉（寺）和尚招請仕候

智清禪定尼は、二代源兵衛の妻・飛さ。宝暦十一（一七六一）年十二月廿四日死去した。正しくは三十三年。「付居《つけおき》寫シ記置《しるしおく》」とあり、写し間違いであろう。

三月四日　妙華一周忌　あけとうシ仕《つかまつり》候《そうろう》

妙華は、宇平の乳母で、寛政四年三月四日死去した。〝あけとう〟は〝あげとう〟〝あげどう〟とも。お寺の本堂で行う仏事、という。この地方特有の言い方かもしれない。

五月廿日　顕證正當　源徳（寺）後住《ごじゅう》共ニ御《お》ま年《ね》き申候

顕證は、宇平父・源右衛門だが、二年前の寛政三年五月廿日に死去したから、この日は、三回忌の当日。年忌法事は、二月に取り越しで済ませている。

四代・宇平が妻・ひさを披露

七月十四日夜ひさ披露　そこら當《あた》り相満《まわ》王る　案内　お民《たみ》殿（本家・松屋の内室）
町内　法六町　庄屋丈衛門　兵治　源蔵　左平
寺町　源徳寺　玄仙　五太夫　萬七　清介　九郎左衛門
本町　半六　かし王や　長三衛門　吹貫　与兵衛　泰俊　武藤治　上町　三軒
　半紙弐上ツ々持参　志若松屋ゟ来ル（若松屋は、ひさの実家）
甚太夫　盈屋　与兵衛　与左衛門　岡右衛門　丈右衛門　兵治　清兵衛　源八　忠八
御寺（良興寺、源徳寺、福泉寺）　御堂（地蔵堂）　長三衛門
綿可ね　是ハいらぬ物に候得共《そうらえども》先様《さきさま》堂《た》のミ　故遣ス手前方《てまえかた》源切（言説）なし重テ　無用

一　上之斎　弐丸　万吉との進上此《これすなわち》而中《なか》　とり持《もつ》

〃　壱丸　亦（又）七さ何となく袖土産

〃　壱丸　松屋　凡切《ぼんぎり》（盆義理）通《どおり》遣ス也

赤鯛壱ツ　信道山へ進上　武藤治さゟ来ル也

四代源兵衛・宇平が妻・ひさを紹介する。挙式の記述がないから、唐突な感じは否めない。ひさの実家・若松屋は、萬屋と同じ下町の若松屋善助。近くのため、幼いころからの知り合いで、式を挙げなかったのかもしれない。〝上之斎〟とは上等の斎（いわい）の意か。後の記述で、煙草（刻み煙草）を一丸、二丸と数えることから、上之斎は上等な煙草の銘柄ではないか。

松屋内室・民の案内で挨拶回り

松屋の内室・民《たみ》の案内で、ひさが回ったのは、町内と、法六町（庄屋・丈右衛門等四軒）、寺町（源徳寺等六軒）、本町三軒、吹貫町三軒、上町三軒である。

その後に「半紙二上（帖）ツ々持参。志若松屋より来ル」の文言があり、十四軒の名が列記される。治兵衛と、ちせの例から見ると、最初に回ったのが嫁廻りで、半紙二帖を持って回ったのが、嫁村廻りと考えられる。

七月十五日から八月十九日にかけて、二十六軒から、酒一～二升、菓子袋、饅頭、西瓜、赤鯛、黒鯛、素麺、切（刻み）煙草入れ——といった、以下のような祝いの品が寄せられる。この中で、素麺五把を寄せた法六町の長右衛門は、小説家・尾﨑士郎の先祖である。

七月十五日　一　酒壱升　清七　一　〃弐升　与左衛門　一　〃弐升羽書　岡右衛門
一　酒壱升　三左衛門　一　〃弐升　清兵衛　一　〃壱升　大工善六
一　菓子袋　林弥　一　酒壱升書付　市十（重）
一　菓子袋　太郎兵衛　一　満んぢう三十弐　かし王《わ》や宇兵衛
同十八日　一　菓子袋　友国安兵衛　一　菓子袋　友国四郎左衛門
一　酒壱升　娘見舞持参　武藤治　一　満んちう六拾四　尾﨑喝
一　大原婦くろ菓子袋　尾﨑奇傳　一　赤鯛大一枚　武藤治
一　小西瓜《すいか》壱ツ　ぬしやおきよ　一　黒鯛三枚　スノ治左衛門
一　樽さか那《な》　赤鯛三百文處引合《ひきあい》　鳥山長兵衛
一　素麺五王《わ》　法六町長右衛門　一　まんちう三（十）弐　こやけの了願寺
一　裏付そり（草履）　切堂者《たば》こ（刻みたばこ）入《いれ》　信道山内室
一　酒壱升羽書　東城下良興寺　一　満んちう三十弐　上町おきよ
八月へ入　一　赤免《め》し一はち　東ノおげん　八月十九日　一　酒代弐百穴　友国利兵衛

酒代の〝弐百穴〟なる表記は初めてだが、弐百文のこと。銅銭に穴が開いているので、そう表現したのであろう。後述するが、宇平の道明け訪問は、何と二年半後の寛政八年二月。

伯母十三回忌と妹？　二十三回忌

八月七日　直到法岸信女　年忌　志赤飯　禅家なし　せん法こなし而相頼遣申候

直到法岸信女は、〝萬屋歴代の仏〟によると、三代源兵衛・源右衛門姉。俗名は、と己。宇平の伯母になる。安永十（一七八一）年三月四日に死去したので、十三回忌だが、取り延べ法事。二月の観音懺法を済ませてから頼んだので、遅れたということか。

八月廿三日　妙晃信女廿三回　信道山御《お》ま年《ね》き申候

妙晃は、〝萬屋歴代の仏〟によれば、四代源兵衛・宇平の妹。俗名は、しち。だが、死去したのは、宇平が生まれたと考えられる明和五、六年より以前の明和四（一七六七）年八月廿三日に死去しているので、宇平の姉ではないか。正しくは二十七回忌。

東蔵石蔵の改築に着手

寛政五丑八月廿七日ゟ　蔵普請之事東蔵石蔵　近来破廉居《やぶれおる》ニ付別《わけ》テ過後大雨ニて東蔵屋洩り壁も　崩申候委細ハ棟札ニ記置《しるしおき》　申候普請見舞

宇平は、「東蔵石蔵は近来、破損、中でも過日の大雨で東蔵の屋根が雨漏りし、壁も落ちた。委細は棟札に記し置く」として、十二人から寄せられた普請見舞いを列記する。

九月二日　一　冬瓜《とうがん》壱ツ　せいご弐ツ　近江屋清介（せいごはスズキの当歳魚、二歳魚）

十九日　一　牡丹餅《ぼたもち》　凡弐升計　前の与兵衛

廿一日　一　とう婦五丁　若松屋源八　一　そば切弐ろじ　汁付　前ノ与左衛門

一　牡丹もち七ツ　若松屋善介　一　牡丹もち大重　松屋　一　茶めし　東の権平

廿三日　一　小いな十一　林弥（いなはボラの幼魚）

廿六日　一　なよし弐本　吹貫武藤二（なよしは、いなの成長したボラの異称）
廿九日　一　とう婦五丁　かちや（鍛冶屋）源蔵
十月四日　一　とう婦四丁　さつまいも　法六町兵治
十一月三日　一　小さ可《こざか》な七ツ　吹貫町清八
九月十二日　棟揚　一日まし（増）人員
理（利）兵衛　若松屋男　三之助　太郎介　左平　手前男与八　都合六人
棟あ希《げ》の祝儀之心大工　上町善六　荒子彦蔵両人　三拾疋善六　廿疋彦蔵へ進上
日雇之衆中へも古王《こわ》めし　一日振舞志とう婦のぐつ煮

九月十二日に棟上げが、大工の善六（上町）と彦蔵（荒子）に、日傭の六人を加えて行われた。一日増し人員の利兵衛は下町に住む。利兵衛は西尾、友国にもいる。幡豆地方に多い名前と言えよう。祝儀は、善六に三拾疋、彦蔵に廿疋を進上。他の者には、強飯《こわめし》（赤飯）を配り、全員に、とう婦のぐつ煮（味噌で煮込んだ豆腐）を振舞った。

一ヶ月で東蔵石蔵改築が完成

廿七日　大壁塗り　満《ま》し人足　直右衛門
先達《せんだって》而蔵こ王《わ》し壁伊付《いつき》之日壱人　若松屋男衆相頼申候右之外　定《きま》り日用之衆ニテ相済申候

先ごろ、蔵を壊し、壁塗りの日、若松屋の男衆一人を頼み、その外、日雇いの男衆で済ませ、直右衛門（渡内）が加わって大壁塗りをし、東蔵石蔵の普請が終わった。

十月廿四日夕　了願寺御出《おいで》三部経不残《のこらず》　正信偈御勤《しょうしんげおつとめ》被成候　御茶漬進上尤内分少し志上置申候亡霊之為ニ　可年《かね》テ新米　亨《たてまつり》　候

幡豆郡小焼野村（西尾市）の浄土真宗大谷派・了願寺の住職が訪れ、浄土三部経（無量寿経、観無量寿経、阿弥陀経）と、正信偈（親鸞が『教行信証』に収めた偈文《げもん》）をあげたので、宇平は、茶漬けを振舞い、内々に志を置いた。「了願寺に、亡き霊のため、前もって新米を贈った」との注釈があり、了願寺にも、萬屋親族の霊が祀られていることが分かる。

寛政六（一七九四）年　何か重大な事案が惹起したのか。記載が一件もない。

ひさが四人で京参詣に出向く

寛政七（一七九五）乙卯《きのとう》年正月廿二日

ひさ京参詣下河原治左衛門との　方内家娘子供《むすめごとも》甚蔵　同勢四人

宇兵衛の妻・ひさが、下横須賀村下河原に住む知り合い・治左衛門の妻、娘、供・甚蔵の四人で、京参詣に出かける。甚蔵は、治左衛門方の使用人であろう。では、どこを訪れたのだろうか。伏見稲荷と考えた。ひさは、六年後の享和元年に他界する。行年三十六だから、この年、三十歳。一昨年、宇平と結ばれた、と考えられるが、まだ子宝に恵まれていない。五穀豊穣、商売繁盛の稲荷神に受胎を願ったのではないか。

吉良町史によれば、町域一帯では、吉良家の姫山陣屋（幡豆郡乙川村＝西尾市）、小牧陣屋（同小牧村＝同）に稲荷が祀られ、大多喜藩主・大河内松平家の御用商人を勤める糟谷縫右衛門（同荻原村

＝同）も屋敷（愛知県指定文化財）内に稲荷社を建て、この地方の豊川稲荷大栄講の中心となるなど、稲荷神が広く信仰されていた。

留守見舞い断るが十九人が寄せる

留主《ママ》見舞断申置《ことわりもうしおき》候得共　参り申候分

二月一日　一　ひぢき弐百王《わ》程　婦じや岡右衛門

三日　一　くしかき壱包　友国お堂《た》み　一　寿こん婦九枚　槌市（槌屋市十）

四日　一　満んちう三拾弐　西尾兵助　一　牛房《ごぼう》一王《わ》　あけ九枚　西ノ彦八

八日　一　干大こん三王《わ》　友国奇傳

十日　一　石豆腐十二丁　岡山花岳寺　一　菓子袋壱ツ　飛脚左平

十一日　一　とう婦三丁　盈屋清七　一　そば切一ろし　東ノ林弥

同夕　一　せき者《は》ん二重　東治兵衛

二月十二日　一　せきはん切堂《た》め入　東ノ権平　一　お者き壱鉢　若松屋

一　せき者ん壱ひつ　吹〆町武藤治

十三日　一　せき者ん壱鉢　前ノ与左衛門

十四日　一　もち七ツ鉢　友国清十　一　茶めし二重　爾《に》しめ付　松屋

十六日　一　お者《は》き《ぎ》壱ひつ　まへの与兵衛

十九日　一　茶めし　食次《じ》（餌）爾しめ付　本町又七

三十人に線香、蝋燭等の土産

二月十一日　無事ニ下向　みやけくばり

留守見舞いを届けた十九人を含む次の三十人に、手拭い、線香、蝋燭、朱蝋燭、香箱、五種香、兎の丸、風呂敷、しゃくし、紙入れ、煙管、扇子、墨等の土産を配った。

嘉助　安助　下男弥助　下女その　宮迫林奇坊　友国奇傳坊　東ノ権平　東ノ林弥　市十
盈屋清七　東ノ吉兵衛　ち法坊　前ノ与兵衛　〃与左衛門　治兵衛　岡右衛門　大工善六
ひきやく左平　若松屋　松屋喜左衛門　吹〆太郎兵衛　又七　源徳寺　西尾半田屋兵助
花岳寺　吹〆町武藤二　友国お堂ミ　スノ甚蔵　下町三左衛門　八郎兵衛　ひさ持参

そして、宇平は、奇傳坊、林奇坊について、次のような但し書きを付ける。

留主中持病之各《おのおの》ニ相堂《た》のミ　夜分留《とま》り貰《もら》候所ニ持病おこり
不申《もうさず》候而相悦入申候林奇坊ニも　夜分凡ソ半分本《ほ》と満《ま》り被申《もうされ》候
先月末祈がん参《まい》りニ参し内ハ　三日夜計《ばかり》奇傳坊と満《ま》り申され候

二つの年忌とも呼び人なし

二月廿日　釋正念廿三回取越　御斎　荒子元遂御坊招請

荒子元遂御坊は、下横須賀村の荒子教会（浄土宗）の僧と考える。〝萬屋歴代の仏〟によると、釋正念は、俗名が曽十。安永二（一七七三）年四月二十日死去。宇平の弟であろう。

三月三日　寂照天然信士五十回　御斎　福泉寺和尚招請

十二日（命日）指合百之取越申候　四十九年に當り申候　右両法事とも呼び人なし

寂照天然信士は、〝萬屋歴代の仏〟によれば、俗名は藤次郎。延享四（一七四七）年三月十二日死去した。戒名から、精神障害者（脳機能障害者）と思われるが、結婚して屋敷もあったので、軽度だったようだ。三代源兵衛・源右衛門の弟であろうか。

〝百之取越〟とは、五十回忌を百回忌の繰り上げとして、同時に営んだということか。宇平は、釋正念の二十三回忌、寂照天然信士の五十回忌とも、呼び人なしで済ませた。

宇平継母十七回忌は治兵衛が相伴

三月廿日　釋尼妙思十七回　良興寺　治兵衛相伴

かさり配り所　良興寺　白十一　源徳寺　白十一　福泉寺　白十一

弥助　白十一　友右衛門　白十一　直右衛門　白十一　権兵衛　白十一　忠右衛門　白十一

甚太夫九　吉兵衛九　ち法坊九　清七九　林弥九　権平十一　治兵衛十一　与兵衛十一

与左衛門十一　岡右衛門十一　市十　九白計り　三左衛門九　善助十一　兵治十一

喜左衛門十一　又七　十一　太郎兵衛九白計り　かし王《わ》や九　お王りや九

太兵衛九　三之助九　清八　九　（上記）三軒かさり　余慶こさし故　進（上）し候也

もち弐斗壱升　きひ　五升　外ニ者多《はた》き（搗いて砕いた）物等　内ノ者　働キ有

釋尼妙思は、三代源兵衛・源右衛門の後妻で、宇平の継母。俗名・しな。寺嶋村の伊奈弥惣右衛門家から輿入れした。安永八（一七七九）年五月二十日の死去だから取り越し法事。

飾り餅は、もち米弐斗壱升、きび五升で搗いた。米の量は、釋顕證（源右衛門）一周忌以来変わらないが、キビの量は少しずつだが、順次減らしている。

配り先は、源右衛門一周忌と同じ三十軒。お寺三軒、村外五軒。村内が二十二軒。白と書いてあるのは、米で搗いた餅、書いてないのは、キビで搗いた餅も混じっているのだろう。

五月廿日　顕證祥月　勤ノ心ニ而青銅弐十疋　持参致し冨田村西岸寺　江御頼申候

同日　妙思年忌當日　元（玄）叔首座請待《しゅそせいたい》仕《つかまつり》候《そうろう》而《て》　御勤《おつとめ》有候供養塔一本　建申候

玄叔首座は、上横須賀村に隣接する岡山村にある花岳寺の首座である。五月廿日は、寛政三（一七九一）年に死去した宇平父・源右衛門（釋顕證）の祥月命日でもあるため、二ケ寺に勤行を願う。西岸寺（臨済宗）の招請は初めて。

宇平が道明けで善助方へ挨拶

寛政八（一七九六）丙辰《ひのえたつ》二月晦日爾《に》　善介（助）方へ道明ケ相済不申候ニ付

去ル廿六日夕　与兵衛　宇平　治兵衛　千代ノ助　〆参り申候

土産　店ノ仙蔵へトロメン帯　下女　下男　両人弐百文つ々　其外荷物なし

此方へ右晦日ニ相見江申候　別左ニ相記申候

与兵衛　善介　善兵衛　忠八　彦十　お可ん　お毛《も》ん　おそ免《め》　〆

与左衛門　岡右衛門　（上記二人）相伴《しょうばん》ニ　堂《た》のミ申候　下男壱人

おかよ　おなよ　おちせ　おみせ　お堂ミ《た》　久五郎（上記六人）相伴ニ　相招キ候
振舞《ふるまい》　二汁五菜　其外　吸物五ツ計り　春《す》々《ず》り婦《ぶ》多《た》（硯蓋）鉢
女中座敷へ計《ばか》り菓子盆ニ　くハし（菓子）盛り申候
料理人　林弥　又七手傳　働キ人　お希《げ》ん　理（利）兵衛

宇平は「二月晦日に道明けが済むが、報告をしていない」として、二十六日夕方、与兵衛、治兵衛、千代之助と四人で、店員への土産を持って、若松屋善助方へ参上する。

二月晦日には、宇平は、道明け祝いを催し、二汁五菜でもてなす。これが披露宴に当たるのだろうか。参加者は、駆け付けた人、頼んで招いた人を併せ、十七人である。おげんが、利兵衛（下町）と共に、働き人として初めて参加。以後、萬屋の慶弔の常連となる。利兵衛は、後の記述で分かるが、おげんの息子。後に調菜人を務める。

四十四人に土産の餅配る

このほか、村内三十六人、男女使用人二人、村外六人（寺嶋村の弥惣右衛門、友国村の喝、清十、安兵衛、理兵衛、奇傳坊）の合わせて、四十四人に土産の餅を配る。

土産餅配り所　甚太夫　吉兵衛　ち法坊　三之助　林弥　理（利）兵衛（下町）
太兵衛　清七　新蔵　与兵衛　治兵衛　与左衛門　忠右衛門　岡右衛門　文七
彦八　喜平　万吉　おきよ　清兵衛　市十　福泉寺　源徳寺　喜左衛門　本町半六
又七　法六町兵治　吹貫町清八　武藤治　法六町源蔵　本町お婦き　寺嶋村弥惣右衛門

友国喝　清十　安兵衛　理（利）兵衛　奇傳　家内男女両人　与八　おりさ
丈右衛門　忠八　源八　上町善六　〃おきよ
私シ曰　与兵衛へ　南鐐一　風呂敷一　〆志ん上　林弥へ　上之斎堂《た》者《ば》こ一丸
おげん　堂《た》（者？）こ壱丸　〆志ん上仕候
与左衛門ゟ酒羽書　御持参　若松屋下男餅荷イ　弐百文引手遣ス
おげんに進呈したのも〝堂〟と〝こ〟の間に〝者〟が抜けており、刻み煙草であろう。

名倉村大蔵寺の新命和尚が来訪

四月廿四日　釋周達十七回正當
右廿三日　斎之法　名倉大蔵新命和尚　番（伴）僧一人　供　子ども壱人
御土産物等もこさし而其御返礼　右御傳使之御悦分　都合南鐐壱片
百文　番僧　廿四文　供壱人　〆

釋周達十七回忌正当の前日の二十三日に、名倉郷（愛知県北設楽郡設楽町）大蔵寺の新命和尚が、伴僧一人、供の子供一人を連れて、来訪したので法会を営む。釋周達は、四代源兵衛・宇平の弟で、俗名は周八。安永九（一七八〇）年五月廿四日死去した。

土産等も持参したので、就任の祝いとして、和尚に南鐐壱片（一万円弱）を贈る。伴僧に百文（約千百五十二円）、供の子供に二十四文（約二百八十八円）を差し出す。

八月廿六日　例ノ通り記不及（この日は、二代源兵衛・釋顕誓の祥月命日に当たる）

ひさが帯直し、女児を出産

九月十一日　ひさ帯直し来ル　もち　幷《ならび》ニ　帯壱包
配り所　権平　治兵衛　与兵衛　与左衛門　岡右衛門　三左衛門　喜平　清兵衛
源八　忠八　喜左衛門　又七　清八　兵治　源蔵　丈右衛門　荒子婆々さ
〆拾七ヶ所ニ相成申候
餅之残り家内ノものニ　遣シ申候

妻・ひさが、帯直しで、餅と帯壱包を持参する。餅は十七ヶ所に配り、残りは家内の者に遣わした。九人に取り消しの線を引き、残りを家内の者に遣わしたと、わざわざ書き留めたのは、残りではなく、残したのであろう。使用人を大事にする宇平の姿勢が窺える。

極月九日夜　同人（ひさ）凡ソ八ツ頃（午前二時頃）女子出産

翌日から祝いの金品が届く。最初の記載は、下横須賀村の加藤治左衛門から寄せられた切溜め入り赤飯。宇平は「風評を聞いて安産を願い、十一月十八日に届いたが、今ここに記す」と但し書きをする。治左衛門は妻や娘等が、ひさの前年の京参詣に同道したので、いち早く妊娠を知り、祝い品を寄せた、と考えられる。

翌年二月廿三日までに、延べ五十人程から届く。紅志保《しぼ》り志由《じゅ》者《ば》ん、木綿（半反から壱反）、餅壱機、赤飯、満んちう、菓子袋、山の芋壱盆、さかな（せいご）、瓜香の物——等である。ひさの里・若松屋は小袖などの入った行李一荷を寄せた。

西尾藩今井家老が祝い品

この中で、注目される記載は、「極月廿六日　加川婦《かつぶ》し五ツ　五周様」である。最上級の敬語が付く五周様とは、西尾藩大給《おぎゅう》松平家の家老・今井五周である。『萬般勝手覺』に初めて登場する。萬屋との関わりはなく、ひさの知り合い、と考えられる。

だが、武家の家老が、知り合いの農家、あるいは商家の女房の出産を祝うだろうか。「屋敷奉公をしていたのでは？」という郷土史家の言葉で気づいた。ひさは、嫁入り前、今井家の屋敷に奉公していた。そして、五周の信頼が厚かった。そう考えれば、納得できる。

祝い金は、本家の松屋喜左衛門が金百疋（二万円弱）、町内の源八と吹貫町のお三《み》なが、それぞれ南鐐壱片（一万円弱）、与兵衛が五百文（約五千六百円＝産着代）、かぢや源蔵内儀が青銅廿疋（二百文）を寄せた。

年末のため七夜祝い早める

極月十六日　七夜ニ相當り申候所　時節柄《がら》故十四日ニ其儀《そのぎ》聊《いささか》調《ととの》ひ相春満《すま》し申候

宇平は、十二月十六日が七夜に当たるが、準備が調ったので、正月を控えた時節柄、祝儀を十四日に早めて済ませる。

呼　人　荒子ばゞさお里王《りわ》　おそめ　お可《か》ん　おなき　おかよ　おかの　おき堂《た》　おみせ
おちせ　おき怒《ぬ》　おもん袋　小供　治作　倉吉〆　おげん　下働キ相招キ

壱汁五菜　料理人　林弥　女手傳　治兵衛下女
夜ニ入　又七　久治郎　治兵衛　など相招キ申候
東ノ藤屋おきよ　ちち貰申候呼ニ遣し申候　同夜見え不申　送り膳遣し申候

呼び人は、世話になった女性十二人と子供二人。宇平は、一汁五菜でもてなす。お里王《りわ》は赤子を取り上げた産婆。お可《か》んは与兵衛妻。おなきは寛政三（一七九一）年、宇平父・源右衛門の葬儀の際に初登場し、享和元年、ひさの香典覚に川崎屋忠八内儀とある。天保六（一八三五）年二月、五代源兵衛一周忌まで、三十九年にわたって顔を出す。

おかのは、幡豆・林右衛門かかさ。おき堂は鍋屋、おみせは、本町に住む芸事の師匠。おちせは東店・治兵衛妻。おもんは寺町に住む、ひさの親友の一人で、後に、ひさの病中介護に当たる。おもんは、お毛《も》んと同一人だとすると、池田屋の人と言える。

子供の一人・治作は治兵衛の子だから、ちせが連れてきた。倉吉も、ちせの子であろう。

四十六人に祝いの餅配る

極月十五日　餅配り覚　与左衛門　彦八　与兵衛　岡右衛門　治兵衛　忠右衛門　権平
喜平　林弥　善助　清七　清兵衛　おきよ　市十　ち法坊　源八　三之助　忠八
吉兵衛　左平　甚太夫　喜左衛門　紋七　半六　源徳寺　又七　五太夫　本町お婦き
ぬしやおきよ　玄通　清八　善六　上町おきよ　泰俊　武藤二　藤八　源七　兵治　源蔵
丈右衛門　林蔵　お婦の　勘七　寺嶌弥三《そ》（惣）右衛門　荒子お里王　スノ治左衛門

荒子婆々お里王さ礼物　金弐百疋（四万円弱）幷ニ餅壱重
若松屋ゟ　弐朱ト餅壱重　進上此方ニ而一所ニ　拝持遣申候也
餅壱重ツ々　忠八女　源八女　善助男　兵治女　〆進上
松屋下女中野（村）出者川《ではっ》　折婦《おりふ》し見舞し故　母方へ壱重遣申候
家内店両人　下男下女　〆四人へ壱重ツツ遣ス

餅を配ったのは四十六人。このほかに荒子婆々お里王に出産の礼として、金二百疋（四万円弱）と餅一重、ひさの実家・若松屋が持参した一朱（一万円弱）と餅一重を併せて進上する。

女児を〝万津《まつ》〟と名付け宮参り

寛政九（一七九七）丁巳《ひのとみ》年正月十三日　宮参り赤めし大重ニ一ツ鳥目《ちょうもく》（銭）百文相添
それゟ近所歩行銭四百文余り　貰イ返ス十二日ニ名ヲ付ル　お万津《まつ》

寛政九年一月十二日、宇平は、女児を〝おまつ〟と名付け、翌十三日、大きい重箱に詰めた赤飯に、百文（約千百五十二円）を添えて宮参りをする。近所を歩くうちに、見物人に銭を貰い、四百文ほどになった。宮参り先は、直線距離で二百メートル程の所にある春日神社。「返す」は、はっきりしないが、近所の人だから、お返しをした、ということであろう。

二月八日　一行首座《しゅそ》　廿七回忌當
右二日昼後喝子《かっし》方ニテ　泉徳（寺）和尚招請イタシ　御勤アリ布施弐百文持参

宇平は、友国村の尾崎喝方で営まれた、師匠・大超一行首座《しゅそ》の二十七回忌に、布施二百文を持参する。喝の後ろの〝子《し》〟は、敬意・親しみを表す。

盛大に父の七回忌

二月十七日　釋顕證信士七回忌（豫修）　かざり配り　餅搗當日くばり仕処

吉兵衛　○七□二　甚太夫　○七□二　ち法坊　○七□二　清七　○七□二
林弥　○七□二　おきよ　○七□二　権平　○九□二　治兵衛　○九□二
与左衛門○九□二　西の忠右衛門　○七□二　与兵衛　○九□二　三左衛門　○七□二
善助　○九□二　清兵衛　○九　市十　○九　源八　○七□二
忠八　○七□二　法六町兵治　○九　喜左衛門○九□二　源七　○七□二
半六　○九　又七　○九□二　上町玄通　○七□二　かし王《わ》やお婦き　○七□二
吹〆町清八○七□二　福泉寺　○十一　良興寺　○十一　源徳寺　○十一
寺嶋弥三衛門○十一　粕谷友右衛門　○十一　粕谷直右衛門○十一　粕谷弥助　○十一
粕谷忠右衛門　○十一粕谷権兵衛　○十一　〆
凡ソ白米弐斗弐升　キビ　七升程　外ニ　あ王《わ》少し出来　手前喰料

宇平は、父・釋顕證信士の七回忌を豫修（取り越し、引き上げ）で営む。十七日に餅を搗き、当日、村内外の三十四軒に配る。餅搗きに使った弐斗弐升にのぼる白米の量は、これまでの法事では、最も多い。配り先も最多である。

お寺は、福泉寺、源徳寺、良興寺の三ヶ寺。村外は寺嶋村の弥三（惣）右衛門、荻原村の粕（糟）

谷友右衛門、同弥助、同権兵衛、同直右衛門、同忠右衛門の計六軒である。

○は丸餅、□は角餅。違いは断定しないが、丸餅は米の餅、角餅は数が少ないので、キビ餅と考えて良いだろう。後の数字は餅の数。

相伴は六人だが一汁七菜

　二月廿日豫修朝勤ム　御斎　良興寺　御布施弐百文拝持遣申候
　相伴人　与兵衛　治兵衛　与左衛門　又七　清八　お堂ミ《た》
　善兵衛　おくり膳　親仁此節上京　ニ付相見江不申　如斯《かくのごとく》こなし申候　〆
　　壱汁七斎《ママ》（菜）　給仕　利兵衛（下町）　料理人　林弥
　山の芋五ツ　かちくり五六合　与兵衛　とう婦三丁　治兵衛
　百銅　清八　五十銅　お堂ミ《た》　ろうそく十五丁　利兵衛（下町）　かんひゃう　林弥
　酒　直右衛門　なら付　友右衛門　ひじき　弥介　ろうそく　忠右衛門　権兵衛なし
　荻原ゟま以《い》りし物　こさし所記不申候志

相伴者は六人と少ないが、料理は一汁七菜と豪華。また、相伴者名の前の金品は、持参した香資。以後同断。送り膳された善兵衛は、おそらく若松屋善助の息子であろう。荻原の親類筋からも、志が寄せられる。慶弔行事の常連・与兵衛は、今回が最後である。

　二月廿一日　荒子取揚《とやげ》婆さへ見舞《みまう》　久《ひさ》赤子連之《これつれ》もち米三升持参

ひさが餅米三升を持参、万津（松）を連れ、下横須賀村荒子のとやげ婆さを見舞う。

若松屋へ〝松〟初立ちの餅

廿二日　うゐ立之印　七升搗　若松屋へ遣申候
三月吉日　一　草餅凡ソ三升計り程　友国安兵衛　内方持参
其後　一　弐重之物　赤者《せきは》ん入　清十　同断（内方持参）
又其後　一　壱重　お保《ぼ》ろ満んぢう　やう可《か》ん入　何連《いずれ》も大形　西尾酒井氏順庵子

宇平は、二月二十二日に、松の初立ちの印として、妻であるひさの実家・若松屋へ餅七升を遣わすが、三月に入ると、松の初立ち祝いの品が、三人から寄せられた。酒井氏順庵子は初出。順庵子の〝子〟は、敬意・親しみを込めて付けたのだろう。後年、ひさの死去に当たり、順庵が悔み状を寄せるので、ひさの屋敷奉公時代の知り合い、と考えられる。

五月廿日　釈顕證七年當り　泉徳寺和尚江頼　御布施　弐百銅（二百文）

宇平は、父・源右衛門の七回忌当日は、農繁期に当たり、豫修で盛大に法事を営んだため、津平村の臨済宗・泉徳寺和尚に頼んで手軽に済ます。泉徳寺和尚の招請は初めて。

十月廿四日　御斎　浄岸智清禅定尼　三拾七回忌引上ヶ相勤申候
福泉寺和尚招請　御布施　弐百銅（二百文）
御かさり之儀此日秋揚リ之餅具《そなえ》兼ル　白御かさりとして
福泉寺　十一　粕友右衛門　十一　〃直右衛門　十一　〆三ヶ所切

浄岸智清禅定尼は、二代源兵衛妻・飛さ。宝暦十一年十二月廿四日死去。荻原村の糟谷友右衛門家

から嫁いだ。そのため、飾り餅は、法事を頼んだ福泉寺と、飛さの実家に配った、と考えられる。糟谷直右衛門は、荻原村の中でも友右衛門に近い親戚であろう。

〝松〟の足立ち祝う餅配る

極月十日　おま川《っ》　足立之餅之祝之心ニ而　聊其印促々左ノ通り
配り所　白一ツ　黄一ツ　凡ソ弐合四五勺
荒子婆々さ　東ノおきよ　出生之節乳貰　忠八　源八　彦八　吹貫町清八
源蔵　角小源蔵當秋隣りへ引越し　甚太夫　直右衛門さ剃代などの世王《せわ》ニ相成申候
法六町文八　御寺　祝ニ行世話ニ相成候　兵治　喜左衛門
赤もちニ而遣ス　権平　治兵衛　与左衛門　善助　又七
林弥相招キ振舞　お婦の同断　餅丸め手傳ィお可んさ相頼候

宇平は、松の足立ちの祝いの餅を搗く。餅丸めに、お可んを頼む。お可んと萬屋は、天明四年、治兵衛とちせの婚礼で三ツ目女中客として登場以来の付き合い。餅は、荒子婆さ、乳を貰った藤屋おきよ等、松の出生で世話になった十二人に白と黄を一つずつ遣わした。このほか、赤餅を権平、治兵衛、与左衛門、善助、又七の五人に配る。

黄餅の記載は初めて。キビ餅か。白と黄、赤の差をつけた理由は分からないが、世話になった所に白と黄、日ごろから付き合いが深い所に赤を配った、との印象を受ける。また、林弥と、お婦のを招いて振舞った。

蓮如上人三百遠忌で良興寺御斎

寛政十（一七九八）戊午《つちのえうま》　當年ハ蓮如上人三百遠　忌ニアタリ候ユヘ

二月廿五日　御斎良興寺相招キ申候

二月廿六日　御斎相勤申候（感光道榮信士＝初代・弥四郎祥月）

感光道榮信士祥月足セテ相勤不申候ニ付　何となく泉徳寺和尚御招キ申候　御布施百銅

元来妻ひさ相勤メ申候　所利重招候也

蓮如上人三百遠忌の御斎（二月二十五日）に初代・弥四郎（感光道榮信士）の祥月法事を加えて営まなかったので、翌二十六日、泉徳寺和尚を招く。妻の代わりに利重が勤めた。

三月四日　釋尼妙華七回忌正當　□□和尚御招キ申候　塔婆立御布施弐十疋（二百文）

五月廿日　御斎（釋尼妙思、釋顕證）祥月　大信様御布施　百銅（百文）

寛政十一（一七九九）年二月廿六日　感光道榮信士祥月

四月廿日　釋正念廿七回忌　泉徳和尚　塔婆建　御布施　廿疋（二百文）

釋正念は、宇平の弟と考えられる安永二（一七七三）年に死去した俗名・曽十。

〝松〟が四歳になり内祝い

お松當寛政十一　四歳ニ相成申候而物《ても》心《ごころ》覚申候ニ付三月　□□□聊《いささか》内祝イ申候

寛政十年三月四日以降、ここまでの□は、紙が破れていて読めない部分。

飾り　内裏雛　五番　一対　相求申候
一　男雛　壱ツ　若松屋　是ハ出性《ママ》翌年参ル　一　同　壱ツ　武藤治
一　女　壱ツ　又七　少し善兵衛手傳有　一　女　壱ツ　松屋　代壱匁八九分位ノ品
一　鯛　壱可け壱尺位　石川丈右衛門　一　同　壱可け六七分位　法六町八左衛門
一　鯉　壱可け壱尺弐三寸アリ六七分可　らくかん計《ばか》り　茨木屋万吉
一　鶴　二ツ　鯉ゟ各別ニク王《わ》し　盈屋清七
一　小鯛　一可け　下町お婦の　一　満んちう三十弐　〃権平

宇平は、内裏雛一対を求めるが、お祝いとして、ひさの実家・若松屋と、武藤治から男雛が一つずつ、又七と松屋から女雛が一つずつ届く。ほかに、石川丈右衛門、八左衛門（法六町）、茨木屋万吉、盈屋清七、お婦の（下町）、権平（同）の六人から、祝いの品が贈られた。盈屋が遣した鶴には、「鯉より格別にくわし」の注釈。〝くわし〟は〝うまい〟の意か。江戸時代は、鶴を食した。

実母二十三回忌で八事山へ回向料

寛政十一年未とし　實母釈尼妙寿廿三回忌　青銅弐十疋（二百文）
六月上旬名古屋出府之節　八事山へ御回向料さし上申候
六月廿一日相當　御斎　大信様御招キ申候　布施十疋（百文）〆
宇平実母の釈尼妙寿は、安永二（一七七三）年六月二十一日に死去。
八月廿三日　釋尼妙晃三十三回正當　御斎　福泉寺和尚　御布施　弐百銅（二百文）〆

釋尼妙晃は〝萬屋歴代の仏〟によれば、宇平・妹で、俗名・しち。明和四（一七六七）年に他界しており、宇平の姉と考えられる。

寛政十二（一八〇〇）庚申《かのえさる》年二月廿六日　感光道榮信士祥月　泉徳寺和尚　御布施百銅

宇平が盛大に祖父五十回忌

三月廿二日　御鎊配り覚　釋顕誓信士五十回忌　取越今日　餅搗申候　四十九年ニ成ル
粕谷友右衛門○十一　粕谷直右衛門○十一　粕谷弥助○十一　粕谷忠右衛門○十一
粕谷おりさ○十一　良興寺○十一　津ノ平十右衛門○十一　弥三右衛門○九　〆他所
甚太夫○七□二　善助○赤　吉兵衛○七□二　清兵衛○九　三之助○七□二
市重○九　林弥○七□二　昨冬死去嘉吉ドノ　源八○九　権平○七□二　忠八○九
清七○七□二　喜左衛門○七□二　おかん○七□二　又七○七□二　おきよ○五□二
かし王やお婦き○七□二　新蔵○六□三　玄通○九　永治○七□二　善六○七□二
治兵衛○赤　幸兵衛○七□二　角源蔵○七□二　武藤治○九　与左衛門○九□二
兵治　○九□二　岡右衛門○九□二　法六町源蔵○七□二　忠右衛門○七□二
下町住お婦の○五□二　彦八○七□二　ぬしやおきよ○五□二　喜平○七□二
深尾かもん○九　源徳寺○十一　〆　凡ソ壱升ヲ十五ノ余　ニ切申候高下有
白米　弐斗八升　手前喰料ニテ　きひ　五升計り　同断　〆
荻原ヨリ参り候物　香ノ物三　友右衛門　同断小　忠右衛門　白みそ　直右衛門

二斗八升もの米で餅を搗く

五十回忌を迎えた釋顕誓は、萬屋二代。宝暦二（一七五二）年八月二十六日に死去した。二斗八升もの米を使って餅を搗くのは、初めて。配り所も四十三ヶ所と、これまでの最多。村外は、荻原村の粕（糟）谷友右衛門　同直右衛門　同弥助　同忠右衛門　同おりさ、東城村の良興寺　寺嶋村の弥三（惣）右衛門　津ノ平村の十右衛門の八ヶ所である。

村内は残る三十五ヶ所だが、与左衛門と共に常に名を連ねる与兵衛の名がなく、代わりに、お可んに配られる。お可んは、与兵衛後家の記述がある。また、後に若松屋の親仁の看病もするので、若松屋の娘で、与兵衛に嫁いだことが分かる。宇平妻・ひさとは、姉妹の関係になる。なお、与兵衛は、寛政九年二月以降、このころまでに他界した、と考えられる。

料理人に頼んでいた林弥は、嘉吉の弟。注釈を見ると、嘉吉が死去したので、代わりに林弥に餅が配られた。

御斎は一汁七菜で本膳九人

同二十六日　御斎　良興寺　御布施　五百銅（五百文）

大無量（寿）経上巻　幷ニ正信偈和賛《しょうしんげ》　御経前後伽佗《かだ》　法談一座御済

相伴人　吉兵衛　忠右衛門　与左衛門　源蔵　岡右衛門　善助　清兵衛

定八　む可し相勤申候　平七事也今ハ　九久平村（豊田市）黒柳ニ勤　申候　〆九人本膳
吹〆清八　彦八　利兵衛　又七　お可ん　お希《げ》ん　〆手傳　弐番ぜんニ相通申候
治兵衛　治作モ相招キ〆　清八方母御他行故内室　へ送り膳遣申候
源蔵子忠兵衛　料理人ニ相頼申候　謝礼ニ手拭一すし（筋）おひさ持参致候
女中奥　おちセ　おかよ　おかよ（の？）　おたみ　おもん　おみセ　〆六人
壱汁七菜　献立ノ外さしかへ有

瓶和　七品　生盛　汁（やきとう婦　志ゐたけ）　坪（里いも　かんひやう　銀杏　牛房　かちくり）　飯
平皿　ひ里やうづ　猪口　百合志ら阿へ
茶碗（志ゐ堂《た》け　長いも　く王《わ》しこん婦）　重引（クワ井　三ツ葉）　臺引（竹輪とう婦　可王《わ》だけ　香のもの）

御茶　通例　御菓子　お保《ぼ》ろ　もちく王《わ》し　〆弐ツ
家内ノ者　出来合満んちう三ツ、干く王《わ》子《し》ニツツヽ也
貰イ物又爰ニ記　てこ芋七本　武藤治　とう婦四丁　利兵衛（下町）百文　善助
連んこん大小四本　与左衛門　大牛房五本　岡右衛門　とう婦五丁　治兵衛
とう婦五丁　彦八　やき婦七十五　清兵衛　兎香五己包　吉兵衛

蝋そく十丁　おみセ　百文　おたミ　五十文　清八　弐百文　定八　〆

布施は五百銅（五百文＝約五千七百六十円）と葬儀並み。料理も一汁七菜と豪華だ。

宇平が急病を人参で治す

七月廿九日夕　宇平　急病　相煩ィ申候　八月十二日少々快方悦入申候

宇平が急病を患ったため、八月二日から十二日までに、十八人から香の物、うとん粉一袋、白みそ一箱、まん重一重、なよし弐本、く王《わ》し一袋半、お者《は》ぎ二重、志るあめ茶王《わ》ん一はい、茶めし一重、柿十七——等々の見舞い品が寄せられた。中でも、吹貫町の武藤治は、四回に分けて見舞い品を寄せており、宇平と特に仲が良かったようだ。

療治に人参を用いた。一両近い五十九匁何分（約七万四千円）払うとある。極めて高価。高麗人参であろう。『萬般勝手覺』に、これ以外、療治に人参を使う記述はない。

享和改元二月廿六日朝　先祖祥月例之通り　泉徳寺和尚御斎　寛政改元有

寛政十三年は、辛亥革命に当たるとして、二月五日に享和と改元される。先祖とは、萬屋初代・弥四郎のことで、戒名は感光道榮信士。正徳二（一七一二）年二月廿六日死去。

凶作の中、継母の二十三回忌

三月廿日　釋尼妙思廿三回忌　御斎　引上法事相勤申候

断云《ことわりていう》一両年之凶作故《ゆえ》慶事　法事或ハ疱瘡祝ィ等餅　搗配りハ相止《あいやむ》之旨《むね》地下《じげ》申

合候尤他所縁者など八内々心計《ばかり》の努ニ取計《とりはからい》之左太《さた》候　三月十八日御可ざり少し搗
中候下女不使在所へ遣し候　故《ゆえ》お可んさおげんさ相頼　出来申候
糟谷友右衛門　白　糟谷真右衛門　白　糟谷直右衛門　白　糟谷忠右衛門　白
糟谷おりさ　白　伊奈弥三右衛門　白　喜左衛門　白　又七　白　善助　赤
治兵衛　赤　清八　白　おげん　お可ん
おき原ゟ参り候物　香の物三　弥助　ヤキ婦　直右衛門　蝋そく代五十銅　忠右衛門
友右衛門　なし　おりさ　なし　両人留守のよし申候

御斎の相伴は治兵衛と万久

三月廿日御斎　良興寺　御布施　弐十疋（二百文）　相伴人　治兵衛　万久（万屋久五郎）
調菜手傳相伴断《ことわる》　おひさ外《はず》し不使故如此《つかわずゆえかくのごとし》　こさし香ノ物共ニ　一汁五菜

釋尼妙思は宇平の継母・しな。安永八（一七七九）年五月二十日の死去だから、引き上げ（取り越し）法事を質素に勤める。

宇平は「一両年凶作のため、慶事、法事、疱瘡快癒祝い等の餅搗き、餅配りは止めることを地元で申し合わせたが、他所縁者などは内々に取り計らえとの沙汰である」と言って、村外の縁者六人、村内の縁者五人、餅搗きを手伝った、おげんと、お可んに配る。

村外の糟谷真右衛門は、初出だが、荻原村の友右衛門一族と見て、間違いはない。香の物を寄こした弥助の代人か。今後、しばしば登場する。相伴人も二人だけ。

五月廿日正當　御斎相勤申度《もうした》く所お久病気どふも　不ク王《ふぐわ》しニ付像（贈）品朝ニ
泉徳寺へ拝持遣し候　御斎米壱升　御布施百銅（百文）　トウバ建

ひさの病気が悪化、見舞い品

おひさ事三月前ゟぶら〳〵　病イ心あし九身ニ入薬用　も不参《まいらず》候三月廿三日
ゟ米津氏薬用足せしも　一向ニ者《は》き〳〵と　不致《いたさず》元来嫌イノ方ニ
相見江申候然共《しかれども》自然ニあし九　定熱往来動気つよく　向陽（高揚）顔表《かおおもて》山岳のごとし
自分もそいと気付候故へ　相談の上織田立像を　相招五月九日ゟ薬用
弐婦くつ々相用イ候四月　中半《なかば》過余本《よほど》とあし九《く》五月　一入阿《ひとしおあ》し九薬用候得共
追々ふく王《ぐわ》し趣《おもむき》食事も　段々へ（減）り廿九日卅日比《ごろ》　絶食同前之所打皮《だは》相談
の上医者可へ《かえ》深尾氏へ　将薬六月一日夕ゟ始メ申候　三日ばん迄に禰門《でいもん》の往来つよく
云し所ちと夫《それ》もよろし九《く》　相見江五日ゟ食事も　あじ王以《わい》出来しよふ寸《うす》又
三度登《と》も食事致し候　よう相成申候委細全快　之由相記入申候六月廿六日書
置諸々病気見舞ニ　貰申候品左之通

宇平は、筆まめだ。妻・ひさの病状の変化を、詳しく記す。愛妻家でもあったろう。誤読があるかもしれないが、ひさの病状の大意はつかめる。ひさは、二月終わりごろ体調を崩すが、六月の終わりに回復する。〝禰門〟は、先祖の御霊屋である霊廟のことであろう。

西尾藩今井家老から饅頭

見舞い品の最初は六月吉日、次は四日だから、六月に入ると、見舞い品が寄せられた、と考えられる。七月十七日まで続く。

この間に、三十二人が、山いも、志んこ、桃、柿、赤めし、そは切、そは粉、木瓜《きうり》、松茸、納豆みそ、白みそ、唐きひ、菓子、まんちう、せんべい、素麺、砂糖づけ、求肥《ぎゅうひ》糖、鯉等を寄せる。西尾藩家老の今井五周からは、「まんちう廿八入」が届く。

宇平は見舞い品について、次のように補足書きをする。

右之外お可ふ《こう》殿ゟおはぎもち　なと少しツ々折節《おりふし》貰　武藤二様ゟそば切両三度
あまさけなど貰別テそば　甚ク王《わ》し而病人相悦度毎《たびごと》嬉し可里《がり》又此方ゟ禰《ね》だり申候
松屋ゟも折節なめし茶めし　とう婦松茸入等たべ物折節　貰其外聊《いささか》ノ包菓子等
お松へやりくれメなど見舞　の品々人々御持参あま多《た》有　書もらし候
八月廿六日　釋顕誓信士五十年正當　私曰ひさ病中故　福泉寺へ相頼申候
御斎米　弁蝋そく弐丁　御布施　弐百文　塔婆　壱本建
盆後宇平名古屋へ出府之節　八事山参詣致し　御回向料南鐐一片（一万円弱）さし上《あげ》
當りし日御勤《おつとめ》被下度《くだされたく》願《ねがい》帰村仕候也

六月終わりには一旦、回復した、ひさの病気が、八月終わりには、再発していたことが分かる。釋顕誓は、宇平の祖父に当たる二代源兵衛である。

今井家老がひさを見舞う

ひさの病が再発すると、九月二十二日から再び、瓜つけ、柿、梨子、なら付、求肥糖、松堂け《た》等の見舞い品が届き始める。この中に、「九月三十日今井五周様病中　御見舞被下《くだされ》病人通り目（目通り）悦入《えつにいり》申候」なる記述がある。西尾藩家老・今井五周は、ひさの出産祝い、病中見舞いの贈り物に加え、病床を訪れる。

ひさは、五周の信頼がよほど厚かった。そうだとすれば、五周の行動も納得できる。ひさが宇平の妻として披露されたのは、行年から案ずるに、二十七、八歳。当時の婚期としては、極めて遅い。五周が、なかなか手放さなかった、と考えると辻褄が合う。

これらのことから、江戸時代が封建社会だったとはいえ、少なくとも、一般に喧伝されているほど、異なる身分間の交際規制は厳格でなかった。

また、宇平の妻・ひさに対する看病ぶりからも、江戸時代は、男尊女卑でもなかった、と言って良いのではないか。男尊女卑が徹底したのは、むしろ明治になってからである。

ひさの病気が再発し他界

お久病気追々重り終　享和元酉十月十日朝　五ツ半時（午前九時頃）少し熱出背切（咳）有

静ニ相成易しく自然ニ　命終致し候年三十六才　昼後ゟ店閉翌日両天（晴天と雨天）

福泉寺ニテ葬式仕候　法名　釋尼妙雲

〝背切〟は誤読かもしれないが、〝咳〟の当て字と解釈した。意味は一応通じる。

御斎　呼人　良興寺　番僧　供　〆三人切　但シ源徳寺御斎なし
金剛院和尚　供　両人　御斎　頭《かしらくみ》与方へ持出し候
町内不残　外ニ　法六町　兵治　源七　源蔵　久兵衛　寿永　政蔵　文七　丈右衛門〆
又　傳六　おらく　玄通　善六　小四郎　武藤二　池（田屋）新兵衛
弥三右衛門夫婦共御出　借家三人呼遣申候　不来
右之御斎ニ御付之方も有　又断りニ而御返り寺嶋（弥惣右衛門）内室等也
縁者之方　若松屋四人　彦十両人　其外彦可知（彦八？）
総而《すべて》人数　凡ソ〆百人之余と相見江申候　西尾鳥山源兵衛息利兵衛　御出御斎振舞申候

灰葬は源徳寺が伴僧と営む

灰葬　十二日ばん方　源徳寺　番僧
相伴人　与左衛門　治兵衛　彦十　善助　おかん　おちせ　西御袋（ひさの母）
おもと　おなき　彦十母　お多ミ　おきぬ　寿永
調菜人（兼相伴人）清八　又七　利兵衛（下町）善兵衛　万吉
御布施　良興寺　五百文　白麻壱反　番僧　百文　供壱人　五十文
源徳寺　弐百文　番僧　百文　供　五十文
福泉寺　弐百文　墓代　百文　供なし　称名院　弐百文　供　廿四文
金星山（花岳寺）　弐百文　供　五十文　金剛院　弐百文　供両人　百文

片岡山（華蔵寺）　弐百文　此分御使僧誦経有　〆弐〆（貫）弐百七十四文
御回向料　尾州八事山　白銀壱枚　弐匁計り（約二千五百円）
初七日　大信様御かさり若松屋ゟ来ル　此日元遂坊御斎　誦経アリ　十月十六日
二七日　御住持様　廿三日　三七日　仝　三十日　四七日　仝　十一月七日
五七日　夜分（御住持様）御勤斎なし　朝ハ良興寺　十一月十四日朝
六七日　夜分大信様　廿一日
七七日　福泉和尚　翌晦日朝御住持様　勤元《つとめはじめ》候　廿八日　百ヶ日　正月廿日
〆　中張中ニ三部経弐部終り申候　御礼ニ南鐐一片　草書淵海

今回も津平村の大庄屋が弔問

悔計り　鳥山長兵衛當代　大竹彦助　木田弥三左衛門　下ノ利左衛門　教蓮寺　称賛寺
悔状　堺屋九左衛門　吉田杢衛門　松木當左衛門　酒井順庵

鳥山長兵衛、大竹彦助は宇平父・源右衛門が死去した際も訪れた。鳥山長兵衛は小牧村の知り合い、大竹彦助は津平村に住む大庄屋。教蓮寺は荻原村にある浄土真宗の寺、称賛寺も浄土真宗で、友国村にある。悔状を寄せた酒井順庵は、松の初立ちに祝い品を寄せた。

記念贈り覚　寺町・おもん、内ノ庄吉、地蔵堂・寿永、妹・おもと、吹〆町・清八、おらくの五人に、羽織、給、襦袢、白片平、帯、ひさ持用の椀等を贈る。天明四年の次兵衛・ちせ婚礼の餅配り先として登場した寿永は、法六町に住み、地蔵堂の庵主と分かる。

宇平は▽おもんは、ひさの病気が重くなった九月十八日ごろから家での介抱を頼み、死後も頼み、十一月三日夕に帰ってもらった▽庄吉は四、五月ごろから病床で使い、秋以来特によく働いた▽寿永は伽など頼み、大いに世話になった▽おらくは一、両年、師匠として折節頼んだ——等の注釈を付ける。

五七日斎作りに又門添える

十一月十四日朝　五七日御斎　良興寺
御取越御勤こなし　別御布施百文　當日法事弐百文　〆さし上申候
相伴人　お可ん　とう婦三丁　おちせ　〃　御袋（ひさの母）　おなき　お見セ
おそめ　らうそく　おたミ　油上ケ十五枚　おきぬ　五十銅　〆八人　女中計《ばかり》相招キ候
　献立　一汁五菜通例　贈り膳若松屋へ遣申候
　手傳人　利兵衛（下町）　らうそく十丁　又門相添
皿　にん志《じ》ん　大こん　委か　汁　青な　つとう婦
坪　クワ井　人参な　里イモ　可んひやう　きくらけ　飯
平　丸ふ　志ゐ竹　山いも　猪口　白あへ　臺引　午房《ごぼう》

相伴人のおそめは寛政八（一七九六）年十二月、松の七夜祝いに呼ばれた。おきぬは、松の七夜祝いに招かれ、九月十二日のひさの灰葬に相伴した。治兵衛の長男・又門が、利兵衛（下町）の手ほどきで、法事の料理作りに初めて参画する。

三十二人から香奠

香奠は三十二人が寄せた。金銭を寄せたのは十七人。ひさの実家・若松屋善助の弐朱（一万円弱）が最高。次いで本家・松屋が三百文（約三千四百六十円）。鳥山利兵衛は白銀壱枚（弐匁計＝約二千五百円）。百文、二百文が多い。

一 小蝋そく十丁　雑伎免善八
一 平せんこ十己　荻原お里さ
一 百文　上町善六
一 百文　友国清重（清十）
一 百文　東ノ治兵衛
一 百文　吹〆町清八
一 たら丹せん香五包　法六町兵治
一 百文　東ノお可ん
一 四十文　吹〆町武藤治
一 兎の丸五己入　東ノ吉兵衛
一 弐百文　寺嶋弥三衛門
一 弐百文　米津玄通
一 弐百文　忠八内儀おな記
一 百文　彦十御袋
一 弐朱　若松屋善助
一 せんこ五己　く王し壱袋　寺ツ金剛院
一 白銀壱枚　目弐匁計　西尾鳥山利兵衛
一 五志由香二袋　西尾鳥山傳兵衛
一 蝋そく　上町サヨ
一 蝋そく　上町その
一 三百文　本町喜左衛門
一 百文　ヲキ原平蔵
一 平せんこ一包　粕谷直右衛門
一 五十文　茨木屋万吉
一 せんこ壱王　金星山玄叔首座
一 弐百文　小牧加藤丈助
一 兎の丸五己入壱　糟谷弥助
一 赤七壱箱　岡山花岳寺
一 兎の丸弐王　〃華蔵寺
一 大丸二己　ささそ年《ね》彦助
一 廿四文　中野茂兵衛

このほか、十一月廿四日に、実相寺（西の町）の和尚が、長寿山五己包を持参して訪れ、誦経をした。

中張（惆悵）見舞は、十月十二日ごろから届く。十一月九日までに大根廿本、満んちう三十弐、とう婦二十、牡丹《ぼた》もち弐重、菓子袋二ツ切袋入り、赤飯弐升計り、干うとん弐包、油上《あげ》ケ十五枚、阿ん餅十七、せんべい七枚、クワ井壱重、かんひやう壱包、餅米三升、山のいも大七つ、み可ん・金可ん、椎茸壱箱、柿七ツ等が、三十六ヶ所から寄せられる。

西尾藩家老の今井五周は、数馬と連名で山の芋大七ツを寄せた。数馬は、今井五周の二男。ひさは、数馬付きの屋敷女中だった、と考えて、まず間違いはなかろう。

報恩講兼ね惆悵飾りの餅搗き

十一月廿一日　中張（惆悵）かさり配り

報恩講相兼搗申候　尤去申《さるさる》年地下《じげ》相談之上　祝儀贈答相止メ之談合故

年忌法事等別テ質素ニ　相勤リ候趣近所如此《かくのごとく》云し　然共《しかれども》他所へ不得迄《およぶをえず》候

惆悵飾り配りの餅は、報恩講を兼ねて搗いた。もっとも、昨年、地元で相談の上、祝儀、贈答は止める、と申し合わせたため、年忌法事は特に質素に勤まったと、近所の者は言う。しかし、他所へは及ばない。宇平は、こう記述して、餅を配ったところを列記する。

良興寺○九　花岳寺○十一　弥三右衛門○九　岡山おこよ○九

鳥山源兵衛○九　同利兵衛（西尾）○九　数馬様○九　スノ治左衛門○十一

尾崎喝○七□二　清十○七□二　安兵衛○七□二　治郎七○七□二

通西寺○九　了願寺○九　厳西寺○九　蓮光寺○九　下男与七○七□二

私シ曰利兵衛（友国）同く遣し候所十月過而　内室死去ニ付白米一俵遣申候ニ付此度

相止メ申候

お可ん○七□二　彦八○七□二　利兵衛（下町）○七□二　源徳寺○十一
お婦の○四□三　かもん○九　与左衛門○十一　壱藤ゐん居○九
治兵衛○七□二　兵治○七□二　善助○十一　源蔵○七□二　武藤二○十一
喜左衛門○七□二　又七○七□二　小四郎○七□二　かし王やお婦き○七□二
白米弐斗壱升　キビ八升　喰料余り　外ニ者《はた》多き物一臼　同断
おもよ相頼志節《しせつ》盲人　女こさしお民殿手傳申候　おもよ方へ〆九ツ外ニきび少々　遣申候
（おもよを頼んだところ、盲人の女性をよこしたので、お民さんが手伝った。おもよ方には、餅九つのほかキビを少し遣わした）

村外十七軒、村内二十七軒に配る

村外は、良興寺、花岳寺、弥三右衛門（寺嶋）、おこよ（岡山）、鳥山源兵衛、同利兵衛、数馬様（以上西尾）、治左衛門（下横須賀）、尾﨑喝、清十、安兵衛、治郎七（以上友国）、与七（下男）、通西寺（鵜ヶ池）、了願寺、厳西寺（今川）、蓮光寺（鎌谷）の十七軒。

村内は二十七軒に及び、全部で四十四軒。白米弐斗壱升、キビ八升で餅を搗いており、報恩講を兼ねているものの、法事の配り餅に使う米、キビの量は、質素とは言えない。

萬屋発展に尽くした妻・ひさの節目の三十五日法要だけに、宇平は、地元の申し合わせを守って、質素に営む気がしなかったのであろう。

十一月廿八日朝壱《ママ》（七）七日　福泉（寺）和尚御斎　塔婆建

御布施弐百文　香奠之呼分　こさし而指上申候
同晦日朝　御斎五十日目　信道山主是ニテ三部経二部　御勤被申《もうされ》候而亡霊之幸イ
主人大きふ仕候　御布施時節柄減少致申候
南鐐壱片（二万円弱）　草書渕海一部　真宗蓮門篇一部　さし上申候

又門が元服、文助と改名

極月大晦日　又門十六才　朝元服致候直右衛門さ（渡内）相頼
茶漬振舞　上之斎壱丸　扇子壱対進上　向ゟ酒壱升御持参候
享和二（一八〇二）戌正月十五日夜　改名　文介（助）
直右衛門　忠右衛門　門右衛門　新兵衛　善兵衛　久五郎　清八　指合御出なし
吸物　壱ツ　酒出し申候　三くくり　なま寸《す》　春《す》々《ず》り婦多　まて一皿　〆
鈴壱對ツツ　直右衛門　治兵衛　福泉寺　三ヶ所へ遣申候
　白酒壱徳り五合　又七　酒壱升　糟谷直右衛門　羽書一升　善兵衛

享和元年大晦日、又門が元服、翌享和二年正月十五日に六人が出席して、祝いの振舞いがあり、名を文介（助）と改めた。又七が白酒、糟谷直右衛門、善兵衛は酒を寄せた。

ひさの百ヶ日は三上人招く

正月廿日　妙雲尼百ヶ日　御さし合意而《おもうて》十九日朝（差支えを考え、十九日朝に営む）

源徳寺　了願寺　通西寺　三上人御招キ申候　一汁五菜　御布施　拾疋（百文）ツ々
西ノ御袋（妙雲尼の母）参詣ニ成《なり》し上ニ人遣ス　斎振舞申候
二月廿六日　御先祖（初代・弥四郎）祥月　泉徳寺例之通相勤申候
四月廿四日　釋周達廿三回忌　引上御斎相勤申候
泉徳寺和尚　御布施　弐十疋（二百文＝約二千三百円）　相伴人なし
釋周達は、宇平弟で、安永九（一七八〇）年五月廿四日に死去した。
五月廿日　祥月（顕證、妙思）相勤申候　御斎　西岸寺首座《しゅそ》　御布施十疋（百文）
「私シ曰不用之事爰ニ記」と前置き、宇平は次のように記す。「去る十八日に店のセ多がら箱（履物入れか）が新規に出来た。二、三年前から新調しなければと思っていた。妙雲《ひさ》も同じ思いだったが、時が過ぎ、このようになった。大工・善六の作である」
宇平は、出来上がったセ多がら箱を見て、妻とのやり取りを思い出し、書き留めたようだ。

宇平が前蔵建て替え

前蔵建替之次第　寫し相記申候　八月十八日只祝儀　走々《そうそう》善六来リ棚なと取はなし申候
弐拾日小屋なと可遣《かけ》廿一日瓦免《め》くり　柱根つきに元文三年三月と阿り
二階者《は》り津ぢ元文三戊午二月十　五日土蔵二階半より鷲羅瀬万六
右鈴木直城共《とも》秀継次ハ欠相《かけあい》　見え不申《もうさず》候建立之年相書不申《もうさず》候
今享和二ニテ六十五年ニ成《な》ル也

八月廿六日夜地築　与左衛門男　若松や男　休（久）五郎　東忠兵衛　治兵衛　利兵衛

　東忠右衛門　直右衛門　其外内ノ者

同廿七日　岡山大村氏へ砂石貰《もらい》ニ行　其後私ニ而三十袋保《ほ》と《ど》取参《とりにまいる》礼ハ油

　少々其後持参致候

九月二日夕方両天《りょうてん》なから　地形築申候手傳人　右之衆外ニ彦八相頼申候

この日は雨が降ったり、晴れたりの天気だったが、夕方、土地の形を整えた。右之衆とは、去る八月二十六日夜、地築した人たちのことである。

同十日　棟揚　友（国）久兵衛　休五郎　利兵衛　此余八日雇人

同廿二日　荻原友（右衛門）ニて　いた（板）か（借）り

　吹〆（町）武藤治どのゟもいたかり申候

領主死去で普請中断

同廿八日ヨリ　殿様御忌中　穏便《おんびん》故建普請遠慮大工両人　共相休申候

殿様とは領主の沼津藩主・水野出羽守忠友。老中を勤め、享和二（一八〇二）年九月十九日に死去。鳴り物等を避ける〝穏便の触れ〟が出たため、二十八日から大工の善六と彦蔵の二人は、遠慮して普請を休む。

同卅日　東南隅柱一本建　神酒備え申候

十月五日ひそか爾《に》建《たて》可《かけ》遣申候

大工　上町善六　荒子彦蔵　左官　法六町政蔵　西尾義八　平口藤助
石屋　岡崎石や久蔵　瓦師　新渡場善蔵子息善右衛門
〃　十七日　屋根ぬり仕舞　瓦ハ十一月六日迄出来
日雇人　太郎助　九兵衛　嘉助　三之助　其外　太郎吉　利兵衛　仙蔵など

十一月十日までに普請完了

十一月十日迄大工壱切《いっさい》當年分　仕舞ニこさし翌亥八月廿九日卅日九月一日蔵へはこび物
先ツのり場出来て戸前屋根志ツ　くいの之残りたる珍《ちん》じ也
普清中長持弐竿入　貰申候委細ハ不記　顕誓霊之建立　此度建替出来偏《ひとえ》ニ先祖之
御慮之と現上不料《はからず》候也　嘉助諸事世話致し　大キニ働キ有

普請見舞いは、八月二十五日ころから、十月十八日まで続き、十九人が里いも、松茸、冬瓜、油上ケ、とう婦、鯛、かれい、ひらめ、いなといった魚、茶めし、赤飯等を寄せた。

享和二年の八月から進めていた前蔵の建て替え普請は、十一月に当年分の作業が終わり、翌享和三年八月二十九日から三日間かけて、荷物を運び込んだ。宇平は「普請に当たり、漆喰が余ったのは珍しいことだ」と述懐する。

ひさ一周忌に大工二人も呼ぶ

九月廿日朝御斎　奇峯妙雲（信）女一周忌　引上相勤申候　良興寺　御布施　弐拾疋

相伴人　周助　山のいも　治兵衛　小蝋五丁　善介　百銅　清八　五十二穴　又七　〆五人
献立　一汁五菜　おくり膳壱人　若松屋へ遣申候
調菜人　利兵衛　里いも弐升ほど　調菜之礼之心ニ而　上斎たはこ弐丸進上　手傳　文助
折節前蔵建《たて》多《た》大工両人　善六　彦蔵　本膳通り振舞
御かさり配　糟谷直右衛門〇十一　松茸来ル　糟谷真右衛門〇十一　ぜんま以
弥三衛門〇七□二　若松屋〇赤
おかん〇七□二　十枚紙来ル　彦十母〇七□二　おなき〇七□二　松屋〇七□二
此（右）四人相招キ申候　か王《わ》り（代わり）ニ重之物ニ而相済申候
白米　五升　きび　弐升余

相伴人の周助は初出だが、他の四人は相伴の常連。おかん、彦十母、おなき、松屋の四人も招いたが、本膳の代わりに重箱に入れた料理で済ます。

九月廿六日　百文　周達廿三回　妙雲（信）女　一周忌
右福泉寺ニ慈風上人　説法中　回向料上申候《あげもうしそうろう》

慈風上人はどこの僧侶か分からないが、宇平は、福泉寺で説法したので、弟・周八（安永九年五月二十四日死去）二十三回忌と妻・ひさの一周忌の回向料として百文を差し出す。

布施は十疋の予定が二十疋

十月十日朝　奇峯妙雲信女一周忌正當　泉徳（寺）和尚　御斎

御布施拾疋ノつもりニ意《おもう》所　法華経弐巻御讀誦被成付《なさるにつき》　此方志ニテ廿疋ニ致し候

宇平は、妻・ひさ一周忌の当日は、泉徳寺和尚を招く。布施は拾疋（百文）を予定していたが、和尚が法華経二巻を読誦したため、二十疋（二百文）を差し出す。

享和三（一八〇三）癸亥《みずのとい》年正月八日朝　大超一行首座《しゅそ》三十三回忌

友国喝子方ニテ引上法事　泉徳和尚江御寸子御侍食御出

布施百文ト前日ニ干物少々遣申候也

師匠・大超一行首座《しゅそ》の三十三回忌で、前日に供物を遣わす。当日は、寸志として法事を担当した泉徳寺和尚を食事に招き、布施を差し出す。信心深い宇平の面目躍如と言えよう。

二月廿六日朝　感光道榮信士（初代・弥四郎）祥月

泉徳和尚相招キ其席ニ　直到法岸信女廿三回　御回向タノミ御布施廿疋

初代の祥月命日に招いた泉徳寺和尚に、宇平父・源右衛門の姉・おと己（安永十年三月四日死去）の二十三回忌も頼み、布施二百文を差し出した。

父十三回忌を引き上げ

三月廿日　法道顕證信士　十三回忌引上　御斎　良興寺　御布施　廿疋

相伴人　吉兵衛　とう婦三丁　善助　周助　岡右衛門　ふき三王《わ》　とう婦三丁

新兵衛　やき婦ニ袋　治兵衛　又七　〆　外ニ　勘七　手前に来り候故相招キ申候

西の忠右衛門　里いも　外に竹の子　彦八　利兵衛　（上記）三人相頼

壱汁七さ以　平　ひ里やうず　皿　いけもり　臺引　三品計り
調菜人　彦さん方忠利　茶菓子　まんちう二ツニよふかん壱ツ　〆三ツ

法道顕證は、宇平の父・源右衛門で、寛政三（一七九一）年五月廿日の死去。相伴常連は「清八普請《ふしん》こさし而さし合断《あいことわる》」「喜三郎経物ゆへよひ不申候」と宇平は但し書きする。

飾り配り　友右衛門　十一　瓜かうの物二ツ　直右衛門　十一　白みそ
弥助　十一　兔香五王　忠右衛門　十一　小蝋十一丁　与左衛門　十一　志ゐ茸
治兵衛　七□二　婦き二王《わ》　お可ん　七□二　兵治　十一　善助　赤　竹の子　つる豆
喜左衛門　七□二　又七　七□二　とう婦五丁羽書　清八　七□二　婦き三王
利兵衛　七□二　とう婦三丁　白米　八升　外ニ弐升計り頼付　小物見合

飾り餅は、八升で搗き、外に二升ばかり頼んだのは、白米か、そうでないのか、よく分からないが、角餅分であろう。配り先は、村内外合わせて十三人。今回も善助は赤餅。

文助、松が相次ぎはしか罹患

五月朔日ゟ文助はしか相起り　麻疹ニて十三四日ニて快方致し候
六日ゟお松熱付（気）余保《よほど》と出申候　所十二三日比《ごろ》ゟ快方ニ相成申候
かろく肥立は屋《や》く現《げん》よろし

文助がはしかに罹ったため、松にうつったが、文助は十三、四日で治り、松も十二、三日で良くなった。宇平は「軽く済んで縁起が良い」と喜ぶ。十七ヶ所から、せんべい、菓子、まんちう、志んこ、瓜津け、茶めし等の見舞いの品が届く。

五月廿日　法道顕證信士十三回正當　西岸寺請待　御布施十疋（百文）　木塔相建申候
　御斎　一汁五菜　香ノ物　相伴　分蔵
　白分久く雇し候下浪《げろう》　信道山爾御無法和睦出《で》来《き》参詣こなし誠ニ父之
　年回故それも時節　通り悦入候其日此方ゟ　も見舞申候也

白木屋分蔵一人が相伴。宇平は、分蔵が長きにわたって雇う下男が、源徳寺に無法な振る舞いをしたが、和睦し、父の年回忌ゆえと参詣した。それも時節通りなので、誠に嬉しく思った。その当日、当方からも見舞った、と付記する。

八月廿三日　釈尼妙晃三十七回　廿二日泉徳寺へ相頼遣し申候　御斎米一重　御布施百文
　右ハ拝持遣申候蔵之造作　大工左官共々五人招

釋尼妙晃は、俗名・しち。明和四（一七六七）年八月廿三日に他界したので、宇平の姉であろう。

ひさ三回忌呼び人は女性のみ

九月廿三日　奇峯妙雲信女三回忌取越　斎相勤申候　良興寺　御布施弐十疋　拝持遣ス
お可ん　お希《げ》ん　手傳イ　おちせ　おかよ　おもと　彦十母　お堂《た》み　取持
おなき　おき怒　断おくりぜん　お乃と　断おくりぜん　おみせ
喜三郎　おのよ　おきか　断　外ニ　若松屋へ　おくりぜん
壱汁七菜　調菜人　利兵衛　手傳　文助　椀など手傳　勘七

右ノ内臺引つけあ遣有　皿いけ盛　菓子　米《よね》まんちう二ツ　よふかん壱さお

〝つけあ遣〟とは何か。「つけあげ」で、魚のすり身の天ぷら、揚げ物の意であろう。

春ノ顕證之年回女中方相残《あいのこし》候此度　ハ女計《ばかり》ニ致候重而《かさねて》ハ男女共ニ　相ま年《ね》き度《たく》候

宇平は、「春の父・法道顕證信士（源右衛門）の十三回忌は、相伴に女性を残したので、今回は女性だけにした。今後は男女とも招くつもり」と付記する。

おかさり　真右衛門〇十一　平せんこ三己　直右衛門〇十一　茄子つけ、とう婦五丁

白分〇十一　与左衛門　赤　善助　赤

理（利）兵衛　とう婦三丁　お可ん　里いも　お可よ　人志《にんじ》ん大一王《わ》　お乃と　一丁揚四丁

おなき　百穴　おもと　百穴　おちせ　ろうそく十丁　おみせ　ろうそく　清八　ろうそく　〆

利兵衛以下は、ひさの三回忌取り越し法事に、香資を寄せた人と物の列記。

ひさ三回忌正当は文助が調菜

十月十日　（奇峯妙雲信女三回忌）正當

華岳暘州《ようしゅう》和尚　元孟首座　御布施　二百穴（二百文）　翌日百穴持参　塔婆相建

相伴　治兵衛　善兵衛　ろうそく七丁　壱汁五さ以　文助　調菜

通夜ニおなき参詣　ろうそく五丁　朱ろうそく二丁　〆

妻・ひさ三回忌正当の十月十日は、花岳寺の暘州和尚と元孟首座を招いて法事を営む。斎は、東店の治兵衛と若松屋の善兵衛が相伴。文助が、初めて調菜を担当する。

享和四（一八〇四）甲子《きのえね》年二月廿六日　感光道榮信士（初代・弥四郎）祥月
　御斎　津ノ平観音寺和尚　御布施百銅（百文）
私シ曰泉徳寺和尚己《す》て《で》ニ御招キ申上し所　後席《こうせき》出来ニ付諸々御出《おいで》此《この》セ川《つ》
遠州へ大尊云々《うんぬん》し而御出故観音和尚へ願イ　御壱人ニ而御出
宇平は、「泉徳寺和尚を招請したが、〝後（講）席〟が出来て、様々な所に出かけ、大いに尊ばれて、この節は遠州へ行かれたので、観音寺和尚にお願いした」と言う。

文化改元後に乳母十三回忌

文化元年三月四日　釋尼妙華信女十三回忌正當
　福泉寺和尚招請　御斎　御布施　弐百穴（二百文）　塔婆建申候
私シ曰當正月十九日ゟ改元　云しよし先月下旬御触　アリ文化紀元
宇平は言う。「享和四年は、正月十九日に改元された、と聞く。二月下旬に触れが出て、文化紀元となった」。釋尼妙華信女は宇平の乳母で、寛政四年に死去。
　五月廿日朝　御斎　了願寺御出　御布施百銅（約千百五十二円）
この日は、宇平の父・法道顕證と、継母・釋尼妙思の祥月命日に当たる。
　六月廿一日　祥月妙寿信女（宇平実母）　片岡山《へんこう》（華蔵寺）淋首座御出
岡山村の片岡山華蔵寺は吉良家の菩提寺で、義央の墓がある。淋首座の招請は初めて。

友国村で先祖六霊の講

八月廿日　せんぞ之講　御布施　弐百銅（二百文）　六霊　御回向頼申候

傳心房と手前ニ當り　申候壱様へ付所　外ニ由《ゆ》づり友国利兵衛どの方ニて　相勤申候

樹林道宝信士　釈尼妙證　桂雲妙光信女　釈是心　釈尼妙善　釈覚善　〆

宇平は、先祖の講は、自分と傳心庵が当番だったが、他に譲って友国村の利兵衛方で勤めた、と言う。六霊と萬屋との関係は不明だが、友国村の利兵衛とは、姻戚関係と分かる。

八月廿六日　釈顕誓信士（二代源兵衛）祥月　西岸寺　御布施　五十銅

御布施の五十銅は、五十文（約五百七十六円）だが、このような低額の布施は珍しい。

十月十日　奇峯妙雲（信）女（宇平妻・ひさ）祥月　西岸寺御招申候　御布施百銅

文化二（一八〇五）乙丑《きのとうし》二月廿六日　祥月御斎　観音寺和尚　御布施百穴（百文）

二月二十六日は、正徳二年に死去した初代・弥四郎の祥月命日である。

宇平継母二十七回忌を引き上げ

三月十七日餅搗お堂ミ殿手傳イ《た》　釋尼妙思廿七回忌引上

釋尼妙思は、安永八（一七七九）年五月二十日に死去した。三代源兵衛・源右衛門の後妻で、四代源兵衛・宇平の継母。俗名は、しな。

御かさり配　友右衛門　白十一　ゆば十六　王《わ》り大こん一王　直右衛門　白十一　白みそ

真右衛門　白十一　大ふ七ツ　忠右衛門　白十一　かんひやう少々　お里左　白九　小ろうそく七丁

弥三右衛門　白七□二　良興寺　白十一　源徳寺　白十一　福泉寺　白十一
喜平　白七□二　ムスメ手習ニ　クルユヘニ遣《つかわ》ス　甚太夫　白七□二
又七　白七□二　吉平　白七□二　新兵衛　白九　喜左衛門　白九
お可《か》ん　コレハ若松ヤへ引越ヲヤジノ　カンビヤウユへ見合《みあわす》　与左衛門　白十一
清兵衛　白十一　分蔵　白十一　清八　白七□二　治兵衛　白九　善介　赤
由右衛門　白七□二　コノ人近比《ちかごろ》　藤屋ノ借家へ引コシ　忠右衛門　白七□二
兵治　白九　利兵衛　白七□二　岡右衛門　白十一　彦八　白七
可ぢ源　白七□二　丸源　白七□二　白米〆弐斗　きひ五升　〆喰料ニテ
佛前かさり数十四　数弐百五十五出来五ツ余り　大工善六居《おり》し故三《み》やけニ遣ス
「数二百五十五出来五ツ余り」は、仏前飾りの数十四を除いた〝白〟の数。

宇平は子供に手習い教える

餅搗きは、松屋内室のお堂ミ（民）さんが手伝う。餅は、村外六ヶ所、村内二十五ヶ所、合わせて三十一ヶ所に配る。偶々居合わせた大工の善六にも、土産に五つ渡した。

様々な場面で登場する故与兵衛妻・お可んは、父親の看病のため、若松屋へ引っ越したことから、若松屋の娘と分かる。宇平の亡妻・ひさとは、どちらが姉か妹かは分からない。

また、喜平に「娘が手習いに来るから」と餅を配っており、宇平が文字書きを教える、寺子屋的なことをしていたことが分かる。以後、喜平（はりま屋喜兵衛）と萬屋との付き合いは、子孫に及び、明治二十年代にまで続く。

御斎の相伴は十四人

三月廿日　御斎　良興寺　御布施　弐百六（二百文）

　　　　　　　　　　　　ろうそく十二丁　吉兵衛
喜平どのへ御かさり　百穴　利兵衛
遣《つかわし》候《そうろう》所《ところ》とう婦三丁来ル　シイ茸　与左衛門
　　　　　　　　　　　　フキ三王《わ》　岡右衛門
若松屋親仁病気　おくりぜん　カワタケ　忠右衛門
　　　　　　　　　　　　百穴　善兵衛
百穴　おきか　清八断か王り　ろうそく十丁（と）　又七
　　喜三郎　名なしスイリヤウモノ
トウフ三丁　彦八　手傳　永イモ三本　分蔵
全四丁　利兵衛　手傳　ヤキフ廿三　治兵衛
クワ井貫　寺町幸七　折節雇イ申候故　何となく呼ヒ申候　片付《かたづけ》物等手傳
まんぢう三十七か以（買い）申候　此内五ツハ大工　善六方へ臺引添　遣申候
菓子百五十文　外貫《ほかもらい》菓子足ス

献立一汁八菜は初めて

献立　一汁八菜　調菜人　下男　源二（治）郎

皿
可んてん　大こん
長いも　三し満《ま》あを三《み》
こんにやく
生《しょう》が

汁
あられとう婦
やきいも
小志ゐ竹

坪
かんひやう
れんこん
焼とう婦　ふ
きくらけ

手志不（手《て》酒《しゅ》？）　皿う里付《りづけ》　御飯

平皿
はんべい
王《わ》らひ
婦き

ちょく
うと白あへ
春《す》しめ品

もり合《あわせ》

なべ引　粟ゆき

臺引
アゲモノ
可《か》王《わ》たけ
つミクワ井
於《お》でん
つミ可《か》んてん

茶碗
三《み》ツば
中志いたけ
やきふ
ゆば
長いも

御茶　御菓子

店の使用人が初めて調菜

宇平は、継母の二十七回忌を盛大に営む。呼び人は、手伝いを含め十四人。法事に、一汁八菜の料理を出すのは、今回が初めて。調菜人の下男・源二郎は初登場。彦八、利兵衛、寺町の幸七が手伝う。幸七も初登場だが、今後、しばしば登場する。

萬屋は、他の文書によれば、大正期には料理屋を営んでいた。調菜人に店の雇人を使うのも初めて。このころから、日用品を扱う店から料理店へ転身を図り始めたのではないか。

また、若松屋は、宇平の義理の親仁（亡妻・ひさの父）が病気のため、送り膳にする。

三月廿一日　五ツ時比《ごろ》（午前八時か午後八時ごろ）若松屋親仁命終　廿二日葬礼香でん南鐐一片

若松屋の義理の親仁が死去。翌日の葬儀に参列した宇平は香典として、南鐐一片（一万円弱）を差し出す。

四月廿日　釈正念童子三十三回忌　御斎　福泉寺和尚　御布施　弐百銅　塔婆建申候

釈正念は、安永二（一七七三）年四月廿日に死去した。俗名は曽十。

継母二十七回忌と実母三十三回忌

五月廿日　釈（尼）妙思廿七回忌正當　観音和尚　御布施百穴　とうば立申候

此日《このひ》本町へ呼レ申候　手前ニ而ハお松相伴申候

宇平継母の二十七回忌命日は、本家の松屋でも法事があり、娘のお松を相伴させた。

六月廿一日　釋（尼）妙寿三十三回正當　御斎　了願寺　通西寺

御布施　弐十疋ツヽ　外ニ満んちう　五ツヽ

先比《さきごろ》なこや出府之節　帰り之砌《みぎり》九日八事山へ　参上候而銀札三匁分

　右妙寿御回向料　さし上申候也

釋尼妙寿は、安永二（一七七三）年に死去した宇平の実母である。名古屋へ出府の折、宇平は八事山に寄って、銀札（約三千七百五十円）を実母の回向料として献上した。

　八月廿六日　祥月　泉徳（寺）新命和尚　御布施　百穴　御指合こなし而御非時ニ成申候

この日、祥月命日を迎えたのは、宇平祖父の二代源兵衛（法名・釋顕誓）。泉徳寺の新命和尚は、差支えを処理して来てくれたので、非時食（午後の食時）となった。

　十月十日　（奇峯妙雲信女＝宇平妻・ひさ）祥月　泉徳寺和尚御斎

この日祥月命日を迎えたのは、享和元（一八〇一）年に他界した宇平妻・ひさである。

一人娘の松が疱瘡に罹る

　冬十月廿一日昼後ゟ　お松熱出流行之疱瘡ニ　御座候道師ハ鈴木源龍子
伽人　おもとさ　おち勢さ　おか乃さ　おたミさ　寺町幸七とのなど
かわる〳〵相頼申候十五日目　小用ニ行十六日目始而《て》
産所出申候隠《かくれ》而《て》も行申候　相癒《いえ》し疱瘡ニ而相悦申候

お松が、十月二十一日午後、熱を出す。流行の疱瘡。道士に鈴木源龍（子）を招いて、治療に当たらせる。ひさの妹・おもと等に代わる代わる看病を頼み、十五日目に小用に行き、十六日目に産所を出て、その後も隠れて小用に行くようになり、疱瘡は快癒する。

十月廿三日から十一月廿五日までに、村内外の延べ八十七人もの人から見舞いの金品が届く。物品は、せんべい、金米《こんぺい》糖、菓子、砂糖付き志んこ（白米を乾燥させ、石臼で挽いた粉）、あめ、阿ん餅、餅、満んぢう、赤飯、みかん、かつ婦し、巾ちやく切《きれ》等。

銭は、二十二人から寄せられた。四百六（四百文）が最高で、最も少ないのが三十二六（三十二文＝約三百八十四円）。百六、二百六が多い。

今井家老が上菓子等寄せる

西尾藩家老・今井五周は岡崎せんべいと上菓子、道士の鈴木源龍も大原袋を寄せた。巾着用の布一包を寄せたのは下町に住む性勤尼で、初登場。地蔵堂の寿永は法六町に住む。性勤尼に地蔵堂の表記はなく、二人の関係は分からない。

性勤尼は、寛政年間（一七八九―一八〇〇年）に、鈴木平兵衛が開創した願王庵（現光明寺）と称す念仏道場の庵主の可能性がある。せんべいを寄せたもう一人の尼僧・ち法尼は、幡豆郡大島《おおじま》村（西尾市吉良町）に住む。ち法坊も大島村に住むから、夫婦と思われる。このほか、源徳寺、福泉寺をはじめ花岳寺、華蔵寺、通西寺、了願寺も見舞い品を寄せており、宇平は、やはり信心家と言えよう。

また、寛政三（一七九一）年、三代源兵衛・源右衛門（釋顕證）の百ケ日飾り配り先の一つ、法六町のおさのは、みかん少々を寄せた。

吉良町史によれば、おさのは徳平後家で、三十四年後の天保十（一八三九）年八月に九十六歳で死去する。長生きである。おさのは晩年、領主の沼津藩主・水野出羽守の大濱陣屋（愛知県碧南市）から、九十歳以上に支給される敬老の御手当米を受けていた。

八十五軒に松快癒祝いの餅

祝ひ之餅配り惣〆《すべて》　凡ソ八十五軒本《ほ》ど此内　他所廿八ヶ所志五周様へ
遣し候ニ付数馬様ニも遣申候　寺町幸七どの江手拭壱筋
外ニ浄水之御礼花岳寺　へ兎ノ丸一包遣申候　白米壱石三斗　三俵と壱斗九升也

宇平は、「祝いの餅を配るのは、全部で八十五軒ほど。このうち村外は二十八ヶ所。五周様に志として配るので、子息の数馬様にも配る。幸七殿へは手拭い一筋、花岳寺には浄水の礼として兎ノ丸一包を遣わす」と付記する。寺町の幸七は、松の看病人の一人。

快癒祝いの餅配り用に用意したのは、白米壱石三斗（三俵と壱斗九升）。このことから、江戸時代後期の上横須賀村では、一俵が三斗七升だったことが分かる。

霜月廿四日　米炊　下男　源治郎　渡内　お春《す》へ　礼ハ餅米弐升遣申候
同廿五日　餅搗　源治郎　幸七　お春へ　下女　丸め人　おち勢《せ》　おか乃《の》
地下《じげ》と友国此日、配り申候下女、波川《はっ》、小女ゆり娘身六人代参《かわりまい》りし衆病中おし
手傳し故ゆり方へ油二本

神棚、酒湯など一切なし

當冬中〱暖気故主人　病中之礼計《ばか》り可也《かなり》ニ出来　相悦入《あいえつにいり》申候
神棚酒湯《さかゆ》等　一切なし子孫己ニナラへ

「この冬はずいぶん暖かく、病気中の礼が大いにできた」と宇平は大喜び。「神棚、酒湯等一切なし、子孫も私に従へ」と記す。

「神棚、酒湯等一切なし」とは、神に快癒の礼拝をしなかった、ということなのだろう。松の疱瘡を治した道士・鈴木源龍に敬意を表したのではないか。

文化三（一八〇六）丙寅《ひのえとら》年二月廿六日　先祖祥月　観音寺和尚　御斎　御布施百穴

先祖とは、初代・弥四郎のことで、正徳二（一七一二）年月二十六日に死去。

五月十一日朝　釈周達童子廿七回忌引上　観音（寺）和尚　そば切　御布施十疋　塔婆建

釈周達は、宇平弟で、俗名・周八。安永九（一七八〇）年五月廿四日死去した。

仝廿日　御斎　通西寺二男　百穴御布施　茶飯ニ　平　松もどき　すあへ

この日は、宇平父・源右衛門（法名・釋顕證）と、宇平継母（同・釋尼妙思）の祥月命日。〝松もどき〟は、『広辞苑』によれば、茄子を細かく切り、油を加えて煮た羹《あつもの》（吸い物）。

淋首座は二法事とも布施五十文

六月廿一日　實母（釋尼妙壽）祥月　片岡山淋首座　布施　五十穴（五十文）

宇平は、二年前の祥月法事と同じ片岡山《へんこう》（華蔵寺）の淋首座を招く。二年前は、布施の額が書いてないが、五十文だったのだろうか。

八月二十六日　御斎　淋首座　布施　五十穴（約六百円）

この日は、萬屋二代（法名・釋顕誓）の祥月命日。宝暦二（一七五二）年に他界。二年前は西岸寺を招請したが、布施は、やはり五十文だった。
　十月十日　御斎　泉徳（寺）和尚　布施百穴（百文）
宇平妻・ひさ（法名・釋尼妙雲）の祥月命日。享和元（一八〇一）年十月十日に他界。

三　五代源兵衛・文助の時代

文化四（一八〇七）丁卯《ひのとう》年二月七日

當家四代源兵衛通世義　文化四卯年正月上旬より　床ニ付二月七日夕五ツ半時（午後九時頃）
命終死候誠ニ中向開山〱　然らハ後世ノ者尊《とうとび》飛給へ　法名　鐵翁志堅居士《ママ》（士）
御斎呼人　良興寺　番僧　供　〆三人　外ニ　源徳寺　通西寺　〆両人　御斎
又　金剛院　供　両人　首尾よく頼御出
町内不残　外ニ　法六町　兵治　伊右衛門　丈右衛門　藤八
　上町　玄通　大工善六　大工幸介　大工利助
他所　ヲキ原喜代助　西尾利兵衛内義　縁者分書ニ不及　人数　〆凡百拾人程

葬儀参列者は、ひさとほぼ同じ

葬儀に訪れた人は、ひさの際が百人余だから、ほとんど変わらない。当主でも、妻でも参列者の数が、あまり変わらないのは、家としての葬儀だからだろうか。

二月九日ばん方灰葬　良興寺　番僧　〆　両人
与左衛門　忠右衛門　彦八断　喜平　新兵衛　治兵衛　白分　利兵衛　清八　若善
下男源治郎
女分　お寿　お堂《た》み　おかん　おちせ　おきと　おきぬ断　お毛《も》と　お見セ
外　小共手習者五人　内ノ者書不及

人数　〆四拾人シタク　少々是ハ余り呼人多し　重テハヘラシ申べく候

宇平の灰葬に、手習いに来る子供五人が参列する。喜平（下町）の子供が手習いに来ていることは前述したが、他にも四人が来ていたことが分かる。また、文助は、四十人分の接待の支度をするが、「多過ぎる。減らすべき」と付記する。

布施は良興寺に五百文と白麻一反

御布施　一　良興寺　五百文（約五千八百円）　白麻一反　番僧　百文　供壱人　五十文
一　福泉寺　弐百文　供　五十文　一　称名院　弐百文　供　弐拾四文
一　金星山　弐百文　供　五十文　一　片岡山（華蔵寺）弐百文
一　金剛院　弐百文　供両人　百文　一　通西寺　弐百文　供壱人　五十文
一　地中山（蓮光寺）百文　一　厳西寺　弐百文　供壱人　五十文
一　源徳寺　弐百文　供　五十文　〆
初七日　信道山　二月十三日　二七日　〃　同廿日　三七日　〃　同廿七日
四七日　三月四日　五七日　同十一日　六七日　同十八日
七七日　御礼南鐐一片　三月廿五日　百ケ日　五月十七日　〆
悔計り　上町兵吉　〃幸八　吹〆杉清　〃新左衛門　〃水義　〃金四郎　〃當蔵
吹〆平衛門　〃武藤二　本町弥十　〃彦衛門　〃傳十　法六町実七　〃長右衛門
法六町源七　〃新蔵　他所　津平彦助　通西寺　西光寺（幡豆郡小間《おま》村＝西尾市）等六人

今回も津平村の大庄屋・大竹彦助が、悔やみに訪れた。宇平父・源右衛門（釋顕證）、宇平妻・ひさ（奇峯妙雲信女）の葬儀に続き三度目である。

三十九人が香典寄せる

香典扣《ひかえ》によると、三十九人が寄せた。妻・ひさの時に比べ六人多いだけ。通西寺、金剛院、八幡山（厳西《ごんさい》寺）、華蔵寺、金星山（花岳寺）、（地中山）蓮光寺、福泉寺の七ヶ寺を含む。

金銭を寄せたのは二十一人。最高は、若松屋善助と白木屋分蔵の南鐐一片（一万円弱）、白銀壱ツ（二匁五分＝約三千百円と、壱匁七分五厘＝約二千百三十円）が二人、本家は三百文。百文、二百文が多い。残りの十八人は、朱ろうそく、丁子香、多良爾《たらに》香といった香、卯ノ丸、朱丸といった線香である。

中張（惆悵）見舞い品を寄せたのは、ひさの時と同じ三十二人。勝楽寺（幡豆郡小山田村＝西尾市）、観音寺、教蓮寺、西岸寺、花岳寺、厳西寺の六ヶ寺が含まれ、花岳寺と厳西寺は香典も寄せており、ここでも信心家だった宇平の信仰ぶりが窺える。

懺法講帰り三ヶ寺和尚が寄る

二月十三日彼岸中日ニ當り　岡山花《ママ》蔵寺ニ千法講アリ帰りニ　實相寺　長久院　清秀寺
御立より各〱丁寿香　飴壱包ツ〱御持参此方より　御願ィ金剛教一巻御働あり

彼岸の中日には、華蔵寺で行われた懺法講の帰りに、実相寺（幡豆郡上町村）、長久院（同池田村）、清秀寺（同赤羽村）の和尚が、長寿香、飴を一包ずつ持参して弔問。文助が祈祷を願うと、金剛経一巻が読誦された。この三人が持参した品を惆悵見舞い品に加えると、三十五人となる。いずれの寺も臨済宗で、現在は西尾市に位置する。

二月十六日　彼岸のあけ　友国　喝様　利兵衛様　御悔計り

正向寺　妙隆寺　願専寺使僧　〆三ヶ寺　御悔ニ御越し　御働アリ

彼岸明けの十六日には、正向寺（幡豆郡木田村）、妙隆寺（同小山田村）、願専寺（同冨田村）の僧が弔問、読経した。三ヶ寺は、いずれも浄土真宗。現在は西尾市になる。

二月廿一日　南鐐一片（一万円弱）　尾陽八事山江　御回向料ニ差出申候（尾陽は尾張の美称）

宇平立日は三十四軒に餅配る

三月七日　鐵翁志堅　立日　通西寺御斎　御布施拾穴《ママ》（疋）　但シ相伴人なし

立日とは、浄土真宗における初月忌、つまり、死去してからの最初の月命日をいう。文助は、この日、飾り餅を搗き、六ヶ寺、村外十三軒、村内十五軒、合わせて三十四ヶ所に九個から十一個ずつ配る。斎の相伴人は無いが、弐斗六升もの米と、五升ほどのキビを使って餅を搗いており、盛大な法事と言えよう。配り先と個数は、次の通り。

良興寺○九　花岳寺○十一　通西寺○九　厳西寺○九　金剛院○九

實相寺○九　長久院○九　清秀寺○九　源徳寺○九　福泉寺○九

弥三右衛門○九　治左衛門○十一　真右衛門○十一　平蔵○十一　直右衛門○十一

友右衛門○十一　丈助○十一　源兵衛○九　西利兵衛○十一　友喝○九

友安兵衛○七□二　清十○七□二　平六○七□二　〆弐百拾五　外ニキビ

ここまでは寺院と村外。（伊奈）弥三右衛門は寺嶋村、（加藤）治左衛門は下横須賀村、真右衛門、平蔵、直右衛門、友右衛門は糟谷姓で荻原村、（加藤）丈助は小牧村、源兵衛、利兵衛は鳥山姓で西尾、尾崎喝、安兵衛、清十は友国村、平六は鈴木姓で下横須賀村に住む。

おかん○七□二　利兵衛○七□二　与左衛門○十一　善助○七□二　喜左衛門○七□二
又七○七□二　武藤二○十一　小四郎○九　兵治○九　源蔵○七□二　白分○九
新兵衛○九　喜平○七□二　お婦き○七□二　清八○七□二　〆百三拾　外ニキビ
　米　凡弐斗六升　キビ　五升余り

何故か、餅の数が正確ではない。村外は○餅が二百十七、□餅を加えると二百二十三、村内は○餅が百二十一、□餅を加えると百三十九。単なる計算違いか。

宇平五七日呼び人は十人

三月十一日（鐵翁志堅）五七日　正當　良興寺　御布施　弐拾疋（二百文）
呼　人　治兵衛　うど　く王以　与左衛門　山いも　又七　新兵衛　百文
善兵衛　百文　分蔵　ろうそく廿二丁　清八　百文　岡右衛門　とう婦五丁
喜兵衛　うと四本　忠右衛門　ゆば〆
　献立一汁五菜　勝手方　利兵衛　とう婦三丁　喜三郎　源二郎　其外

前日の三月十日、西尾藩の今井（五周）家老から、志以多け（椎茸）壱袋が届く。

三月廿三日朝　鐵翁志堅七〻日　引上　感光道榮祥月　取のべ

福泉寺和尚　御布施　弐拾疋（約二千三百円）

感光道榮は萬屋初代の弥四郎で、正徳二（一七一二）年二月廿六日に死去した。したがって、祥月命日は二月廿六日だから取り延べとなる。

祖父十七回忌呼び人は八人

四月廿日朝引上　法道顕澄《ママ》（證）信士拾七廻　良興寺　御布施　弐拾疋

呼　人　与左衛門　かん飛屋う　分蔵　山いも　新兵衛　百文　清八　百文

善助　阿げ物　又七　とう婦五丁　喜三郎　親父（治兵衛）

其外　調菜人　利兵衛　とう婦三丁　源治郎　一汁七榮《ママ》（菜）

御鎊り　糟真右衛門〇十一　ヤキ婦　糟直右衛門〇十一　せんま以　糟友右衛門〇十一　婦き

田中八十右衛門（弥惣右衛門）〇七□二

村　分　吉兵衛〇七〇二　利兵衛〇七□二　新兵衛〇九　与左衛門　赤　善助　赤

岡右衛門〇七□二　喜兵衛〇七□二　忠右衛門〇九　清兵衛〇十一　分蔵〇十一

又七〇七□二　喜左衛門〇七□二　清八〇七□二　〆米　壱斗弐升　キヒ　弐升

法道顕證信士は、文助養父・宇平の父。寛政三（一七九一）年五月廿日死去した。呼び人は八人と少ないが、料理は一汁七菜とおごる。

飾り餅配り先は十七人

飾り餅の配り先は、村外が荻原村三人と寺嶋村一人の四人、村内が十三人で、合わせて十七人。与左衛門と若松屋善助には、赤餅が配られた。

五月十七日朝　法道顕澄《ママ》（證）十七回　廿日正當　鐵翁志堅百ヶ日正當

金星山陽《ママ》（暘）州和尚　友（供）壱人　子共（供）也

御布施　弐拾疋　外弐十四文　子共へ　呼人なし

金星山は、岡山村の花岳寺。法道顕證の十七回忌は、四月に引き上げで法事を営んでおり、養父・鐵翁志堅の百ヶ日が中心なので簡素。

六月廿一日　釋尼妙寿（宇平実母）祥月　福泉寺　上ケトウ

八月廿六日朝　顕誓（二代源兵衛）祥月　片岡山（華蔵寺）恵倫　御布施拾疋

宇平妻七回忌は女性のみ呼ぶ

九月十六日　明（妙）雲七回忌カザリ

新兵衛○九　利兵衛○七□二　おかん○七□二　喜平○七□二　若善　赤

与左衛門　赤　彦十○七□二　忠八○七□二　〆　米　凡四升　キヒ　少し

明雲は、正確には奇峯妙雲信女で、文助の妻となる松の母。享和元（一八〇一）年十月十日に死去した。今回も若松屋善助（妙雲実家）と、与左衛門は赤餅。

九月廿日朝　奇峯明（妙）雲信女　七回忌引上ケ　良興寺壱人　御布施　弐拾疋

相伴人　おかん　いも弐升計り　おかよ　人《にんじ》シん　おもと　おか能　おみせ
おう多　とう婦五丁　おきと　山いも五ツ　おきぬ　断おくりせん　おなき　〆八人
　一汁五菜　又弐菜　但シ　茶王ん（蒸し）計《ばか》りなし

相伴人（呼び人）は、女性ばかりである。養父・宇平のやり方を踏襲した、と考えられる。

宇平一周忌は呼び人八人

文化五（一八〇五）辰年二月七日　志堅一周忌正当　良興寺　御壱人　弐拾疋
呼　人　治兵衛　新兵衛　百文　与左衛門　山いも　若善　百文　又七
喜三郎　廿四文　分蔵　山いも、ごぼう　清八　百文　〆八人
勝手方　利兵衛　とう婦四丁　源治郎　其外　幸七　とう婦四丁　一汁七榮（菜）
御鎊り　花岳寺〇十一　みかん十　八十右衛門〇七□二　丈助〇十一　百文
真右衛門〇十一　く王《わ》し　直右衛門〇十一　うりつけ三　友右衛門〇十一　毛《も》づく
村　分　利兵衛〇七□二　おかん〇七□二　新兵衛〇九　与左衛門　赤
左兵衛〇七□二　ろうそく　忠右衛門〇九　岡右衛門〇七□二　善助　赤
又七　〇七□二　喜左衛門〇七□二　分蔵〇九　清八〇七□二　〆
　米　凡壱斗　キビ　少し
二月七日　志堅一周忌　福泉寺　上ヶトウ
米壱升　ろうそく三丁　御回向料　弐拾疋（二百文）　トウバ立ル

養父・宇平の一周忌は、呼び人が八人と少ないが、料理は一汁七菜と豪華。飾り餅も米一斗と、キビ少しを使い、十八軒（村外六軒、村内十二軒）に配った。福泉寺でも経をあげてもらっているので、文助としては、礼を尽くした法事と言えよう。

二月廿六日　道榮信士《初代源兵衛》祥月　西岸寺和尚　御布施拾疋（百文）

五月廿日朝　法道顕澄信士《三代源兵衛》　釋尼明思信女《三代源兵衛後妻》　祥月　福泉寺和尚　御斎　布施拾疋

六月廿日　釋尼妙寿祥月（四代源兵衛・宇平実母）　福泉寺　上ケトウ

宇平三回忌も呼び人八人

文化六（一八〇九）巳年二月七日正當　鐵翁志堅三回忌　良興寺　御壱人　御布施　廿疋

呼　人　治兵衛　新兵衛　与左衛門　人じん　善兵衛　百文　又七　とう婦

喜三郎　百文　分蔵　百文　清八　百文　〆八人

一汁五榮（菜）　勝手方　利兵衛　とう婦　内源治郎

御加ざり　真右衛門　十一　せんま以　直右衛門　十一　うりつけ　友右衛門　十一　か為《い》

村　分　おかん〇七□二　利兵衛〇七□二　治兵衛　赤少し　新兵衛〇九

与左衛門　赤　左兵衛〇七□二　岡右衛門〇七□二　忠右衛門〇九

善兵衛　赤　又七〇七□二　喜左衛門〇七□二　清八〇七□二　分蔵〇九□二

〆　百九ツ　外ニ赤弐拾ト見ル　合テ百三拾位ニなる　米　凡壱斗　キビ　少し

二月七日　志堅　三回忌　福泉寺　上ケトウ　鳥目《ちょうもく》　弐拾疋　朱ろふそく

料理は、通例の一汁五菜に落としているが、呼び人八人は、一周忌と変わらない。飾り餅に使った米の量も、一周忌と同じ。配り先が、十六軒と一周忌より二軒少ないだけ。「百九ツ」は丸餅の数。福泉寺でも、経をあげてもらっているので、文助は、一周忌とほぼ同規模で、養父・宇平の三回忌法事を営んだ、と言えよう。

宇平の弟と実母の三十七回忌

四月廿日　正念童子　三拾七回忌　福泉寺　御布施　弐拾疋（二百文＝約二千三百円）

正念童子は、俗名・曽十。安永二（一七七三）年四月二十日死去した文助の養父・宇平の弟と考えられる。童子だから三十七回忌でも質素なのだろう。

五月廿日　法道（顕證・三代源兵衛・源右衛門）　福泉寺　御斎

五月廿日は釋尼妙思（三代後妻）の祥月命日でもある。両霊の法事を営んだ、と考えられる。

六月廿一日　三十七回　（釋尼）妙壽　福泉寺　上ケトウ　其後八事山　志拾疋（百文）

釋尼妙壽は、文助の養父・宇平の実母で、安永二（一七七三）年六月廿一日死去した。

十月十日　妙雲信女（四代源兵衛妻・ひさ）　福泉寺　御斎　御布施拾疋（百文）

初代母百回忌を営む

文化七（一八一〇）午《うま》とし正月廿七日　心光清元比丘尼　百回忌

福泉寺　御斎　御布施　弐拾疋（二百文）　トウバ立ル

〝萬屋歴代の仏〟によれば、心光清元比丘尼は、萬屋の初代・弥四郎の母。宝永八（一七一一）年正月廿七日に死去。

二月七日　志堅居士（四代源兵衛）祥月　福泉寺　御布施拾疋（百文＝約千百五十二円）

二月廿六日　感光道榮信士（初代源兵衛）祥月　福泉寺　御大舎ニ付　上ヶトウ

御斎米壱升　ろうそく弐丁　御布施十疋

〝大舎〟は、当て字。〝だいしゃ〟と読むのか、〝たいしゃ〟と読むのか。前者の読みなら、宗論の時、論題を出す題者か。後者とすると、代謝で、住職の交代を意味するか。

五月十九日朝　法道（三代源兵衛）　妙思（三代源兵衛後妻）祥月　引上ヶ　福泉寺　拾疋

二人の祥月命日は、五月廿日だから、一日早めたことになる。

六月廿六日　妙寿（四代源兵衛・宇平の実母）祥月　福泉寺　上ヶトウ

八月廿六日　顕誓（二代源兵衛）祥月　福泉寺　御斎　御布施拾疋

十月十日　妙雲信女（四代源兵衛・宇平の妻）祥月　福泉寺　御斎　御布施拾疋（百文）

二代妻五十回忌を営む

十一月朔日　浄岸知清禅定尼　五十回　引上　福泉寺切　御布施　弐拾疋　トウハ立ル

御鎊り　友右衛門　十一　直右衛門　十一　〆弐軒切

浄岸知清禅定尼は、二代源兵衛（顕誓）の妻・飛さで、荻原村の糟谷友右衛門家から嫁いだ。直右衛門は、飛さの兄か弟の子孫ではなかろうか。

文化八（一八一一）辛未《かのとひつじ》とし二月七日　志堅居士（四代源兵衛・宇平）祥月

福泉寺小ぞう　御布施　百銅（百文＝約千百五十二円）

初代百回忌を盛大に営む

二月廿六日　感光道榮信士　百回忌　良興寺壱人　御布施　五十疋（五百文）　御斎

呼　人　治兵衛　新兵衛　百文　与左衛門　山いも　岡右衛門　とう婦五丁

善兵衛　百文　喜三郎　百文　分蔵　山いも　清八　百文　利兵衛　とう婦七丁　〆

一汁七榮（菜）　勝手方　源治郎　利兵衛

御加サリ　利兵衛〇七□二　新兵衛〇九　与左衛門　赤少し　岡右衛門〇七□二

善助　赤少し　又七〇七□二　喜左衛門〇七□二　分蔵〇九□二　忠八〇十一

清八〇七□二　福泉寺〇十一　〆七十五　米八升　キビ三升五合

感光道榮信士は、萬屋初代・弥四郎。百回忌は大きな節目の年忌。文助は、初代だから敬意を表した、と思われる。御布施は五十疋（五百文）と葬儀並みである。

斎の呼び人は九人と少なめだが、料理も一汁七菜と豪華である。飾り餅は米八升とキビ三升五合で搗き、十一人に配った。与左衛門と善助は今回も赤である。七十五は丸餅の数。

二月廿六日　感光道榮信士　百回忌　上ケトウ

福泉寺　御布施　廿疋（二百文＝約二千三百円）　御斎米壱升　トウバ立ル

聖人五百五十回忌と宇平継母三十三回忌

五月十五日　聖人　五百五拾回忌　幷《ならび》ニ釋尼妙思　三拾三回
御カザリ　福泉寺　九　源徳寺　九　良興寺　九　八十（右）衛門　九
吉兵衛　九　利兵衛　九　半六　九　与左衛門　赤　重蔵　九
岡右衛門　九　忠右衛門　九　兵治　九　源蔵　九　善助　赤
喜左衛門　九　分蔵　九　清八　九　清兵衛　九　上町善六　九
忠八　九　喜平　九　彦八　九　手前男幸吉　九　粕直右衛門　白十一
外ニ　よし田　友国〆十八　〆数凡　弐百廿計り　米凡　弐斗

聖人とは、親鸞のこと。釋尼妙思は、文助の養父・宇平の継母で、安永八年五月廿日に死去。三十三回忌に当たるが、親鸞の五百五拾回忌と一緒に飾り餅配りをする。米は二斗も使っており、二月の萬屋初代・弥四郎の百回忌と併せると、使った米は二斗八升にもなる。

搗いた餅は、約二百二十に切り分け、二十六ヶ所に配る。与左衛門と善助の二人は今回も赤餅。荻原村では、糟谷直右衛門だけに配った。糟谷家は浄土宗の信者で、親鸞とは関係がない。釋尼妙思三十三回忌の関係だろうが、荻原村の萬屋親戚代表ということか。

聖人五百五十回忌呼び人二十二人

五月十九日　聖人　五百五拾回忌
御布施　良興寺　金百疋（金一分＝二万円弱）　後僧　三拾疋　〆両人　源徳寺　弐拾疋

呼　人　利兵衛　百文　治兵衛　半六　とう婦十一丁　与左衛門　古保ふ七王《ごぼうわ》　め少《しょう》が
重蔵　ご保ふ九王　岡右衛門　婦　忠右衛門　五十文　兵治　志以多け　源蔵　百文
善助　百文　清兵衛　婦　喜三郎　百文　白分　弐百文　清八　百文　〆
女中分　おもと　おかよ　おう多　お多み　おなぎ　ろうそく廿丁　おきく　おきぬ
おちセ〆　勝手方　源治郎　利兵衛　幸七　幸吉　〆

御布施は金百疋（良興寺）と高額。呼び人が二十二人と大勢。僧侶も三人列席しており、如何なる料理だったかは分からないが、勝手方も四人で、盛大な斎だったと言えよう。

宇平継母三十三回忌は分蔵と父呼ぶ

五月廿日　妙思三十三回　正當　良興寺　御斎壱人　御布施　弐拾疋（二百文）
呼　人　分蔵　治兵衛　〆切　外ニ　福泉寺　上トウ　トウハ立ル

妙思は、三代源兵衛・源右衛門の後妻・しな。養父・宇平の継母に当たる。治兵衛は父。分蔵は白木屋の当主。妙思は、白木屋と関係があるのかもしれない。

八月廿六日　顕誓　祥月　妙寿　〃　取のへ　御布施　弐拾疋　福泉寺和尚

四代源兵衛・宇平の実母・妙寿の祥月命日は六月廿一日。したがって、取り延べ法事となる。布施は、二霊の法事として二十疋（二百文）。

十月十日　妙雲（四代源兵衛・宇平妻ひさ）　祥月　御布施十疋　福泉寺和尚
文化九（一八一二）申年如月七日　鐵翁志堅居士《四代源兵衛・宇平》　祥月　福泉寺和尚　御布施拾穴《ママ》（疋）

二月廿六日　感光道榮信士（初代源兵衛・弥四郎）　福泉寺　御布施十六《ママ》（疋）
五月廿日　法道（三代源兵衛）祥月　妙思（同後妻）〃　福泉寺和尚　御布施十六《ママ》（疋）
十文の布施はありえないので、〝疋〟のつもりで〝六〟と書いたと思われる。

宇平弟三十三回忌に塔婆立てる

五月廿四日　正當　釋周達　正當三拾三回　福泉寺和尚　トウハ立ル　御布施　弐百銅
釋周達は、文助の養父・宇平弟。俗名は周八。安永九（一七八〇）年五月二十四日の死去。
六月廿六日　明寿（養父・宇平実母）祥月　福泉寺　上ケトウ　〆
八月廿六日　顕誓（二代源兵衛）祥月　福泉寺　御斎　御布施拾疋（百文）
十月十日　奇峯明（妙）雲信女（宇平妻）祥月　福泉寺　御斎　御布施拾疋

文化十（一八一三）酉二月七日　鐵翁志堅居士　正當　七回忌
福泉寺和尚　御布施　弐拾疋（二百文）　トウバ立ル

養父の四代源兵衛・宇平の七回忌当日だが、文助は質素に営む。その理由は後述で分かるが、祖父に当たる源右衛門（法道顕證信士）の二十三回忌と併せて盛大に営む。

二月廿六日　感光《初代・弥四郎》道榮信士　祥月　福泉寺ケンコウ（顕光和尚）　御布施拾疋〆

一緒に三代二十三忌と四代七回忌

五月七日　引上　法道顕澄《ママ》（證）信士　廿三回　鐵翁志堅居士　七回

良興寺　御斎　御布施　卅疋（三百文）
呼　人　利兵衛　とう婦五丁　治兵衛　半六　百文　善助　百文　平太夫　百文
重蔵　志《し》以《い》多《た》け　岡右衛門　婦《ふ》　喜左衛門　百文　分蔵　卯丸弐王　与左衛門　かん飛やふ
〆　一汁七榮《ママ》（菜）（調菜人）源二郎
御鎊り　良興寺　九　八十衛門（弥惣右衛門）九　オキ直右衛門　十一
利兵衛　九　半六　九　与左衛門　九赤　吉平　九　重蔵　九　岡右衛門　九
忠右衛門　九　兵二　九　善助　九　喜左衛門　九　分蔵　九　平太夫　九
忠八　九　善六　九　〆

文助は、祖父に当たる三代源兵衛・源右衛門の二十三回忌を引き上げて、取り延べた養父の四代源兵衛・宇平の七回忌を併せて営む。源右衛門の命日は五月二十日。宇平の命日は二月七日である。呼び人は十人、料理は一汁七菜とおごる。飾り餅は、村内外の十七ヶ所に配る。今回も荻原村は、直右衛門だけ。与左衛門は赤餅。

三代姉三十三回忌と三代二十三回忌

五月廿朝　福泉寺和尚　御斎　トウハ二本立ル　御布施　三十疋（三百文）
三月四日正當　直到法岸信女　三拾三回　五月廿日　法道顕證信士　廿三回正當〆
一汁三榮《ママ》（菜）　茶めし　但し豆入

平皿　古《ご》保《ぼ》う　長いも　志《し》以《い》多《た》け　えんどう　こん婦《ぶ》
春阿へ　大こん　之《の》り　阿け
汁　とう婦　大こん
貝しき　瓜つけ

直到法岸信女は、三代源兵衛・源右衛門の姉・と己。それで、三十三回忌を取り延べて源右衛門の二十三回忌当日に、一緒に法事を営んだのだろう。安永十（一七八一）年三月四日死去した。これまでも、萬屋で年忌を営んでいるところから、未婚で他界した、と考えられる。

六月廿一日　釋尼明寿（四代源兵衛・宇平実母）上ケトウ　御布施拾疋（百文）
八月廿六日　顕誓（二代源兵衛）祥月　福泉寺　御斎　御布施百穴（百文）

宇平妻・ひさの十三回忌

十月十日　釋尼明雲信女　十三回　正當　御布施　弐拾疋（二百文＝約二千三百円）
　良興寺　御壱人　善助　治兵衛　〆三人
御銹り　利兵衛　九　新兵衛　九　与左衛門　赤九　善助　九　彦十　九
忠八　九　喜左衛門　赤九　分蔵　九　清八　九　〆　八十十　六十三
十月十日　明雲尼　十三回正當　福泉寺　上トウ　御布施　弐拾疋　トウバ立ル　〆
十月七日朝　御取越シ　良興寺御壱人　御布施拾疋（百文）

記述順が変だが、時々ある。これまでは日付、時間順に直して掲載した。後日、当座のメモから書き写すので、このようなことになる。時間順では、十月七日朝が最初である。

妙（明）雲尼（信女）は、四代源兵衛・宇平の妻ひさ。相伴人の善助は若松屋で、ひさの実家。治兵衛は、主催者の五代源兵衛・文助の父である。

飾り餅配りは村内だけ。縦線で八十一を消して、六十三となっている。ということは、白餅の数を記載したと言える。今回は与左衛門と、本家・喜左衛門が赤餅である。

文化十一（一八一四）甲戌二月廿六日　感光《初代・弥四郎》道榮信士　祥月　釋尼妙華　廿三回

福泉寺ケンコウ（顕光）　御布施　弐拾疋　トウバ立ル

釋尼妙華は、文助の養父・宇平の乳母。寛政四（一七九二）年三月四日に死去した。取り越しで、初代の祥月命日に二十三回忌を勤める。

松が嘉助、そのを連れ京参り

三月十二日立也　於松　嘉助　その　都合三人　京参り同月晦日無事帰宅

松は、この時、十九歳。ここ一年ぐらいの間に文助と結ばれたと考えられる。母・ひさは寛政七（一七九五）年正月、京参りし、翌寛政八年八月に帯直しをし、十二月に松を出産している。松の京参りは懐妊願い、と思われる。

同行の嘉助は、文助の養父である四代源兵衛・宇平の時代に、大いに働き、〝内の〟とあるので、人望のある使用人と考えられる。

そのは、下女・そのであろう。そのは、幡豆郡平原村（西尾市）の出身。寛政三（一七九一）年ごろ、萬屋に日雇いとして雇われる。麦の取り入れ、三代源兵衛・源右衛門の看病に携わり、宇平の信頼を得て、下女として常傭となった、と考えた。
十二人から婦幾《ふき》四王《わ》、こち壱本、志ゐ多け、丸阿け弐丁、お古《こ》王《わ》、保《ぼ》多《た》ん毛ち、茶めし、爾《に》し免《め》等の見舞い品が届けられ、十五人に卯ノ丸、ろうそく、五志ゆ香、手ぬく以、うち王《わ》、うゐらふ《ういろう》等の土産物を配る。

五月廿日朝　法道（三代源兵衛）明思（同後妻）　祥月　福泉寺ケンコウ坊　御布施拾疋
六月廿一日　釋尼明寿（四代源兵衛実母）祥月　福泉寺上ケトウ　百穴　蝋そく弐丁
八月廿六日　釋顕誓（二代源兵衛）祥月　福泉寺和尚　御斎　御布施百銅（百文）
十月十日ヒル　釋尼明雲尼（四代源兵衛妻）　福泉寺　ケンコウ（顕光）　御布施百穴

京参りの験か、男児を出産

極月十三日ヒル七ツ時（午後四時頃）　出産男子弥四郎誌之

京参りの験が現れたのだろうか。弥四郎出産は京参りから九ヶ月後になる。十五日から見舞いの金品が届く。四十一人が、く王《わ》し袋、まん中《じゅう》、とふ婦、うりつけ、山のいも、おこ王、さ加な、酒、うぶき、銀二朱＝南鐐一片（荒子吉重、本町喜左衛門、スノ治左衛門）等を寄せた。

極月十九日　七夜祝義
呼　人　おげん　おかの　お毛《も》と　おりつ　おかよ　おきぬ　断重蔵みし　おけい

おなぎ　お己《こう》ふ　おなよ　きりや　おう多　白分きく　あらこばゞさ　〆
家内八人　東三人　利兵衛

七夜祝いの餅配りは四十二軒

餅配り扣　利平　甚太夫　忠右衛門　嘉吉　萬久　おきよ　利兵衛　おと己　半六
与左衛門　重蔵　岡右衛門　彦八　喜平　久兵衛　善助　清兵衛　つちや平兵衛　源八
忠八　喜左衛門　分蔵　清八　龍山　あらこばゞさ　忠兵衛　お婦の　義右衛門　善六
喜八　治太夫　兵二　内男彦蔵　向右衛門　善吉　和助　トモ清重　文八　東ノ忠八
ヲキ原直右衛門　内ノ下女　東ノ下女　〆　四拾弐軒

今回の餅配りも、荻原村は直右衛門だけ。村外は、他に友国村の清重（十）。この二人は祝い品を寄せた。嘉吉は、十五年前の寛政十一年に死去した嘉吉の息子であろう。

阿らこばゞさ　礼物　金弐百疋（金二分＝四万円弱）半し

文化十二（一八一五）亥二月廿六日　感光道榮信士　祥月　福泉寺　御斎　御布施百六

五月に弥四郎祝儀で柏餅配り

五月朔日　初弥四郎祝義
柏モチ配り　粕谷直右衛門　加藤次左衛門　阿らこばゞさ　〆
村分柏配り　利兵衛　半六　与左衛門　とう婦三丁　房右衛門　かつぶし

岡右衛門　酒壱升　治太夫　書婦部《しょうぶ》　兵二　伊右衛門　善介　書婦部
忠八　百文　松喜　白文蔵　書婦部　清八　書ふ部《しょうぶ》　善六　萬吉〆
四月廿九日　嘉助町内法六町へ披露　則見舞覚

柏餅配りの前だが、嘉助による弥四郎の町内、法六町への披露を機に二十人から、見舞いの品が寄せられる。茶王《わ》ん五入、男山壱升、酒壱升、火鉢壱ツ、あつき（小豆）、かつ婦《ぶ》し、鯛壱枚、とふ婦（豆腐）等だが、酒一升が最も多い。

茶碗の見舞い品は初めて。この茶碗は薄手の磁器であろう。尾張国春日井郡瀬戸村（瀬戸市）では、磁祖・加藤民吉が文化四（一八〇七）年、九州から帰国、製造を始めた新製焼（磁器）が、このころには陶器に代わって、普及しつつあったことを裏付ける。

茶碗を寄せた伊右衛門（伊衛門）は、法六町で、きり（桐）屋を営む。きり屋は十九年後の天保五年まで登場する。三十七年後の嘉永五年に登場する伊右衛門は大嶋屋を名乗る。同じ人物かどうか分からない。大嶋屋伊右衛門は、万延元（一八六〇）年まで登場する。

男山は、兵治が寄せたが、寛文年間（一六六一―一六七三年）に、伊丹の木綿屋が醸造を始めた酒の銘柄。伊丹酒として、地酒とは一線を画す高級酒。美酒の代名詞となったが、その後、勃興した灘の酒に押され、明治初頭に廃業したという。

宇平継母・しなの三十七回忌

五月廿日　釋尼妙思三拾七回忌　正當　法道顕證（三代源兵衛・源右衛門）　祥月

福泉寺和尚　御斎　呼人　治兵衛壱人　御布施　弐拾疋　トウハ立ル
御鎊り配り　利兵衛〇九　半六〇九　与左衛門〇九　房右衛門〇九
岡右衛門〇九　忠右衛門〇九　善介〇九　喜左衛門〇九　白分〇九
清八〇九　寺じ満八十衛門〇九　九十九こ

釋尼妙思は、三代源兵衛・源右衛門後妻。文助養父・宇平の継母。俗名・しな。斎の呼び人は、父・治兵衛一人。初代の治兵衛は、今回が最後。飾り餅は、十一人に配るが、村外は、しなの実家・弥惣右衛門（八十衛門）一軒のみ。

六月廿一日　釋尼明寿（四代源兵衛実母）祥月　福泉寺　上ヶトウ　百穴　蝋そく弐丁
八月廿六日　釋顕誓（二代源兵衛）祥月　福泉寺　上ヶトウ　御布施　百銅　弁志ニ而壱升
十月十日　釋尼明雲（四代源兵衛妻・ひさ）祥月　福泉寺和尚　御布施　百文

父と弟の一周忌を一緒に営む

文化十三（一八一六）子八月二日　清道顕覚　光譽明安　一周忌
良興寺　壱人　御布施　三拾疋（三百文＝三千四百五十六円）
呼　人　おと己《き》　蝋そく　断送りせん　おげん　お見よ　ごぼふ　おかよ　婦
おりつ　なし（梨）　おかふ《おこう》　〃　清八　喜左衛門　〆

文化十三年は、年初から祥月法事の記載がなく、いきなり、八月に営んだ東店の父と、弟の一周忌の記載である。文助に、何か惹起したのだろうか。

清道顕覺は、文助父・治兵衛で、昨年八月二日死去。今後、登場する治兵衛は、二代目である。光譽明安は、文助弟・治作で、昨年八月二十六日、父の後を追うように他界した。

八月廿六日　釈顕誓（二代源兵衛）祥月　光譽明安（文助弟・治作）一周忌　正當
　福泉寺和尚　御斎　御布施　弐拾疋（二百文＝約二千三百円）トウハ建
十月十日　明雲尼（四代源兵衛・宇平妻ひさ）祥月　福泉寺和尚　御布施百文

文化十四（一八一七）丑二月七日　志堅（四代源兵衛）祥月　御布施百銅　福泉寺御斎
二月廿六日　道榮（初代源兵衛）祥月　顕泡　十七回忌　福泉寺　御布施廿疋

顕泡は、文助弟の万作。幼くして、享和元（一八〇一）年二月廿七日に死去した。

三月四日　直到法岸信女　三拾七回　福泉寺　上トウ　トウハ立ル

直到法岸信女は、三代源兵衛・源右衛門姉で、俗名・おと己。安永十（一七八一）年他界。

三代二十七回忌に四代妻十七回忌も

五月廿日　法道顕澄《ママ》（證）信士　廿七回　奇峯明雲尼　十七回引上
　良興寺　新住持　御壱人　御斎　御布施　五拾疋（五百文＝約五千七百六十円））
　呼　人　利兵衛　房右衛門　重兵衛　岡右衛門　忠右衛門　善助　忠八
　喜左衛門　白分　平太夫　与左衛門イン居　送りせん　〆

文助は、養父・宇平の妻・ひさの十月十日に迎える十七回忌を大幅に引き上げ、五月二十日の宇平父・源右衛門の二十七回忌と併せて営む。

布施は、はずむが、飾り餅配りもなく、節約を図ったのだろう。天明四（一七八四）年から三十三年にわたり、御斎の呼び人、飾り餅配り常連の与左衛門は、隠居したようだ。

文化十五（一八一八）寅二月七日　志堅（四代源兵衛・宇平）祥月　正當
　良興寺御斎　御布施百銅（百文）　少々御さし阿以《あい》ニ付而　代僧相見へ申候以上
二月廿六日　道榮信士（初代源兵衛）祥月　良興寺　御斎　御布施拾疋（百文）

宇平乳母の二十七回忌を営む

三月四日　釋尼妙華　廿七回　福泉寺和尚　御斎　布施　弐拾疋　トウハ建ル

釋尼妙華は、養父・宇平の乳母。寛政四（一七九二）年三月四日に死去した。

文政元寅五月廿日　法道顕澄《ママ》（證）（三代源兵衛）　釋尼妙思（四代源兵衛継母）　祥月
　福泉寺和尚　御斎　御布施拾疋（百文＝約千百五十二円）

文化十五年は、仁孝天皇の即位により、四月二十二日に文政と改元される。

六月廿日　釋尼明寿（養父・宇平実母）　祥月
　福泉寺　上トウ　御斎米壱升　蝋そく弐丁　鳥目百銅（百文）
八月二日　清道顕覺（文助父・治兵衛）　福泉寺　顕光　御布施百文
八月廿六日　釋顕誓（二代源兵衛）　釋明安（文助弟・治作）
　金星山（花岳寺）元孟（首座）　御斎　御布施　廿疋（二百文）

文助が上横須賀村組頭に就任

文政二（一八一九）卯年二月　吉良町史によれば、文助は、病気で役職辞退を申し出た三人で構成する与（組）頭の一人・九郎左衛門の後役に推され、組頭に就任する。領主・水野出羽守の大濱陣屋に提出された文書に「源兵衛は、前々から実体まじめで正直な者」とある。文助は時に三十四歳。上横須賀村では、庄屋をはじめ村役人はしばしば交代する。

その後、文政七年、文政十年に組頭を勤めるが、病気を理由に止めたはずの九郎左衛門が、文政二年から文政五年まで組頭を勤める。同町史の他の資料編では、九郎左衛門は、文政三年に死去。文政三年も文助が組頭を勤めている。

病気で役職を辞退した者が、勤め続けることはあり得ないし、若いだろう跡継ぎが百姓代を飛び越して、組頭を勤めることもあり得ない。何故なら文政十一年に九郎左衛門が百姓代を勤める。この九郎左衛門は、病死した九郎左衛門の跡継ぎと考えられるからだ。

したがって、文助が、いつまで組頭を勤めたかは、吉良町史からは、はっきり分からない。ただ、頻繁に辞めたり、就任したりする、とは考えにくいので、文政十年まで八年間は勤めたであろう、と筆者は考える。

宇平十三回忌は布施三十疋

二月七日　鐵翁志堅《四代源兵衛・宇平》　十三回　良興寺　御斎　御布施　三拾疋　共（供）　廿四文

呼　人　大吉　ろふそく　久助　婦（麩）　房右衛門　山いも　重兵衛　ろふそく

岡右衛門　百文　喜左衛門　百文　清八　百文　甚助　百文　利兵衛　百文　善助　百文
治太夫　ろふそく　伊衛門　ろふそく　久五郎　若多け《わかた》　文蔵　百文　お可ふ《おこう》　ろふそく
中ノ幸吉　木田利助　手前居申候　百文　外ニ送り膳　与左衛門ゐん居　若松屋　〆
一汁三榮《ママ》（菜）　外ニ茶菓子　調菜人　利兵衛　久五郎　甚介　外ニ働き　彦蔵　幸吉

養父・宇平の十三回忌は、呼び人が十七人と多いが、料理は一汁三菜と質素。大吉は初登場で、再登場もない。二年後の文政四年に代吉が登場する。大吉と代吉は同一人物と考えられるが、代吉も再登場はない。同じ町内の吉兵衛と関係がありそうだ。

飾り配りは他村の五軒だけ

御加ざり他所計り　水難後五ヶ年中　相休し故　左之通り覚計申候
良興寺　田中八左衛門　糟谷直右衛門　か王《わ》たけ　糟谷忠右衛門　チトセ十七　糟谷弥助　婦

飾り餅配りは、水難後五ヶ年中は休むとして、他村の五ヶ所だけとした。このうちの田中八左衛門は、寺嶋村田中に住む伊奈弥惣右衛門のことである。

水難は、いつあったのか分からないが、五月二十日以降の法事の記載がない二年前の文化十四（一八一七）年の可能性が大きい。

二月廿六日　感光道榮信士（初代源兵衛）祥月　福泉寺和尚　御布施拾疋（百文）
五月廿日　法道顕證（三代源兵衛）釋尼妙思（同後妻）　祥月　良興寺　御斎　御布施拾疋
六月廿一日　四代実母　釋尼明寿　祥月　鳥目《ちょうもく》百穴　御斎米壱升　蝋そく弐丁　福泉寺上ヶトウ

文政三（一八二〇）辰二月七日　鐵翁志堅《四代源兵衛・宇平》居士　祥月　良興寺　御斎　御布施拾疋

二月廿六日　感光道榮信士（初代源兵衛）祥月　福泉寺和尚　御布施拾疋

五月廿日　法道顕證（三代源兵衛）釋尼妙思（同後妻）　祥月　良興寺　御布施百文

性勒尼が初めて経をあげる

六月廿一日　釋尼明寿　祥月　性勒尼　上ケトウ　御布施百文　蝋そく弐丁

十五年前の文化二年十月、お松が疱瘡に罹り熱を出した際、見舞い品を寄せた性勒尼が、法事に初めて登場する。釋尼明（妙）寿は、文助の養父・宇平の実母。女性だから、尼僧を頼んだのだろうが、これまで招かなかった理由は分からない。

八月二日　清道顕覺（文助父・治兵衛）祥月　良興寺　御斎　御布施百文

八月廿六日　釋顕誓（二代源兵衛）　釋明安（文助弟・治作）祥月

　良興寺　御斎　御布施百文（約千百五十二円）

十月十日　奇峯妙雲尼（四代源兵衛・宇平妻ひさ）祥月　良興寺　御斎　御布施百文

母命日に妹の二十三回忌

十一月十三日　知憶妙貞尼　祥月　妙恵童女　廿三回忌

　福泉寺和尚　御斎　御布施　弐拾疋　トウバ建

知憶妙貞尼は、文助母・ちせで、文化十（一八一三）年十一月十三日死去。妙恵童女は、文助妹・

おしまで、寛政十（一七九八）年十一月廿三日死去。
文政四（一八二一）巳年二月七日　志堅居士（四代源兵衛）祥月　良興寺御斎　御布施十疋
二月廿六日　感光道榮信士（初代源兵衛）祥月　福泉寺和尚　御布施拾疋（百文）
五月廿日朝　釋顕證（三代源兵衛）釋尼妙思（同後妻）祥月　良興寺　御斎　御布施百文
六月廿一日　釋尼妙寿　祥月　性勤尼　上ヶトウ　御布施百文　蝋そく弐丁　〆

文助は、昨年に続いて、養父・宇平実母の祥月は、性勤尼に法事を依頼する。

妻の松が赤痢に罹る

七月廿五日　手前於《わ》松痢病ニ付誌之　見舞参り申候覚
一 そう免ん五王　川忠　一 なし五　婦じ岡　一 氷さと可し　桐屋
一 そう免ん七王　ワ多内直右衛門　一 まんぢう五十　ハツおみな　手前居申候下女
一 そう免ん七王　白分　一 そば　房衛門　一 山の以も三本　若善
一 干うどん弐王　馬久　一 茶免し　性勤尼　一 なし六計り　梅忠
一 うどん弐升余　婦じ岡　一 まんちう百文分　なべ兵　一 そハ可し　八才
一 婦くら少々　吹貫町清八　一 以なだ三本　同人　一 山の芋五本　手前飛こ蔵
一 小だ以七八ツ　東ノ利兵衛　一 く王し壱折　若善

十七人から見舞い品。馬久は初出。馬方宿、馬方茶屋が生業か。二十二年後の天保十四年五月まで登場する。見舞い品の〝婦くら〟は何か。その後の〝以なだ〟は小型の鰤。出世魚の鰤は、大きさによって呼び名が変わる。すると、〝婦くら〟は、〝ふくらぎ〟のことでは……。この辺りでは、〝いなだ〟より小さい鰤を〝ふくら〟と呼んだのではないか。

弟命日に父と弟の七回忌

八月廿六日　釋顕覺　釋明安　七回忌　良興寺　御斎　御布施　三十疋（三百文）
　呼人　利兵衛　代吉　恵二　久介　重吉　万久　善介　喜左衛門　白分　清八　男彦蔵
　御錺り配り　トミタ糟谷善右衛門　〃庄兵衛　〃幸右衛門　向原八十右衛門
　代吉　善介　重吉　万久　久介　喜左衛門　恵二　白分　権平　清八　男彦蔵

釋顕覚は文助の父・治兵衛、釋妙安は文助弟・治作。二人とも文化十二年八月に死去。命日は治兵衛が二日、治作が二十六日。呼び人、飾り配り先の久介は初出。六年後（文政十年十一月）の四代源兵衛・宇平妻ひさの二十七回忌に再登場する。恵二も初出で、四年後（文政八年十一月）の文助母・ちせの十三回忌に再び登場する。

飾り配りが、村内もあることから、水難から五年以上が経ったことが分かる。したがって、水難は文化十四年と見て、まず間違いなかろう。

八月廿六日　釋顕誓（二代源兵衛）祥月　釋明安（文助弟・治作）七回忌
　上ケトウ　性勤尼　御布施　弐十疋（二百文）　ろうそく弐丁　米壱升
十月十日　奇峯妙雲尼（四代源兵衛妻・ひさ）祥月　良興寺　御斎　御布施百銅

文政五（一八二二）午年二月七日　志堅居士（四代源兵衛）祥月　良興寺　御布施拾疋

二月廿六日　感光道榮信士（初代源兵衛・弥四郎）祥月　良興寺　御布施拾疋（百文）
八月二日　清道顕覺（文助父・治兵衛）祥月　良興寺　御斎
八月廿六日　顕誓（二代源兵衛）明安（文助弟・治作）祥月　良興寺　御斎

文助に娘・こぎが誕生

九月廿六日　ヒル四ツ半時（午前十一時頃）出産　女子おこぎ　誌之
見舞として四十一人から、多《た》く王《わ》んつけ、うりつけ、せんべ以、まんちう、く王《わ》し（菓子）、牡丹餅、里芋、以奈、くじ免《め》、赤鯛、養かん、生着《うぶぎ》、酒などが寄せられる。
十月朔日　七夜祝義　一汁三菜　調菜人　利兵衛　手傳　内方彦蔵
呼　人　お希《げ》ん　断送り膳　おその　働キ弐ばん膳　伊七内義おとき
おかく　おなよ　おせ以　名代参ル　若善ムスメお見よ　おな記　松屋　送り膳
白分おりつ　石半お多け　おきぬ　阿らこばゞさ　重吉　送り膳　恵倫（華蔵寺）弐ばん膳
礼物　阿らこばゞさ金弐百疋（金二分）外ニ　モチ壱重　羽書（酒）壱升

これまで手伝いに呼ばれていた、おげんが、初めて出席を断り、送り膳となる。この時、七十歳。以後も送り膳が続くので、高齢のため出席を遠慮するようになったようだ。おげんは、弘化四（一八四七）年一月、九十五歳で他界する。
十月十日　奇峯妙雲尼（四代源兵衛・宇平妻ひさ）祥月　良興寺　御斎　御布施百銅

宇平十七回忌と妻二十三回忌

文政六（一八二三）未年二月七日　志堅居士　十七回忌　妙雲尼　二十三回忌

お銹りクバリ

良興寺　寺しま八十右衛門　木田利助　ヲキ原粕谷林右衛門　粕谷忠右衛門　粕谷弥助

村方　権平　馬久　半兵衛　伊七（樽屋）　岡右衛門　才兵衛　彦八　善助　忠八　平蔵

喜左衛門　白分　清八　半六　兵二　万久　伊右衛門　彦蔵　中ノ幸吉　ハツ甚助

河清　ふさ右衛門　〆廿八軒　九ツツ〱　此数弐百五拾弐　米凡弐斗　キヒ五升

志堅居士は、四代源兵衛・宇平、妙雲尼は宇平妻・ひさ。宇平は文化四年二月七日死去。ひさは享和元年十月十日に死去したので、二十三回忌正当には早いが、文助は、夫婦だから経費節減も兼ねて引き上げ、一緒に法事を営んだのだろう。

米二斗、キビ五升は、法事の餅配りとしては、大規模と言えよう。また、才兵衛は初登場。大升屋を名乗り、後継者かもしれないが、三十九年後の文久二（一八六二）年まで顔を出す。

斎の呼び人は二十人と多い

二月七日朝　良興寺　御斎　御布施　五拾疋（五百文）　外ニ　御本山江弐拾疋

呼　人　兵二　卯ノ丸弐王　半六　拾疋　万久ムスメ　岡右衛門　拾疋　才兵衛

伊七　婦　馬久　婦　半兵衛　阿げ　利兵衛　百文　善助　廿疋　喜左衛門　拾疋

木田利助　拾疋　白分　廿疋　清八　拾疋　ハツ甚助　百文　外ニムスメ　中ノ幸吉　こんにやく

女中　おな幾　お幾ぬ　おう多　おリツ　性勒　送り膳

一汁七榮（菜）（勝手方）半兵衛　利兵衛

布施は五十疋（約五千八百円）、本山（東本願寺）へも二十疋差し出す。本山への布施は今回が初。斎の呼び人も二十人と多く、料理も一汁七菜。盛大な法事と言っていい。

二月廿六日　感光道榮信士（初代源兵衛）祥月　福泉寺和尚　御斎　御布施十疋

三代三十三回忌は呼び人三人

五月廿日　法道顕證　三拾三回忌　良興寺　御斎　御布施　廿疋（二百文）

呼　人　善助　喜左衛門　清八　〆　三人切

法道顕證は三代源兵衛・源右衛門。文助養父・宇平の父。宇平・ひさ夫婦の年回忌を盛大に営んだので、質素にしたのであろう。呼び人は、近親の三人だけ。善助は、ひさの実家、喜左衛門は本家、清八は、萬屋と同じ喜左衛門の分家。

八月二日　清道顕覺（文助父・治兵衛）祥月　良興寺　御斎　御布施拾疋（百文）

八月廿六日　釋顕誓（二代源兵衛）祥月　釋明安（文助弟・治作）〃　良興寺　御斎

十月十日　奇峯妙雲尼（四代源兵衛妻・ひさ）廿三回正當　良興寺　御斎　御布施拾疋

外ニ　福泉寺　上トウ　御斎米三升　蝋そく弐丁　御布施百文　トウハ建ル

夫・宇平の十七回忌の二月七日に、一緒に盛大な法事を営んだため小規模。

文政七年は大きな法事なし

文政七（一八二四）申年二月七日　志堅居士（四代源兵衛・宇平）祥月　良興寺　御斎
二月廿六日　道榮信士（初代源兵衛・弥四郎）祥月　右　同断
三月四日　妙華信女　三十三回　福泉寺　上ヶ洞
妙華信女は、文助の養父・宇平の乳母で、寛政四（一七九二）年三月四日の死去。
五月廿日　祥月　法道顕證信士（三代源兵衛・源右衛門）釈尼妙思信女（源右衛門後妻）
良興寺　御斎　御布施百銅（百文＝約千百五十二円）
六月廿一日　祥月　釋尼妙壽信女（四代源兵衛・宇平実母）性勒尼　上ヶ洞
八月二日　祥月　清道顕覺信士（文助父・治兵衛）良興寺　御斎　御布施百文
八月廿六日　祥月　釋顕誓信士（二代源右衛門）釋明安信士（文助弟・治作）
良興寺　御斎　御布施百銅

母の十三回忌を営む

文政八（一八二五）酉年十一月十三日　智憶妙貞信女　十三回
お銹り配り　良興寺　寺しま田中八十右衛門　トミタ善右衛門　庄兵衛　幸右衛門
村分　恵次（二）利兵衛　半六　馬久　半兵衛　藤岡　安右衛門　万久
若善　喜左衛門　手前彦蔵　白分　清八　兵二　八才
智憶妙貞信女は、文助の母・ちせ。文化十（一八一三）年十一月十三日死去。トミタ善右衛門は、ちせの実家。庄兵衛、幸右衛門とも善右衛門の親戚。八十右衛門は、寺嶋村田中に住む伊奈弥惣右衛門で、文助の養父である四代源兵衛・宇平の継母・しなの実家。

十一月十三日　御斎　良興寺　御布施　廿疋（二百文）　外　御本山拾疋（百文）

呼　人　善助　百文　喜左衛門　百文　清八　百文　〆

調さい人　利兵衛　手つだい彦蔵　〆

斎の呼び人は、一昨年営んだ三代源兵衛・源右衛門（法道顕證）の三十三回忌と同じ三人。

十一月十三日　智憶妙貞信女　十三回

福泉寺　上ケトウ　御布施十疋（百文）　御斎米壱升　蝋そく弐丁　〆

結局、文政八年は、母・ちせの十三回忌を営んだだけ。当主の五代源兵衛・文助に何かあったのだろうか。吉良町史によれば、「当酉年世上一統不作なり」である。

文政九年は祥月法事のみ

文政九（一八二六）戌年二月七日　志堅（四代源兵衛）祥月　良興寺　御斎　御布施百文

仝廿六日　感光道榮信士（初代源兵衛）祥月　良興寺　御斎　御布施百文

五月廿日　法道（三代源兵衛）　妙思（三代後妻）　祥月　良興寺　御斎　御布施百文

六月廿日　釋尼妙寿（四代源兵衛実母）祥月　性勒尼　上トウ　御布施百文

八月二日　清道顕覺（文助父・治兵衛）祥月　良興寺　御斎　御布施百文

八月廿六日　釋顕誓（二代源兵衛）　釋明安（文助弟・治作）　祥月

良興寺　御斎　御布施百文（約千百五十二円）

文政十（一八二七）亥年二月七日　志堅（四代源兵衛）祥月　御布施十疋　御斎　良興寺

弐月廿六日　道榮（初代源兵衛）祥月　良興寺　上ヶトウ　御布施百文　御斎米壱升

文助娘・こぎが熱を出す

三月十五日朝より　おこぎ熱出病魔ニ御座候誌之

見舞之覚尤見舞品物　一つ〳〵断請不申候《うけもうさず》ニ付　親類之外心安キ所計《ばか》り

三十四人からの生姜《しょうが》多《と》う壱袋、く王《わ》し（菓子）袋、せんべ以《い》、満んぢう、うるしまんちう　十五、おこ王《わ》（赤飯）弐升、うどん・そば切、とふかん（冬瓜）一本、かつぶし（鰹節）弐つ等の見舞いの品や、金銭を受け取る。

うち十四人が金銭を寄せた。百文（約千百五十二円）九人、五十文三人、二百文、二十四文各一人。初登場の万兵衛も百文を寄せた。東店・治兵衛の息子と考えられる。

三代三十七回忌も呼び人三人

五月廿日　法道顕證信士　三拾七回忌

良興寺御斎　御布施　三拾疋（三百文＝約三千四百五十六円）　外ニ御本山様江拾疋　〆

呼　人　善助　百文　喜左衛門　百文　清八　百文　〆

但し時分柄せ王《わ》し幾《き》　時分故呼人是切ニ申候　尚かさり王《わ》けんやく　年限中故見合申候

文助は、時期的に忙しいと、呼び人を三十三回忌と同じ近親の三人にした。飾り餅配りは、倹約年限中だとして見合わせた。天保年間に入ると、毎年のように出る「けんやく年限中」なる文言の初出。吉良町史に「当亥年は曇り続きにて候。土むしにて凶作也」とある。

福泉寺　上ケトウ　トウハ建ル　御布施　廿疋（二百文）　御斎米一升　蝋そく弐丁

十月十日　奇峯妙雲尼廿七回

福泉寺　上ケトウ　トウバ立ル　御斎米壱升　御布施　廿疋（二百文）〆

私ニ曰東蔵普請　夫秋中故法事相延追テ十一月之　御引上之砌法会相勤申度書おく

文助は、養父・宇平の妻ひさの二十七回忌を、東蔵の普請が秋中かかるとして延期、十一月の普請終了の砌《みぎり》に勤めると書き置く。

四代妻・ひさの二十七回忌

十一月十五日　奇峯妙雲尼廿七回　良興寺　御斎　御布施三拾疋　外ニ廿疋　御本山江

呼　人　利兵衛　志以多け　半六　百文　半兵衛　阿げ　久介　とう婦　盈久　こんにやく

安衛門　百文　岡右衛門　百文　善助　百文　外ニ送り膳　喜左衛門　百文　白分　百文

清八　百文　忠八　百文　兵二　断送り膳　才兵衛　百文　又七　山いも　〆

東蔵の普請が終わり、文助は、前月書き置いた通り、宇平妻の二十七回忌法事を営む。盈久は初出で、再登場もない。松四歳の内祝いを寄せた盈屋清七の関係者だろう。

文政十一（一八二八）戊子《つちのえね》年二月七日　良興寺　御斎

鐵翁志堅　祥月　御布施十疋　観喜光院様　三拾七回忌引上　御布施　廿疋

四代源兵衛・宇平の祥月命日に三十七回忌が営まれた観喜光院様は、だれか分からない。初出で後年、五十回忌が営まれる。三十七回忌となる寛政四年に萬屋で死去したのは、宇平の乳母だけ。祥月命日は三月四日。乳母に、院号と敬語〝様〟を付けるのは妙だが、文助にとって、尊敬すべき養父・宇平の乳母だから、養父の祥月命日に年忌法事を営んだ可能性はある。

三つの法事を一緒に営む

五月廿日　釋顕證　祥月　釋（尼）妙思　五拾回忌　外ニ釋尼妙華　三拾七回

良興寺　御斎　御布施　弐百文（約二千三百円）　御本山江百文（約千百五十二円）

呼　人　善兵衛　百文　喜左衛門　百文　清八　百文　〆　三人切

上ケトウ　福泉寺　トウハ建ル　御斎米　壱升　御布施　廿疋（二百文）　〆

上ケトウ　性勒尼　御布施　廿疋

文助は、養父・宇平の父で、祖父に当たる釋顕證の祥月に合わせ、宇平継母の釋尼妙思の五十回忌、宇平乳母・釋尼妙華の三十七回忌を一緒に営む。倹約年限中の文言はないが、御斎の呼び人は、血縁のわずか三人である。

八月二日　顕覺（文助父・治兵衛）祥月　良興寺　御斎　御布施百文　〆

八月廿六日　顕誓（二代源兵衛）　明安（文助弟・治作）祥月　良興寺　御斎　御布施百文

十月十日　明雲（四代源兵衛・宇平妻ひさ）祥月　良興寺　御斎　御布施百文

四代二十三回忌を引き上げ

文政十二（一八二九）丑年二月五日　鐵翁志堅居士　廿三回　引上
良興寺　御斎　御布施　三百銅（三百文）御本山江廿疋　後僧江廿疋
一汁五サイ　茶免し付　（呼人兼）調菜人　利兵衛　百文　半六　百文　馬久　とう婦五丁
呼　人　岡右衛門　百文　兵二　百文　安衛門　百文　若善両人　弐百文　白分　百文
喜左衛門両人　百文　川忠おなぎ　百文　清八両人　百文　利兵衛　百文　半六　百文
石半お多け　病気断　馬久　とう婦五丁　ハツ林衛門　百文　行（用）清兵衛　百文
才兵衛　百文　万久　とう婦五丁　送り膳　性勒（尼）おげん

鐵翁志堅居士は、四代源兵衛・宇平。文助の養父。文化四年二月七日に死去した。

呼び人は親戚三軒が二人ずつ

料理は通例の一汁五菜だが、呼び人も十九人と多い。若松屋善助、松屋喜左衛門、菓子屋清八の親戚三軒は二人、調菜人の三人も呼び人に含まれる。
天明年間から様々な場面で顔を出していた呼び人の藤屋岡右衛門は、今回が最後。今後登場する幡豆・林衛門、行用・清兵衛は今回が初。

御銙り配り　ヲキ原粕谷直右衛門　トミダ粕谷善右衛門　〃粕谷庄兵衛
寺しま田中八十右衛門　〆　良興寺　後僧　〆両人

〆　但シケンヤク年限中　故村方かざりくばりなし

文政十二年も倹約令が出た。前年の文政十一年は、〝倹約年限中〟の文言はないが、村内の飾り餅配りはないので、倹約令が出ていた可能性は大きい。飾り餅配り先の寺嶋村の八十右衛門（伊奈弥惣右衛門）は、今回が最後の登場である。

二月七日　志堅　正當　福泉寺　上ヶトウ　トウハ建ル　御布施　弐百文

弥四郎が元服、弥三郎と改名

四月四日　弥三郎元服　王多内《わたうち》幸右衛門殿相頼申候　誌之見舞品之扣

弥四郎が元服して、弥三郎を名乗る。初代・弥四郎、先代の養父・宇平の幼名・弥四郎の上を行ってほしいという文助の親心が見て取れる。見舞いとして、延べ二十五人から、以加《いか》七つ、阿以《あい》な免《め》七ツ、酒壱升、末廣壱對、多以《たい》壱枚、弐百文等の金品が寄せられた。

丑五月廿日　法道（三代源兵衛）　妙思（三代源兵衛後妻）　祥月　良興寺　御斎

五月廿四日　釋周達　五拾回忌　福泉寺　上ヶトウ

御斎米壱升　御布施百文（約千百五十二円）　蝋そく弐丁　〆

釋周達は、俗名・周八。文助養父・宇平の弟。安永九（一七八〇）年五月廿四日に死去。

文助が改元前に体調崩す？

文政十三（一八三〇）年二月七日　志堅居士《四代源兵衛・宇平》　祥月　良興寺　御斎　御布施百文

二月廿六日　道榮信士（初代源兵衛）祥月　良興寺　御斎　御布施百文（約千百五十二円）
五月廿日　法道（三代源兵衛）妙思（四代源兵衛継母）祥月　良興寺　御斎　御布施百文

文政十三年は、京畿の地震、江戸の大火等により、暮れも押し詰まった十二月十日に天保と改元されるが、この年は、祥月法事の記載が三件だけ。萬屋に何かの異変？

天保二（一八三一）卯年二月七日　鐵翁志堅居士（四代源兵衛）祥月　良興寺　御斎　百文
二月廿六日　道榮（初代源兵衛・弥四郎）祥月　良興寺　御斎　御布施百文

天保二年は、中興開山の養父・宇平と初代・弥四郎の祥月法事だけである。翌天保三年に至っては、法事の記載が一切ない。文助は、文政十三年ごろから体調が悪化していたか？

四代二十七回忌は呼び人二十三人

天保四（一八三三）巳年二月七日　鉄翁志堅居士　廿七回忌
良興寺　御斎　御布施　三百文　共（供）壱人　三拾弐文　御本山江百文
呼　人　西忠右衛門　百文　安衛門　百文　兵二　白銀壱匁　藤九平　卯丸一
若善両人　弐百文　善吉　百文　川忠なき　百文　松喜両人　百文
白分　百文　清八両人　百文　権平　百文　池半　百文　馬久　百文
東ノ忠八　小蝋十丁　喜代蔵　小蝋　トミタ善右衛門　弐百文
木田利介　百文　はづ林右衛門　百文　万久　百文　かとう　白銀一匁（約千二百五十円）〆
外ニ家内東とも十三人　送り膳　性勒尼　おげん　大信イン居

鎊り（配り）　良興寺　ヲキ直右衛門　小蝋拾六丁　トミダ善右衛門　庄兵衛　西尾八左衛門

文助が小康状態で、中興開山として尊敬する養父・宇平（四代源兵衛）の節目の法要だけに無理を押して勤めたのかもしれないが、六代源兵衛となる弥三郎が、営んだ可能性もある。天保四年の法事の記載は、これ一件だけだからだ。

料理のランクは書いてないが、呼び人は二十三人と多い。倹約しているようには思えないが、飾り餅配りは村外だけだから、天保四年も倹約令が出ていたようだ。呼び人の藤九平は、藤屋九平。藤屋は代替わりし、改名したのだろう。〝かとう〟は加藤治左衛門。

飾り餅配り先の西尾の（鈴木）八左衛門は、初登場である。交代した感じで、今回から登場しなくなった寺嶋村の伊奈弥惣右衛門と関係がありそうだが、分からない。

三代実母の百回忌を営む

天保五（一八三四）甲午《きのえうま》年二月九日　釋尼妙清　百年回忌

福泉寺　上ケト宇　遠バ立ル　御斎米壱升　御布施十疋（百文）〆

釋尼妙清は、〝萬屋歴代の仏〟によれば、三代源兵衛・源右衛門実母。享保廿（一七三六）年二月九日死去した。祥月命日並みで、百回忌とは思えない法事である。

だが、この記述から、字体が変わり、崩しが酷くない、読みやすい字になる。おそらく、文助が病の床にあり、後を継ぐ弥三郎が、文助の意を受けて、簡略ながら勤めたのではないだろうか。

そのすぐ後に、「當家文助四十九才去ル辰二月下旬ゟ　病気ニ相成名古屋沼波様薬り　薬用持ひ……」の文言が続く。天保五年は午年。つまり、文助は、法事の記載が一切ない、辰年の天保三年二月から、病に伏していたことが分かる。

正月から文助の病状悪化

続いて、「よごとくすり持ひ候處はきと不仕《つかまつらず》　當年正月ヨリ仕《し》者《ば》らく津《づ》通《つう》連《つらな》り候」とあるから、この天保五年の正月から病状が悪化した、と思われる。

そして、諸所からの見舞いが記される。をはぎ、うどん、さかな、楚ば、山いも、上菓子、くしがき、みかん等二十品目と贈り主だが、萬屋との関係が深い松喜（松屋喜左衛門）、若善（若松屋善助）、萬久（萬屋久五郎）は、二、三度寄せている。「阿らまし付申候」との注釈があり、全部ではないことが分かる。

四　六代源兵衛・弥三郎の時代

文助葬儀に約百五十人

當家五代源兵衛　俗名文助四十九才　天保三辰年　二月下旬ゟ病気ニ相成追々
所々の薬用致し候得共誠《まこと》はき〱と不仕《つかまつらず》結局ハ養生も不相叶《あいかなわず》
天保五午二月十七日晝九ツ時（正午頃）命於《おわ》王り誠ニ中向開山〱　想ぅハ後世者尊ビ給へ
二月十八日　葬式四ツ時はじまり八ツ半ニ成　法名　荘翁香嚴信士
葬式は、午前十時ごろ始まり、午後三時ごろ終わる。何と五時間に及んだことになる。
御斎呼人　良向（興）寺　上京ニ付　代正向寺老僧　番僧　両人　供　三人　〆六人
外ニ　源徳寺　壱人　番僧　壱人　供　両人　〆四人
丁内不残　外ニ　兵次　長右衛門　九郎作　仙蔵　伊兵衛　甚吉　玄通　彦五郎
本町傳十〆　外ニ縁者書ニ及不候《およばず》　人数　凡百五拾人程

灰葬は七十人の支度

二月十九日九ツ半　灰葬　良向寺他行　代僧正向寺老僧　源徳寺壱人
東惣助　弥助　忠兵衛　栄治　半六両人　五兵衛　忠右衛門　乙吉　九平　安右衛門
喜代蔵　忠吉　兵次　萬久三人　若善両人　何《ママ》（河）忠両人　松喜三人　白分壱人
寺町彦蔵　清八両人　阿ん満文忠両人　利吉　馬久　杉清　大工利平　彦兵衛　於きの
〆　内ノ者書ニ不及

他所親類　鈴木八左衛門両人　壱人断り　鳥山傳兵衛　断り　糟谷善右衛門　隠居壱人
トミダ庄兵衛　断り　とみよし安兵衛　断り　キダ利助　断り　〆　凡七拾人　支度
灰葬は、午後一時ごろからだが、村外の親類は断る者が多い。宇平妻・ひさ、宇平の際は、晩方だったので、村外の参列者はいなかった。

野送りに全下村役人

他町人野送り　吹〆町祐（勇）助　本町傳重　法六町長右衛門　九郎作　大江屋善兵衛
千（仙）蔵　伊兵衛　甚吉　玄通　本町嘉六　吉村や儀吉　萬右衛門
甚兵衛　勘八〆　外ニ　下村役人衆不残
野送りに下村、つまり下横須賀村の村役人全員が列席したのは、文助が長期にわたって上横須賀村の村役人を勤めた証左と言えよう。
葬儀にかかった費用は、金五両三分二朱だが、香典等の入金を差し引くと、実際の出費は、金三両三分と四百七文（約二十八万五千円）だった。

布施は正向寺に金百疋と白麻一反

御布施　一　金百疋（金一分＝二万円弱）　灰葬兼テ　正向寺　かご断なし
私シ曰《いわく》本かくかご之義　御来ニても此帰り不仕急度　相守不出申候
一　白麻　壱反代十六匁　正向寺　一　弐百文　〃寺　晩（伴）僧二人

一　弐百文　正向寺　晩（伴）僧壱人　一　三百文　〃寺　供三人
〆　金壱分ト七百文　外ニ白麻壱反
一　三百文　寺町源徳寺　徳上壱人　一　百文　灰葬　〃寺　晩（伴）僧壱人
一　百文　源徳寺　晩（伴）僧壱人　一　百文　〃寺　供弐人　〆六百文
一　三百文　福泉寺　和尚壱人　一　五拾文　〃寺　供壱人　〆　三百五拾文
一　弐百文　称名院　長老壱人　一　五拾文　〃寺　供壱人　〆　弐百五拾文
惣〆　金壱分ト壱〆（貫）九百文　外ニ白麻壱反　代十六匁
初七日　福泉寺ト宇《う》バ立ル　良向寺　御斎　御布施　百文　廿三日
二七日　右　同断　卅日　三七日　右　同断　三月七日
四七日　右　同断　十四日　五七日　右　同断　廿一日
六七日　右　同断　廿八日
七〃日　右　同断　福泉寺　七〃日迄　御布施七百文　四月五日
百ヶ日　五月廿七日　外ニ立日　良向寺壱人　福泉寺ト宇バ立ル　三月十六日

七十五人が香典寄せる

香典扣によれば、宇平の三十九人の倍近い七十五人が寄せた。金銭が三十六人。百文が半数近い十九人を占める。

最高は名古屋の十一屋庄兵衛で金百疋（二万円弱）、次いで南鐐一片（一万円弱）。ひさの実家・

若松屋善助、母・ちせの里の糟谷善右衛門、西尾の鈴木八左衛門の三人が寄せた。松屋は三百文（約三千四百五十六円）。物品は蝋燭、五種香、卯丸、朱蝋等。

東店の治兵衛は、一朱（五千円弱）を寄せた。この治兵衛は、文助の父・治兵衛の跡継ぎ、つまり二代目。こぎの病気見舞いを寄せた万兵衛が、改名したのだろうか？

百文を寄せた一人に、萬屋又七がいる。萬屋を冠した又七は初出である。四代源兵衛・宇平と小袖のお目見をした又七ではなく、その子孫と考えられる。

名古屋・本町の店と取引

萬屋は、尾州・名古屋本町に店を構える十一屋庄兵衛とも、長期にわたる取引があった。見舞い品（極上上く王し壱箱）に続き、香典金百疋（金一分）を寄せた。

享和元（一八〇一）年の四代源兵衛・宇平の妻・ひさの病気、死去に当たり見舞い品を寄せたのが最初。以後、宇平の死去に際しても寄せており、当時の商圏が推測できる。見舞い品は椎茸が多い。乾物屋だろうか。

記念贈り（形見分け）は、内の嘉助、東ノ万兵衛、看病に携わった上町の利吉、湯潅を行った東ノ利兵衛、湯潅を手伝った馬久、按摩の文中（忠）、手前店・彦蔵の七人に羽織、繻袢、浴衣、股引、紬男帯等が手渡された。ほとんどが衣類。

万兵衛は、古小紋立門単羽織を受け取った。この万兵衛は、改名したばかりの二代目治兵衛か。それとも二代目治兵衛の後継者だろうか。

四十九日飾り配りは他所のみ

四月二日　四十九日餝りくばり　村方ハ倹約年げん中由へ《ゆえ》　やメ他所計り

ヨコテ彦兵衛〇九　はづ林衛門〇九　糟林〇十一　か春や友右衛門〇九
とみよし安兵衛〇九　キダ利助〇九　宮じ伊藤又左衛門〇九　トミダ善右衛門〇九
トミダ庄兵衛〇九　ヨコテ於きの〇九　西尾鳥山傳兵衛〇九　西尾鈴木八左衛門〇九
五反ハ弥助〇九　須次左衛門〇九　よし田佐兵衛〇九　友国利兵衛〇九
友国乙右衛門〇九　友国仲右衛門〇九　よし田兵吉〇九　竹屋佐七〇九
友国とのふ〇九　はづ彦八〇九　五反ハ平蔵〇九　ヲギ原忠右衛門〇九
見橋幸右衛門〇九　道目記彦八〇九　良興寺　岡山花岳寺　福泉寺　行用清兵衛
東ノ利兵衛　由可ん　上町利吉　由可ん
〆　三拾弐けん　米凡　白米弐斗五升

倹約年限中と言うが、キビなしで、白米二斗五升を使って餅を搗くのは、最大規模である。餅が配られたのは、町内の福泉寺と湯滝人を除くと、いずれも香典を寄せた村外の人たちで、香典返しの意味があるのかもしれない。

天保五午四月三日　金百疋　荘翁香嚴信士志　徳寿性《ママ》人　回向料　勇助方江頼申候

金百疋は、二万円弱と回向料としては高額。徳寿性（上）人は、どこの高僧か分からないが、勇助方に、わざわざ頼んだことから、八事山興正寺の僧侶の可能性がある。

父四十九日に四代妻三十三回忌

四月五日　四十九日法事　荘翁香巖信士　七七日正當
良向寺壱人　御斎　御布施　三百文　外ニ供壱人　三拾弐文　〆
同　奇峯妙雲信女（四代源兵衛妻・ひさ）三十三回忌　良興寺　御斎　御布施　三百文
私シ曰昨年十月ニ相當り候処　父病気甚タ王《わ》るく志《し》つ　ねん仕《つかまつる》相勤申候
呼　人　東ノ利兵衛　百文　向ノ五兵衛　百文　ふじや九平　百文　江どや安右衛門　百文
鍋兵　白銀壱つ　め壱匁　松喜両人　百文　白分　卯丸壱王　万久　百文　池半　百文
杉清　弐百文　馬久　百文　若善両人　弐百文　吹〆町清八　百文　向乙吉　百文
川忠両人　白銀一つ　め壱匁五分　若松屋善吉　百文　か春や善右衛門　百文
油屋八左衛門　弐百文　小供三人きり　はづ甚助　百文　行用清兵衛　百文
上町利吉　まんぢう百文　友国伊助　蝋そく壱王
香典　銭　弐〆（貫）文　卯丸　弐王《ママ》　白銀　弐匁五分（約三千百二十五円）
外ニ家内東とも拾三人　阿ん満文中壱人　蝋そく壱王
送り膳　性勒尼　於げん　飛しや忠右衛門　百文　万久　福泉寺　〆
御地走　一汁五菜　茶菓子付　私シ曰　けんやく年げん中ゆへ　手がるニ仕候
ちょさい人　利兵衛　半六　両人　礼　鼠たび壱そくツツ

弥三郎は、四代源兵衛・宇平の妻・ひさ（奇峯妙雲信女）の三十三回忌は、昨年十月だったが、父・

文助の病状が大変悪く、失念、今年に取り延べた、と述懐、父・文助の四十九日と一緒に営む。手軽と言うが、料理は一汁五菜で、呼び人も二十人以上と多い。

呼び人の油屋八左衛門は、西尾の鈴木八左衛門で、油屋を営んでいることが分かる。

四月五日　荘翁香巖信士　七七日正當

福泉寺　上ト宇　初七日ヨリ七七日迄　御布施　七百文　ト宇バ立ル　〆

同　妙雲信女　三十三回忌　ト宇バ立ル　御斎米料百文　御布施百文　〆

五月廿日　祥月　法道顕證信士（三代源兵衛）　釋尼妙思信女（三代源兵衛後妻・しな）

良向寺　御斎　御布施百文

父・文助の石塔立てる

五月廿日　（荘翁香巖信士）　石ト宇立ル

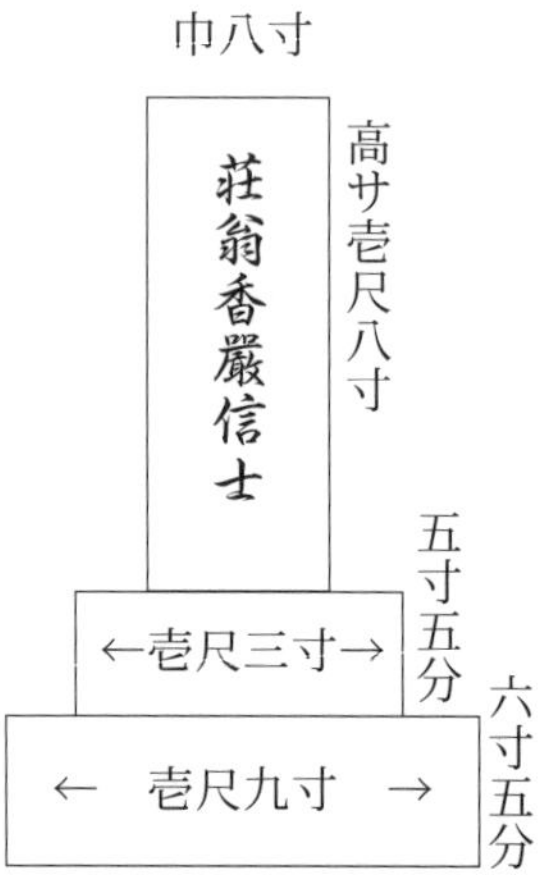

代金一両也

作人　岡崎板や町神屋敷　与七

（形状、大きさは現代の墓と殆ど変わらない）

五月廿七日　荘翁香嚴信士　百ヶ日
福泉寺　上卜宇　卜宇バ立ル　御斎米壱升代百文　御布施百文　蝋そく弐丁
同　荘翁香嚴信士　百ヶ日　良向寺　御斎　御布施　弐百文（約二千三百円）
呼　人　喜左衛門　百文　善兵衛　百文　〆　弐人切
外ニ利兵衛　送り膳　東　万兵へ（衛）ばゞさ　内義　三人
六月廿一日祥月　釋尼妙壽信女（宇平実母）　性勒尼上ヶ洞　御布施百文　蝋燭弐丁〆

五人のハコツを八事山に納める

七月廿日　香嚴信士　顕覺信士　妙貞信女　妙雲信女　妙安信士　〆五人　ハコツ
名古屋　八事山江納申候　私シ曰　次兵衛手前両人ニテ　回向料金百疋（金一分）

弥三郎は、東店の二代目治兵衛と二人で、父・文助、祖父・治兵衛、祖母・ちせ、祖母・ひさ、父・文助の弟・治作の五人のハコツを八事山興正寺に納め、回向料金百疋を差し出した。ハコツとは何か。〝破骨〟で、遺骨の一部（骨の破片）と思ったが、違うようだ。郷土史家の故鈴木悦道・花岳寺老師は、〝歯骨〟、つまり歯の骨である、と言う。

八月廿六日　釋顕誓（二代源兵衛）　釋朋《ママ》（明）安（五代源兵衛弟・治作）　祥月
良向寺　御斎　御布施百文（千百五十二円）〆
十月十日　奇峯妙雲尼（四代源兵衛妻・ひさ）祥月　良向寺　御斎　御布施百文
天保六（一八三五）乙未年二月七日　鐵翁《四代源兵衛》・志堅《宇平》居士　祥月　良興寺　御斎　御布施百文

父一周忌飾り配りも村外のみ

二月十三日　荘翁香嚴信士　一周忌　錺りくばり
ヲギ原糟谷林右衛門○九　蝋燭廿丁　ヲギ原糟谷友右衛門○九　ヲギ原糟谷弥助○九
トミダ糟谷善右衛門○九　トミダ糟谷庄兵衛○九　東城良向寺○九
西尾鈴木八左衛門○九　行用清兵衛○九　はづ林右衛門○九　〆米壱升
私シ曰　けんやく年限中由へ　飾りハ他所計り村方ハ見合申候

天保六年も倹約令が出ていたことが分かる。三年連続と考えられるが、文政十（一八二七）年以後、毎年出ていた可能性が大きい。以後も出続ける。

二月十七日　荘翁香嚴信士　一周忌正當
福泉寺　上ト宇　遠バ立ル　御斎米壱升　御布施百文　蝋そく弐丁　〆
二月十七日　荘翁香嚴信士　一周忌正當　性勒　上ト宇百まん遍ん　御布施　五百文

呼び人は二十一人

二月十七日　荘翁香嚴信士　一周忌正當　感光道榮《未二月廿六日》信士（初代源兵衛）祥月取越
良向寺御壱人　御斎　御布施　三百文　但シ祥月共ニ　御供壱人　三拾弐文〆
呼　人　新家喜左衛門両人　百文　新家清八両人　百文　若松屋善助両人　弐百文
若松屋善吉　百文　萬屋久五郎喜市壱人　百文　川崎屋於なき　百文　東ノ権平　百文

杉屋清蔵　白銀壱ツ　代壱匁五分　藤屋九平　百文　飛しや忠右衛門　なし　他行留ス
上町利吉　百文　池田屋平六　百文　江どや安右衛門　小蝋廿壱丁　他行断
すぎや乙吉　百文　左官久五郎　百文　なべや兵治　白銀壱ツ　代壱匁
行用清兵衛　百文　はづ林右衛門　百文　トミダ糟谷善右衛門　百文
とみよし安兵衛　百文　断御こし無く　〆人数　廿壱人
外ニ送り膳　性勒尼　利兵衛ば々さ於げん　江ど屋安右衛門　〆　外ニ家内東とも拾三人

「新家《にいのみ》」の一統に初めて名字が記載される。名字を名乗ることを許されたか。

献立も一汁七菜と豪華

献立　一汁七菜　茶菓子　御ぼろ弐ツ盛　壱人前代壱分出

平（セリ　長いも　丸阿け　志ゐ竹）　坪（長いも　きくらげ　ごぼふ　ちくバ（ちくわ？））　直　由《ゆ》り　志良阿《しらあ》へ　茶わん　とう婦　阿んかけ　臺引　三品計り　〆

勝手方　チヨサイ人　利兵衛　礼手拭壱筋　〃半六　是ハ礼仕事
万兵衛　林右衛門　清兵衛

諸色入用拂方　六〆（貫）百五拾九文　外ニ白米壱斗六升　代壱〆（貫）四百文

天保六年当時の白米の値段は、一升が約八十八文。

二十六人が列席し懺法講

二月廿三日　懺法講相勤申候

寺方　弐拾人　ぞく人　六人　〆人数　弐拾六人

右諸入用払方扣　一　五百七拾八文　扇屋米八　一　百廿六文　すぎや乙吉

一　壱〆（貫）七拾四文　若善　二月廿五日払

一　弐〆（貫）六拾九文　店勝手　諸式入用〆　惣〆　三〆（貫）八百四拾七文

内弐〆（貫）七百八拾三文　御施別　香料　二つ則入リ

引〆　壱〆（貫）六拾四文（約一万二千二百円）手前ゟ出金分　多し

母・松が四人で善光寺参り

天保六乙未三月十二日出立ニ而　松　由う　はづ甚助　外ニ於みし両都合四人

信州善光寺江参詣仕　四月四日七ツ時　無事帰宅仕候

弥三郎の母・松は、東店の万兵衛妻・由う、使用人の甚助、池田屋半六の妻・おみしの四人で、前立本尊の開帳に合わせ、善光寺へ参詣する。二十三日間の旅だった。天保六年は未年。前立本尊が開帳される丑年と未年は、特に霊験あらたか、という。

見舞い品は断ったが、とう婦、楚ば、まんぢう等を貰った十三人に紐、朱蝋、白蝋、ふでかご、まり、ひも、扇、五種香、筓などの土産品を配る。

吉良町史によると、文政七（一八二四）年、宮崎村のグループが善光寺に参詣した。他にも周辺の村々の参詣旅立ちを願う往来一札が多く残されている。また、荻原村の豪商・糟谷縫右衛門（五代重治、一七〇八年没）は生前、三十回余も参拝、灯籠を寄進した。

五月廿日　寛政三辛亥五月廿日　法道顕證信士（三代源兵衛）四十五年祥月
安永八丁亥五月廿日　釋尼妙思信女（三代源兵衛後妻）五十七年祥月
良向寺　御斎　御布施百文（約千百五十二円）〆
六月廿一日　安永二癸巳六月廿一日　釋尼朋《ママ》（明）壽信女（四代源兵衛実母）六十三年祥月
性勒尼　上銅　御布施百文　蝋燭弐丁〆
八月廿六日　宝暦二申八月廿六日　釋顕誓信士（二代源兵衛）八十四年祥月
文化十二亥八月廿六日　光譽朋（明）安信士（五代源兵衛弟・治作）廿一年祥月
良向寺　御斎　御布施百文（約千百五十二円）〆
十月十日　享和元辛酉十月十日　奇峯妙雲信女（四代源兵衛・宇平妻）三十五年祥月
良向寺　御斎　御布施百文〆

父・文助母の二十三回忌

十一月十三日　文政十癸酉十一月十三日　智憶明貞信女　廿三回忌
性勒尼　上卜宇　御布施百文〆

智憶明貞信女は、父・文助（五代源兵衛）の母・ちせ。冨田村の糟谷善右衛門家から嫁いだ。文化十（一八一三）年十一月十三日に死去した。

天保七（一八三六）丙申《ひのえさる》年二月七日　鐵翁志堅居士 文化四丁卯年二月七日 （四代源兵衛・宇平）　三十年祥月

良向寺　御斎　御布施百文　〆

父三回忌飾り配りは八人

二月十七日正當　天保五甲年　荘翁香嚴信士（五代源兵衛）　三回忌

二月十三日錺りくばり　東城良興寺○九　はづ林右衛門○九　ヲギ原糟谷林右衛門○十一

トミダ糟谷善右衛門○九　〃糟谷庄兵衛○九　西尾鈴木八左衛門○九　〆米八升

私シ曰けん屋く年限中《ねんげんちゅう》由《ゆ》へ　錺りハ他所計《ばか》り村方ハ見合《みあわせ》　申候別して當年相改《あいあらため》けん

屋くきびしく御座候

外ニ由かん人　利兵衛○九　利吉○九　〆

弥三郎は、今年（天保七年）、倹約令が特に厳しいとして、父・文助三回忌の飾り餅は、米八升で搗き、湯滝人の二人と、他村の六人に配っただけ。吉良町史によると、前年の天保六年は、七月の六日と二十一日に大風雨に見舞われ、出穂が擦れて痛み、不作となった。

呼び人は十八人

二月十七日　天保五甲午年　荘翁香嚴信士　三回忌

良向寺御壱人　御斎　御布施　三百文　御供壱人　弐拾四文　〆

呼　人　喜左衛門両人　百文　清八両人　百文　善助両人　弐百文　利兵衛　百文
半六　百文　清蔵　卯丸五己入二把　乙吉　卯丸壱把　九平　百文　萬屋久五郎　百文
飛し屋忠右衛門　百文　断送り膳　川崎屋於なぎ　百文　白分於りつ　百文　善吉　百文
左官久五郎　とう婦羽書八丁　兵治　白銀壱ツ代壱匁　トミダ善右衛門　百文
上町利吉　百文　はづ林右衛門　とう婦羽書五丁　〆　人数　拾八人
外ニ送り膳　性勤尼　江戸屋安右衛門　百文　東ノ於げん　〆外ニ　家内東とも拾三人
香典　壱〆（貫）五百文　外ニ四百六拾九文いろいろ　〆合　壱〆（貫）九百六拾九文
　献立　壱汁五菜　茶菓子　おぼろ　弐ツ盛
平　長いも　飛りよふす　いも
坪　ごぼう　長いも　きくらげ　志ゐ多け　かん飛やぅ（かんぴょう）
直　ゆり志ら阿へ　臺引　五品　〆
　勝手方　利兵衛　萬兵衛　外ニ里ん可衆　〆
諸式買物入用扣　六〆（貫）弐百参拾九文　外ニ白米八升　代七百文
弥三郎は、「今年は倹約が特に厳しい」と言いながら、斎の呼び人は十八人と多く、料理も通例の一汁五菜で、特別倹約したとは思えない。白米の値段は、一升が約八十八文で、前年と変わらない。
二月十七日　天保五甲午二月十七日　荘翁香巌信士　三回忌
　福泉寺　上卜宇　卜宇バ立ル　御斎米壱升　御布施百文（約千百五十二円）　蝋燭弐丁

弥三郎が乙川村・喜兵衛娘と結納

二月十九日吉日　當家六代目源兵衛　乙川村喜兵衛殿縁《えんだん》但仕候ニ付

今般結納遣シ申候　仲人惣兵衛喜左衛門殿　両人

一　五本入扇箱　のし　こん婦　春こ婦　寿留女

一　飛かのこちりめん婦り袖　一　京錦巻物一本　一　機綢《きちよう》（几帳）一対

一　家内喜多留壱荷　〆　七種仕候　雑用凡金七両

呼　人　喜左衛門　伊勢惣　利兵衛　半六　清蔵　乙吉　九平　飛しや忠右衛門　断病キ

若善　なべ兵　萬久　川崎や忠八　善吉　白分　清八　〆　拾五人

外ニ勝手　馬久　利兵衛　千次門（千次右衛門）　彦兵へ（衛）　万兵へ（衛）　〆

父・文助の三回忌を終え、一段落したのだろう。弥三郎は、本家・松屋喜左衛門、伊勢屋惣兵衛を仲人に立て、幡豆郡乙川村（西尾市吉良町）の大竹喜兵衛の娘と、結納を交わす。勝手方の彦兵衛は横手村出の使用人。費用は、全部で約七両（約五十二万五千円）。

二月廿六日　正徳二壬辰年　感光道榮信士（初代・弥四郎）百廿六年祥月

良向寺　御斎　御布施百文（約千百五十二円）

五月廿日　寛政三辛亥五月廿日　法道顕證信士（三代源兵衛・源右衛門）四十六年祥月

安永八丁亥五月廿日　釋尼妙思信女（三代源兵衛後妻）五十八年祥月

良向寺　御斎　御布施百文　〆

六月廿一日　安永二癸巳六月廿一日　釋尼朋（明）壽信女（四代源兵衛・宇平実母）　六十四年祥月

性勒尼　上ケ銅　御布施百文　蝋燭弐丁　〆

藤次郎妻の百回忌

八月十日　元文二丁巳年八月十日　量法貞壽信女　百年回忌

福泉寺　上ト宇　遠バ立ル　御斎米壱升　御布施百文　蝋燭弐丁　〆

量法貞壽信女は、〝萬屋歴代の仏〟によれば、藤次郎女房。元文二（一七三七）年八月十日に死去した。夫の藤次郎は、十年後の延享四（一七四七）年の死去。藤次郎は、宝暦（一七五二）二年に死去した二代源兵衛の弟であろうか。

今回も百回忌にしては質素な法事で、ほぼ祥月並み。吉良町史にある前年の不作、今年五月十日までの大風雨による作物の吹き損の影響だろうか。百回忌三日後の八月十三日には、近年稀な大風雨が襲い、多くの居宅が破損する。

八月廿六日　宝暦二申八月廿六日　釋顕誓信士（二代源兵衛）八十五年祥月

文化十二亥八月廿六日　光譽朋（明）安信士（五代源兵衛弟・治作）廿二年祥月

良向寺　御斎　御布施百文（約千百五十二円）〆

十月十日　享和元辛酉十月十日　奇峯妙雲信女（四代源兵衛妻・ひさ）三十六年祥月

良向寺　御斎　御布施百文　〆

天保八（一八三七）丁酉《ひのととり》年二月七日　文化四丁卯年二月七日　鐵翁志堅居士（四代源兵衛・宇平）三十一年祥月

良向寺　御斎　御布施百文　〆

父命日に初代祥月法事も

二月十七日　天保五甲午二月十七日　荘翁香嚴信士（五代源兵衛・文助）四年祥月
　良向寺　御斎　御布施百文　〆
　　正徳二壬辰二月廿六日　感光道榮信士（初代源兵衛・弥四郎）百廿七年祥月
良向寺　御斎　御布施百文　〆
私シ曰當月八廿六日差シ合　御座候ニ付十七日香嚴祥月　と弐ツ一緒ニ取こし相勤申候

弥三郎は、今年の二月二十六日の初代・弥四郎（感光道榮信士）の祥月命日は、差支えがあるとして、二月十七日の父・文助（荘翁香嚴信士）の祥月命日に、一緒に法事を営む。

五月廿日　寛政三辛亥五月廿日　法道顕證信士（三代源兵衛・源右衛門）四十七年祥月
　　安永八丁亥五月廿日　釋尼妙思信女（三代源兵衛後妻・しな）五十九年祥月
良向寺　御斎　御布施百文（約千百五十二円）〆
六月廿一日　安永二癸巳六月廿一日　釋尼明壽信女（四代源兵衛実母）六十五年祥月
性勤尼　上ケ銅　御布施百文　蝋燭弐丁　〆
八月廿六日　宝暦二申八月二十六日　釋顕誓信士（二代源兵衛）八十六年祥月
　　文化十二亥八月廿六日　光譽朋（明）安信士（五代源兵衛弟・治作）廿三回忌
良向寺　御斎　御布施百文　〆　私シ曰年忌法会ハ治兵衛方ニ而相勤メ候

光譽明安信士は、父・文助の弟・治作。東店当主・治兵衛方の仏なので、二十三回忌は、治兵衛（万兵衛）方で勤め、弥三郎は、二代源兵衛の祥月だけを勤めた。以後同断。

弥三郎が道明けで参上

九月廿一日吉日　當家六代目源兵衛乙川村喜兵衛殿江　聟入相済不申居《あいすましもうさずおり》候ニ付則今般道明ニ
参上仕候　當人　源兵衛廿四歳　仲人　喜左衛門　親類　善助
　見屋げ物則左之通り
源兵衛　若樽　壱荷　肴　かつぶし五本壱かご　外ニ足袋弐そく　下男　下女
善助　若樽　壱荷　　但し仲人ニハ見屋げ物一切なし

弥三郎は、この日、大竹喜兵衛方に婿入りを済ませたとして、道明けに参上する。結納から一年七ヶ月後になる。仲人の喜左衛門を伴い、若樽等の土産を持って、若松屋善助と喜兵衛方を訪れる。

宇平妻・ひさの三十七回忌

十月十日　享和元辛酉十月十日　奇峯妙雲信女（四代源兵衛・宇平妻ひさ）三十七回忌
　良向寺御壱人　御斎　御布施　三百文　御供壱人　廿四文〆
呼　人　喜左衛門　百文　清八　百文　善助　百文　忠八　百文　白分　百文
利兵衛　さつまいも　代凡五六十文位　萬久　百文　キ一弐ばん膳　上町利吉　里いも壱升五合〆
外ニ送り膳　利兵衛内於げん　性勒尼　若善隠居　外　家内両家ニ而拾三人
私シ曰凶作ニ付ケンやく年限中故　隣家之外親類も阿らまし　よび申候則右通り

一汁三菜　勝手勤候　利兵衛　万兵衛
平　丸阿げ　みずな　志ゐ竹　寿《す》こぶ　かん飛やう
坪　いろいろ　皿　爾《に》寿《す》王《わ》（あ）へ　茶菓子　まんぢう七ツ盛
皿の〝爾寿王へ〟は〝煮酢和《あ》え〟。三河（愛知県）の郷土料理と言われる。

飾り配りは二ヶ所のみ

錺りくばり　良向寺　〇九　若善隠居　〇九　〆
私シ曰ケン屋く年限中故かざり堂之　内《うち》ハ一切出シ不申候尤他所までも　屋《や》める取極なし
十月十日　享和元辛酉十月十日　奇峯妙雲信女　三十七回忌
福泉寺　上ト宇　遠バ立ル　御斎米壱升　御布施百文　蝋燭弐丁　〆

吉良町史によれば、天保八年は、八月十三、十四日大風雨、大烈風で居宅十七軒、小屋六軒が潰れ、本囲堤が出水、前年に続き凶作となった。災害は三年続きだ。
なお、送り膳先に〝利兵衛内於げん〟とあるが、以前に〝利兵衛ば々さ〟なる記載があった。〝内〟とは、内儀の意味ではなく、利兵衛の家の者という意味と考える。

諸式買物入用覚　一　七百文　若善払　一　弐百八拾五文　扇屋米八払
一　百廿四文　川清　酒四合　〆壱〆（貫）百九文　外ニ白米七升五合

天保九（一八三八）戊戌《つちのえいぬ》年二月七日　鐵翁志堅居士《文化四丁卯年二月七日》（四代源兵衛・宇平）三十二年祥月
良向寺　御斎　御布施百文（約千百五十二円）〆

二月十七日　天保五甲午二月十七日　荘翁香嚴信士（五代源兵衛・文助）五年祥月
良向寺　御斎　御布施百文　〆
正徳二壬辰二月廿六日　感光道榮信士（初代源兵衛・弥四郎）百二十八年祥月
良向寺　御斎　御布施百文　〆
私シ曰　當日廿六日ハ慶事前ニ而　せ王《わ》しく由へ　香嚴祥月と十七日ニ
取越いつてニ相勤申候

〝いつて（いって）〟は、一度の意で、弥三郎は、「慶事前で忙しい」と言って、前年同様、二十六日の初代の法事は、父の祥月命日の十七日に繰り上げ、一度に勤めた。

弥三郎が喜兵衛娘・せつと婚礼

二月晦日　婚禮控　當家六代目源兵衛　俗名弥三郎　廿五才　嫁せ津　廿才
乙川村ヨリ御客御入来　人数左ニ印シ置申候
喜兵衛　同内室りと　同子供衆峯次郎　駒場政右衛門内室　乙川親類桝右衛門
下河原平六　駒場隨縁寺　仲人老母　松屋喜左衛門　同内室
外ニ御供男女　〆拾弐人　私シ曰三ツ目共ニ仕候
私シ曰凶作けんやく年限中由へ　飾ハ断申喜兵衛殿計り一荷参り　親類衆ハ断申候
二月廿九日　白木長侍（持）来ル　但し　よぎ（夜着）ふとん入いろいろ
右ハ男弐人ニ而持参り　引手　三百文つ々弐人江遣ス　焼物代　弐百文つ々弐人江遣ス

凶作で倹約年限中だとして、弥三郎は、婚礼から三日目の祝いも婚礼と一緒に行い、飾りも断り、妻の実家からの夜着・布団が入った一荷・白木の長持だけを受け取る。

取持客等約七十人が列席

村方取待（持）客扣　寿ぎや清蔵　藤屋九平　若松屋善助　若松屋善吉　川崎屋忠八
白分　吹〆町清八　いせや惣兵衛　なべ屋兵次　トミダ善右衛門　是ハ断不参
トミダ善右衛門内室　黒野次太夫　池田屋平六　なべ屋於つる　白分於りつ
於うた　ふじ屋於屋へ　〆
取待（持）方　権平　すぎや乙吉　次郎兵衛　馬久　上町利吉　西ノ忠兵衛　忠八倅和吉
料利方　上町惣助　相添千次右衛門　林右衛門　〆
働キ方　下男助右衛門　下女けい　松喜下女　〆
きうじ人　若善子蔵　内ノ小蔵栄吉　万久又助　〆惣　人数凡七拾人也

献立は一汁三菜念入り仕立て

御地走献立　一汁三菜念入仕立
一　御酒　一　のし　一　鳴臺　一　木綿煮　一　まき寿るめ　一　貝吸物〆
一　可ん直し御酒　一　吸物　ぼらセ切　みそ
一　硯婦多　か満《ま》ぼこ　玉子　か王竹　なし　小ぐしアゲ　くねんぼう（九年母）

一　大平　切身さ可な　阿んかけ　一　吸物　寿《す》まし　切身　一　丼　見合物
一　さしみ　一　御持参飛じき中酒引物兼テ　切身　寿《す》し　長いも　連んこん　ごぼう〆
一　坪　のつ遍い　一　平　竹の子　長いも　こ婦《ぶ》　志ゐ竹　うど
一　皿　いけ盛　一　ちょく　金子《きんし》ごんぼ阿へ　〆
一　焼物　かつぶし七寸分位一本ツ々
一　茶菓子　三つ盛　白おぼろ　よふ可ん　餅く王し　〆
私シ曰御地走之義當時ハ凶作相續キ　候由へけん屋く年限中ゆへ一汁三菜
外仕為度兼《たくかねて》御上様ゟ申候　弥出《いよいよだし》候処　此度ハ一汁三菜とハ申物之《もうすものの》大ヰニ
おごり申候　是ハりん可（隣家）と申取持　一まかせ置候《おきそうらえ》得ば致之方無《いたしかたなく》候
引で物　三百文　壱包　焼物代　弐百文　壱包　壱人前ニ付五百文つ々遣申候〆

天保六年から四年続きで凶作

弥三郎は、凶作が続いており、倹約年限中のため、上様（水野出羽守）より御馳走は一汁三菜以外作らない旨を言い渡されているが、出すにあたっては、一汁三菜と言うものの、大いにおごった。これは取り持ちの隣家に任せたので、仕方ない事である、と言う。

吉良町史によると、凶作は、天保六年から四年連続で、上下横須賀村は、納め高を見直してほしいという、検見願いを大濱陣屋に出した。

喜兵衛殿　志由と廻り　家数扣

役人衆（庄屋）喜左衛門（組頭）分蔵　長右衛門　次太夫（百姓代）吉兵衛　九郎左衛門
福泉寺　源徳寺　甚太夫　兵次　万久　いせ惣　志んるい　若善　善吉　川忠　清八
りん可　権平　半六　馬久　清蔵　阿王《わ》や　乙吉　次郎兵衛　九平　忠兵衛
右見屋げ物　山高（扇子）一本つ々　〆　案内　丁内源九郎殿　〆
お袋殿　廻り　案内　次兵衛方ちせ　〆
隣家衆　志んるい衆　見やげ物ハ仲人計りへ　く王《わ》し（菓子）袋一ッつ々持参
妻せつ　守送り　一通　〃村送り　一通　〆弐通
庄屋喜左衛門殿へ相納メ申候　良興寺へ嫁入之砌《みぎり》爾《に》相納メ申候

弥三郎妻・せつのお袋さん廻りの案内をした、ちせは、父・文助の母・ちせではない。次（治）兵衛もまた、父文助の父・治兵衛ではない。萬屋東店は、代々治兵衛を名乗るので、この治兵衛は二代目。二代目の妻も偶然、初代の妻と同じ名前だった、と考えるしかない。

また、せつの〝守送り〟と〝村送り〟は、提出先が異なるだけで、いずれも嫁入りに必要な「宗門人別帳」と考えて間違いない。

嫁廻り土産は半紙や風呂敷

三月朔日　嫁廻り　丁内不残　源徳寺　福泉寺　甚太夫　親類衆不残　〆
右見やげ物ハ　仲人弐人江ハ　上し　風呂敷　一ッつ々弐ツ
りん可衆へハ　風呂敷　一ッつ々六ツ　役人衆へハ　上半紙　弐上つ々

其外へハ　半紙弐上つ々
三月四日　良向寺　く王し袋壱ツ　キダ喜兵衛　上半紙弐丈
下平六　半紙弐上　す次左衛門　上半紙弐丈　トミダ善右衛門　半紙弐上
ヲギ原林右衛門　風呂敷壱ツ　ヲギ原友右衛門　半紙弐上　〆
右何連《いずれ》も嫁見やげ物ハ　喜兵衛殿ゟ出候分取り可へ　取かへ物ニ御座候

婚礼費用は約十四両

婚礼諸用拂方扣として、二月廿七日から婚礼のために買った食料品の購入費、引手等への心付、仲人に対する礼物の金額等が列記される。そして、最後が次に記す町内と役人に対する酒代である。弥三郎は先年、酒を出して断られ、当年この方は酒代となった、と言う。

四月朔日　一　金壱両壱分（約九万五千円）　丁内酒代　使《つかい》　権平　半六　喜代助
私シ曰先年ハ丁内祝ニ参り　断里酒出シ候処當年此方取極　酒代相成申候
一　金三分（六万円弱）　役人衆酒代
〆　右同断
婚礼入用分　惣　〆金拾四両壱分三朱ト五拾九文

結局、萬屋が負担した弥三郎・せつの婚礼費用は、およそ金十四両壱分三朱（約百八万五千円）だったことが分かる。

四十五人から祝いの金品

婚礼祝儀受納扣　弥三郎は「祝儀物ハ一切断ニ候得共内々ニ而　受納候分ハ左ニ印申候」と、但し書きし、四十五人から寄せられた祝いの金品を受け取る。

物品は、酒が最も多く十八人から一〜二升、とふ婦四人、風呂敷三人、まんぢう三人、山高扇子箱二人、茶めし二人、阿さり二升五合、阿由《あゆ》肴十四、餅、かつ婦し二本、ぶら丁ちん等。金銭は二朱で、いずれも親類の若松屋善助、若松屋於うた、吹貫町清八、本町喜左衛門の四人が寄せた。

三月十三日行　〃十七日帰ル　於せ津　乙川江新きやく（客）相済不申　此度遣し候

當人　母壱人　こぎ壱人　於ちせ壱人　〆

私シ曰於てる殿ハみもち由へ　断り被成《なされ》不参候

みやげ物　ぢきろう（食篭）入餅　壱荷　〆　外ニ東三人江　手拭壱筋つゝ

こぎは、弥三郎妹、於ちせは東店・治兵衛の妻、於てる殿は、弥三郎・せつの仲人を務めた本家・松屋喜左衛門の内室である。

妻・せつが帯直し

三月廿一日　吉日　於せつ　乙川喜兵衛殿於袋殿　帯の直し御入来

則　呼　人　乙川於袋殿　於てる殿　ば々さ　〆三人

外ニ供壱人引手弐百文遣シ候　餅外イ《ほか》（居）壱荷御持参　白木め《も》ん壱切帯代弐朱包

御地走　御酒　御膳　一汁五菜　料利人　下男助右衛門　於その

坪（とふ婦　ごぼう　志ゐ竹）　平（長いも　丸阿げ　王《わ》らび）　皿　いけ盛　三つ丼　焼とふ婦

餅くばり　弐ツつ々　乙吉　利兵衛　半六　次兵衛　清蔵　忠兵衛　万久

いせ惣　若善　善吉　河忠　喜左衛門　白分　清八　トミダ善右衛門　下男

外居は食べ物を運ぶ器。料理人の一人、於そのは前述したが、寛政三年死去した三代源兵衛・源右衛門（釋顕證）の世話をした日雇いの平原村（西尾市）出の女性で、宇平に仕事ぶりが認められ、常勤となり、その後、東店に移り、勤め続ける女性と言えよう。

寛政三（一七九一）年に仮に十五歳だったとすると、六十二歳。呼び人の〝ばゝさ〟は、於そのであろう。於そのは翌天保十年、〝東ノばゝさ〟の注釈があるから辻褄が合う。

せつが男児を死産

四月四日夜九ツ半時（午前一時頃）男子出産　尤死去仕候子出申候

死産だったが、四月十三日までに十二人から次のような祝い品、見舞い品が寄せられる。

一　茶めし　切多め入壱機　但シ凡壱升五六合　伊勢惣　一　婦（麩）壱袋　同人
一　せんべ　凡五十枚　萬久　一　菓子　まつかぜめが年《ね》　壱袋　吹〆町清八
一　まんちう　百文　下川原平六　一　於ぶ餅　切多め入壱機　大竹喜兵衛
一　まんぢう　百文　池田屋半六　一　ぼ多モチ　切多め入凡弐升　まつや喜左衛門

一　うどん　弐ろじ　若松屋善助　一　まんぢう　百文　丁内善吉
一　まんちう　百文　河崎屋忠八　一　同　上町利吉　一　同　馬久

〝於ぶ餅〟とは何か。愛知県大府市の名産品〝おおぶ餅〟か。それとも、お麩餅の意か。いずれにしても、現在の麩饅頭の類であろう。

四月五日　右小児死去　法名釋了證童士
良興寺　御壱人　御布施　三百文　但し灰そう兼テ　供壱人　廿四文　〆
利兵衛　忠兵衛　九平　杉清　次兵衛　乙吉　半六　〆
但し一汁一菜　者《は》ち者《は》い（八杯）とふ婦《うふ》　香典　壱朱　大竹喜兵衛

萬屋東店主の二代目・次（治）兵衛は、今回が最後の登場である。この後、三代目治兵衛（万兵衛）に店主を譲り、隠居したと考えられる。この後も、〝次兵衛方の仏〟なる文言があるが、東店の仏という意味で使っているようだ。

八杯豆腐は、細く薄く拍子木状に切った豆腐を、水四杯、醤油二杯、酒二杯の割合で混ぜた汁で煮た料理。水、醤油、酒の割合が合わせると八杯になるので、そう呼ぶが、水六杯、醤油、酒各一杯で、合わせて八杯とする説もある。

死産男児の七夜を祝う

四月十日　七夜ニ相當り候処　子供死去致シ産《うまれ》候ゆへ　聊《いささか》心祝ひ仕《つかまつり》寿満《すま》し申候
阿ら子ばばさ於き王《わ》　まつや於てる　いせや於とみ　〆三人切

壱汁三菜　料利人　手前下男助右衛門
阿ら子於き王　と屋げば々さへ之礼物
金弐百疋（四万円弱）　外ニ　弐朱包　大竹喜兵衛殿ゟ来ル
右　いつてニ遣し申候
私シ曰　餅遣ス者づな連共《はれども》　死去致出産由へ　祝ひもちなし

弥三郎は、死産の子の七夜祝いをする。産婆・きわ、仲人の松屋内室・てる、同伊勢屋内室・とみの三人を招き一汁三菜でもてなす。無念だが、せっかく生まれてきた子なので、七夜祝いをしたのであろう。弥三郎の筆舌に尽くし難い胸の内が察せられる。

四月十日　天保九戊戌四月四日　釋了證童士初七日　良向寺　御斎　御布施百文

五七日法要を三七日に営む

四月廿四日　天保九戊戌四月四日釋了證童士　三七日正當
良向寺御壱人　御布施百文　私シ曰三十五日ハ差合《さしあい》旦那寺有之　取こし申候

死産だった妻・せつ第一子の三十五（五七）日法要は、お寺に支障があり、二週早めて営む。

五月廿日　寛政三辛亥五月廿日　法道顕證信士（三代源兵衛・源右衛門）四十八年祥月
　　　　　安永八丁亥五月廿日　釋尼妙思信女（三代源兵衛後妻・しな）六十年祥月
良向寺　御斎　御布施百文（約千百五十二円）〆

六月十五日　天保九戊戌四月十日　釋了證童士　百ケ日正當

性勒尼　上ヶ銅　御布施百文　蝋燭弐丁　〆

六月廿一日　安永二癸巳六月廿一日　釋尼明壽信女（四代源兵衛実母）六十六年祥月

性勒尼　上ヶ銅　御布施百文　蝋燭弐丁　〆

八月廿一日　宝暦二申八月廿六日　釋顕誓信士（三代源兵衛・源右衛門）八十七年祥月

文化十二亥八月廿六日　光譽朋（明）安信士（五代源兵衛弟・治作）廿四年祥月

良向寺　御斎　御布施百文　〆

十月十日　享保元辛酉十月十日　奇峯妙雲信女（四代源兵衛妻・ひさ）三十八年祥月

良向寺　御斎　御布施百文　〆

せつの帯直しで御袋再来

天保十（一八三九）己亥《つちのとい》年正月廿三日　乙川喜兵衛殿於袋様帯直し御入来

則よび人　乙川於袋様　東ノばゞさ於その　外ニ下女壱人　引手百文遣候　〆三人

餅　切多《きりた》め入大　壱機　外ニ白木《も》めん弐尺壱切事

餅くばり　喜左衛門　阿らこ吉十　惣兵衛　万兵衛　〆四軒

せつの二度目の帯直しは、死産の第一子出産の九ヶ月後になる。呼び人の一人は〝東ノばゞさ於その〟。したがって、前年の天保九年の帯直しの際の呼び人の〝ばゞさ〟は、於そのと見て、間違いなかろう。祝いの餅は、仲人の松屋喜左衛門と伊勢屋惣兵衛、産婆・きわの実家である荒子の吉十、東店の万兵衛の四軒に配る。

せつが再び男児を死産

二月三日　昼正五ツ時（午前八時頃）　於節《おせつ》男子出産致　尤子供死去致シう満《ま》連《れ》申候
右と屋げば々さ　阿ら子　於き王《わ》さ　礼物左ニ印
金弐百疋（四万円弱）ば々さ礼　外ニ弐朱包（一万円弱）大竹喜兵衛殿ゟ来ル　〆
私シ曰　此外ニ餅遣スはづな連《れ》共《ども》　子供死去候由へ　祝ひも（ち）ハやメなし
右諸々ゟ見舞品受納扣　一　津満みせんべ以　ぜんに壱はい　阿ら子ば々さ
一　ぼ多もち　弐重　東ノ利兵衛　一　満んぢう　百文　本町喜左衛門
一　於ぶ餅　切多め入壱機　乙川大竹喜兵衛　一　菓子袋　壱ツ　川崎屋忠八
一　そうめん　拾壱王《わ》　若松屋善助　一　せんべ以　壱袋　萬久
一　そうめん　七王　若松や善吉　一　とふ婦　羽書七丁　下川原平六〆
二月三日　右子供死去法名　釋遊園童子　葬式
良向寺　御壱人　御供壱人　〆　御布施　三百文　但し灰そう兼テ　供　廿四文

死産男児初七日に四代三十三回忌

二月七日　釋遊園童士初七日　取越　良向寺　御壱人　御布施百文
二月七日　文化四丁卯二月七日　鐵翁志堅居士（四代源兵衛・宇平）三十三回忌
良向寺　御壱人　御斎　御布施　三百文　御供壱人　廿四文　〆

呼　人　本町喜左衛門壱人　百文　吹〆町清八壱人　百文　差合断　膳送り申候
本町分蔵壱人　百文　東利兵衛壱人　百文　若松屋善助壱人　百文　他行断　送り膳遣し申候〆
外ニ送り膳　万久　河忠　百文　性勒尼　権平御袋於げん　家内両家拾三人
一汁三榮（菜）　勝手方　東ノ利兵衛　下男助右衛門
私シ曰けんやく當年きびしく　故親類隣家衆もよび不申阿らこ　の子よび申候
弥三郎は、今年は倹約が厳しく、親類隣家衆も呼ばず、荒子の子を呼んだというが、親類は呼んでいる。荒子の子とは、吉十（重）のことであろう。

飾り配りは村外四軒

鎊くばり扣　良向寺○九　糟谷林右衛門○十一　ろうそく廿丁
大竹喜兵衛○十一　糟谷善右衛門○九
私シ曰けんやく故堂之内くばり　物一切なく他所迄も遣し
不申取極《とりきめ》候得共内ニて両三けんも　遣し置申候
二月七日　文化四丁卯年二月七日　鐵翁志堅居士　三十三回忌
福泉寺　上卜宇　遠バ立ル　御斎米壱升　御布施百文　蝋燭弐丁
二月十七日　天保五甲午二月十七日　荘翁香嚴信士（五代源兵衛・文助）六年祥月
良向寺　御斎　御布施百文（約千百五十二円）〆
二月廿六日　正徳二壬辰二月廿六日　感光道榮信士（初代源兵衛・弥四郎）百二十九年祥月

良向寺　御斎　御布施百文　〆　私シ曰當月廿六日ハ余り　當月数多ク御座候ニ付
當月十七日香嚴祥月と　いってニ相勤メ申候

二月は七日に死産男児・初七日と祖父・宇平の命日、十七日に父・文助、二十六日に初代・弥四郎の命日と仏事が多いため、弥三郎は十七日の父の祥月命日に、初代の祥月法事を一緒に営んだ。

三月七日　天保十己亥二月三日　釋遊園童士　五七日正當　良向寺　御斎　御布施　弐百文〆

童子一周忌に続き百ヶ日

四月五日　天保九戊戌四月四日　釋了證童子　一周忌
性勒尼　上卜宇　御布施百文（約千百五十二円）　蝋燭二丁〆
五月十二日　天保十己亥二月三日　釋遊園童子　百ヶ日正堂
良向寺　御斎　御布施　弐百文（約二千三百円）
五月廿日　寛政三辛亥五月廿日　法道顕證信士（三代源兵衛・源右衛門）四十九年月
安永八丁亥五月廿日　釋尼妙思信女（三代源兵衛後妻・しな）八十一年祥月
良向寺　御斎　御布施百文　〆　私シ曰　五月十二日いって　取こし相勤メ申候

五月も仏事が多く、弥三郎は、死産の童子の百ヶ日に当たる十二日に、曾祖父と曾祖父後妻の祥月法事を繰り上げて、一度で営んだ。

六月廿一日　安永二癸巳六月廿一日　釋尼明壽信女（四代源兵衛・宇平実母）
性勒尼　上ケ銅　御布施百文　蝋燭弐丁　〆

八月二十六日　宝暦二申八月廿六日　釋顕誓信士（二代源兵衛）八十八年祥月
文化十二亥八月廿六日　光譽妙安信士（五代源兵衛弟・治作）廿五年祥月
良向寺　御壱人　御斎　御布施百文　〆
十月十日　享保元辛酉十月十日　奇峯妙雲信女（四代源兵衛妻・ひさ）三十九年祥月
良向寺　御壱人　御布施百文　〆

せつ三度目は女児死産

十一月三日　夜正九ツ時（午前零時頃）於せつ女子出産仕　尤死去致しうま連《れ》申候
右とやげば々さ　阿ら子吉十殿於き王《わ》　礼物左ニ印
一　金弐百疋（四万円弱）　阿ら子ば々さ於き王礼
私曰　此外ニ餅遣ス者《は》づな連《れ》共　子供死去仕候由へ祝ひなし
一　弐朱包（一万円弱）　同人　大竹喜兵衛殿ゟ御袋御持参
右諸々ゟ見舞品　受納左ニ扣置申候
一　満んぢう　羽書百文　まつや喜左衛門　一　菓子袋壱ツ　吹〆町清八
一　茶めし　切多め（溜）入弐升余　若松屋善助
一　於ぶもち　切多め入壱機　乙川喜兵衛　一　せんべい　ぜん壱はい　阿ら子ば々さ〆
右小児　法名枝芳童女　福泉寺　上洞《ママ》ニテ相勤申候　御布施　三百文
亥五月五日ヨリ子正月十一日迄　同初七日ヨリ七七日迄

福泉寺　上洞　御布施　三百文（約三千四百五十六円）御斎米壱升

天保十一（一八四〇）庚子《かのえね》年二月七日　鐵翁志堅居士 文化四丁卯年二月七日（四代源兵衛・宇平）三十四年祥月

良向寺　御壱人　御斎　御布施百文（約千百五十二文）〆

二月十七日　天保五甲午二月十七日　荘翁香嚴信士（五代源兵衛・文助）七回忌

福泉寺　上納　遠バ立ル　御斎米壱升　御布施百文　蝋燭弐丁　〆

父七回忌飾り配りは七軒

二月十七日　天保五甲午二月十七日　荘翁香嚴信士　七回忌

二月十五日　錺りくばり　良向寺〇九　糟谷林右衛門〇十一　小蝋三十丁

乙川大竹喜兵衛〇十一　はづ林右衛門〇九　トミダ糟谷善右衛門〇九

外ニ由可ん人　東ノ利兵衛　上町利吉　〆米六升

私シ曰けん屋く年限中故　かざりくばり他所計り　村方ハ見合一切出シ不申右　志《こころざし》

ゆ可《か》ん人《にん》両人江ハ遣し候

弥三郎は、倹約年限中だとして、飾り配りは村外五ヶ所だけとした。ただし、湯灌人二人には、志として配った。

呼び人は十二人

二月十七日　天保五甲午二月十七日　荘翁香嚴信士　七回忌

良向寺御壱人　御斎　御布施　金百疋　但シ三歩《ママ》（部）経上ケ申候　御供壱人　弐拾四文
呼　人　喜左衛門　百文　若松屋善助　百文　川崎屋忠八　百文　白木屋文蔵　百文
く王《わ》しや清八　百文　萬久　百文　乙川喜兵衛　百文　トミダ善右衛門　百文
上町利吉　百文　東ノ利兵衛　百文　東ノ万兵衛　なし　はづ林右衛門　百文　内義参り候
外ニ送り膳　利兵衛於袋於げん　丁内福泉寺　性勤尼　留ス由へ遣不申
外ニ　東ノ共ニ家内拾四人

萬屋の家内は、これまで東店と併せて十三人だったが、一人増えた。送り膳をした於げんは、利兵衛お袋とあり、呼び人で、勝手方・利兵衛の母親である。

献立一汁五榮（菜）　茶菓子　三つ盛ニテ代三分　勝手方　利兵衛　下男助右衛門

平（長いも　志ゐ竹　寿《す》こ婦《ぶ》　ちく王婦）
皿（大こん　みしま　人じん　連んこん　竹　寿りみ）
直　かき　志ら阿へ
坪（里いも　きくらげ　ちく王《わ》婦　人じん　こぼう）
臺引（ごぼう　せんべい　連んこん）

二月廿六日　正徳二壬辰二月廿六日　感光道榮信士（初代源兵衛・弥四郎）百三十年祥月
良向寺　御斎　御布施　百文〆　私シ曰　香嚴年忌いつてニ取越相勤申候

今年も、父の文助の年忌に併せて、先祖の祥月法事を繰り上げて一度で勤めた。

三代五十回忌呼び人は九人

五月廿日　寛政三辛亥五月廿日　法道顕證信士五十年（三代源兵衛・源右衛門）五十回忌
福泉寺　上納　遠バ立ル　御斎米　壱升　御布施百文　蝋燭弐丁　〆
性勒尼　上納　百万遍ん志　青銅　五拾疋（五百文＝約五千七百五十円）〆
良興寺御壱人　御斎　御布施　三百文（約三千四百五十六円）御供不参　〆
呼　人　喜左衛門　百文　忠八　百文　清八　百文　若松屋善助　百文
白分　百文　万久　百文　万兵衛　なし　利兵衛　百文　利吉　なし〆
外ニ送り膳　利兵衛於袋於げん　性勒　留ス由へ遣シ不申
　家内東共ニ〆拾四人　〆
献　立　うどん　平（丸阿げ　寿こ婦　ごぼう）　後だん寿い物（志ゐ竹　まめ）
〆　三ツ丼　酒出シ申候　茶く王し　ちどりまんちう七ツ盛
勝手働キ　東ノ利兵衛　下男助右衛門　両人　相添　東　おその　ちせ　〆

飾り配りは二ヶ所

錺りくばり　大竹喜兵衛○十一　良向寺○十一　〆

私シ曰けん屋く年限中故　少し遣シ外へハ見合申候

弥三郎の曾祖父に当たる三代源兵衛・源右衛門の五十回忌は、斎の呼び人が九人と少ない。利兵衛、利吉以外は、親類や萬屋一統である。

勝手方に添えられた、ちせは東店の二代目治兵衛嫁、おそのは、〝東ノばゝさ〟の表現がある東店の使用人。そして、飾り配りは、倹約年限中だとして、わずか二ヶ所に過ぎない。

六月廿一日　安永二癸巳六月廿一日　釋尼朋（明）壽信女（四代源兵衛・宇平実母）六十八年祥月

性勒尼　上ヶ銅　御布施百文（約千百五十二円）　蝋燭弐丁　〆

母・松が疲れ病気

天保十一庚子六月十五日ゟ老母松病気　悪敷《あしく》相成尤昨年ゟ年故大ヰニつかれ参り寿《す》で爾《に》病死可致処《いたすべきところ》　武家《ママ》（家武）志貞幷保安両人之療次《りようじ》ニテ直しよろしく則見舞品々　左ニ印申候

延べ三十八人から、素麵、うどん、ういろう、ちどりまんちう、いがまんぢう、阿んもち、ぼた餅、阿つきめし、金平とふ（金平糖）、せんべい、茶めし、大なし（梨）、かき（柿）、婦ぢさんかき、太白砂糖、多く王んつけ、なすづけ、かき、飛里よふず等が届く。

八月廿六日　宝暦二申八月廿六日釋顕誓信士（二代源兵衛）　八十九年祥月

文化十二亥八月廿二日光譽妙安信士（五代源兵衛弟・治作）廿六年祥月

良向寺　御壱人　御斎ヤメ　米壱升　茶菓子差上申候　御布施百文

松が四十五歳で病死

九月廿五日夜五ツ半時（午後九時頃）　當家五代目源兵衛妻四十五才死去
老母於松儀去ル亥《い》六月比《ごろ》ゟ　病気ニ相成狩地沢田氏薬用持ひ
はき〳〵とも不仕《つかまつらず》楚《そ》連《れ》ゟ家武　橋本氏薬も用ひ候得共とんと
良からず當村萩原保安様　薬用當六月比ゟ暫ク用ひ
候得共一向ゲン相見へ不申九月　十日比ゟ病気大キニ於《お》もク
有見通参り飯事追々偏り　天保十一庚子九月廿五日夜　五ツ半時命終り致し申候
年行《ママ》（行年）四十五才ニ御座候法名佐《ママ》（左）ニ印
天保十一庚子九月廿五日五ツ半時往定《おうじょう》　法名薫屋妙清信女　俗名於松　四十五才
御斎呼人　良向寺　御壱人　番僧　弐人　供　三人　〆六人　〆
源徳寺住寺　壱人　番僧　壱人　供　弐人　〆四人　〆
福泉寺　壱人　供弐人　〆三人　称名院　壱人　子蔵壱人　供弐人　〆四人
町内不残　外ニ　兵次　長右衛門　九郎作　伊兵衛　保安　玄通　〆
他所縁者　大竹喜兵衛　糟谷善右衛門内儀　糟谷林右衛門手代
鈴木平六内儀　ヨコテ利兵衛　随縁寺　灰葬ときニ遣申候　〆
外ニ村縁者書ニ不及　人数〆凡百五拾人程

老母・松四十五歳とある。江戸時代、四十歳以上は老母と言われた。葬式の列席者の約百五十人は、父・文助の時と変わらない。縁者の利兵衛は、西尾郷、友国村のほか、横手村（いずれも西尾市）にもいる。下町の利兵衛を含めると、懇意な利兵衛は四人となる。

灰葬は七十人の支度

九月廿七日九ツ時（正午ごろ）　灰葬　良向寺　御壱人　番僧　不参断候

権平両人　阿わや利八　東ノ忠吉　こなや忠助　東ノ三右衛門　寿ノ利重　久五郎

東ノ弥助　東ノ惣助　私内庄八　栄次　音吉　婦じや九平　忠兵衛　忠七　次太夫

兵次　万久弐人　九郎作　若善両人　善吉　川忠　松喜両人　白分　おかう　上町利吉

幸右衛門　寺町彦蔵　清八両人　乙川喜兵衛内儀　福泉寺送り膳　性勤送り膳

池半於みし　はづ林右衛門　〆　外ニ内ノ者書ニ不及　人数　凡七拾人　支度

右是ハ余り呼人多ク重テハ　ヘラシ申ベク候

灰葬に二人で出席しているのは、権平、若松屋善助、万屋久五郎、松屋喜左衛門、菓子屋清八の五軒。ごく親しい権平、暖簾分けの万（萬）屋久五郎以外は親類。阿波屋利八は初登場。二十八年後の慶応四（一八六八）年まで顔を出す。また、支度が多いとして、減らすべき、とするのは、四代源兵衛・宇平の時以来。七十人の支度は、父・文助の灰葬時と同じ。

布施金二朱は於ひぬのきばり

九月廿八日　御布施　一　金弐朱包　但シ灰葬兼テ　東城良興寺

一　白里んず小袖壱ツ　凡金三分位　同寺
　　父之砌百疋なれ共　於比怒のきばり由へ　けン（減）ジ弐朱遣し申候かごなし

「父の時は、金百疋（一分＝二万円弱）だったが、〝於比怒（於きぬ？）〟が気張ったので、減らし金弐朱（金五十疋）遣わした」と弥三郎。於比怒は、どう気張ったのだろうか。

一　弐百文　良興寺　晩（伴）僧両人　一　三百文　同寺　供三人　〆
一　三百文　寺町源徳寺　一　百文　同寺　番（伴）僧壱人　一　百文　同寺　供両人　〆
一　三百文　福泉寺　和尚壱人　一　百文　同寺　供弐人　〆
一　三百文　下川原称名院　一　百文　同寺　供弐人　〆
一　弐百文　東ノ性勒　惣〆　金三分弐朱ト弐〆（貫）文
初七日　初七日セガキ福泉寺へ上ル　先エ村ニ付出ス金弐百疋
　　福泉寺ト宇バ立ル　良向寺御斎　御布施　弐百文　十月二日
二七日　福泉寺遠バ立ル　良向寺御斎　御布施百文　同　九日
三七日　福泉寺遠バ立ル　良向寺御斎　御布施百文　同十六日
四七日　福泉寺へ遠バ立ル　良向寺御斎　御布施百文　同廿三日
五七日　福泉寺遠バ立ル　良向寺御斎　御布施　三百文　同晦日
　　外仲介人ハ志んるい
六七日　福泉寺遠バ立ル　良向寺御斎　御布施百文　十一月七日
七七日　福泉寺遠バ立ル　七七日かざり　御布施　七百文　同十四日

百ヶ日　良向寺御斎　御布施　弐百文
良向寺壱人　御布施百文　正月五日　〆
悔人扣　上町定七（ほていや）　須次左衛門　ヨコテ六左衛門　〆

五十六人が香典寄せる

香奠扣　夫・文助より十九人少ない五十六人から金銭、線香が寄せられる。金銭を寄せたのは三十九人。最高は二朱包（二万円弱）で、糟谷善右衛門、大竹喜兵衛、若松屋善助の三人が寄せた。善右衛門は父・文助の母・ちせの実家、喜兵衛は妻・せつの実家、善助は、祖母・ひさの実家である。百文が十五人と最も多い。本家・松屋は、今回も三百文。

他は二件を除いて卯丸。卯丸（卯ノ丸）は線香、と添え書きがある、一件は性勒尼が寄せた白檀。もう一件は椎茸で、名古屋本町の十一屋庄兵衛から。香典は、銭と線香が主流になった、と言える。名古屋では、巾下戸（外）田町の中嶋屋彦兵衛からも金一朱包が届く。

吉良町史によると、天保十一年も、五月の植付け時期から雨天が続き、照り返しなし。六月二十七、二十八両日の大風雨で、田畑とも吹き損、破堤により六日間水冠、根腐れを起こし、出穂が遅れた。六月二十七、二十八日の大風雨は、台風であろう。

淋し見舞い断るが十二人が寄せる

弥三郎は、倹約年限中のため、淋見舞は「一切《いっさい》断《ことわり》申《もうす》」の張り紙をした、と言う。それでも、次の十二人から届く。

九月改　一　茶めし切多め入凡弐升　若松屋善助　一　餅米凡三升　乙川喜兵衛

十月朔日　一　里以《さとい》も凡弐升余　ヨコテ利兵衛

一　角婦数六十　トミダか寿や善右衛門　一　壱文婦数凡百十　す次左衛門

一　角婦四十外かき七ツ　ヨコテ彦兵衛　一　里いも壱升　上町下女於袋

一　婦じ山かき五ツなし七ツ　岡山花岳寺　一　餅米弐升　本町喜左衛門

十月三日　一　志ゐ竹壱袋　トミダ太田善三郎

十六日　一　おこ王《わ》凡弐升　はづ林右衛門　一　さつまいも凡五拾　万久

記念贈り覚　内ノおせつ、内下男助右衛門、上町利吉、東ノおその、東ノおちせ、万久おせ以、林右衛門かゝさ・おかの、内下女おはつの九人に嶋単《ひとえ》物、帯、笄《こうがい》などを贈る。

母の葬儀費用は約五両

葬式入用拂方扣《ひかえ》　合（わせて）金五両壱朱ト百廿六文

内金壱両壱朱ト弐百八拾四文　香奠諸納　引〆　金三両三分三朱ト弐百六十八文タシ

弥三郎の母・松の葬儀費用は、約五両一朱(約三十八万円)。このうち一両一朱余を香典でまかない、実際に出費したのは約三両三分三朱とする。計算法は、分からない。

十月二日　天保十一庚子九月廿五日　薫屋妙清信女　初七日

福泉寺　セガキ上ケ申候　金弐百疋（四万円弱）志　〆

十月三日　同志　花岳寺　回向料　壱朱包（五千円弱）　外ニ双龍香壱王
十月十日　享保元辛酉十月十日　奇峯妙雲信士（四代源兵衛・宇平妻ひさ）四十年祥月
良向寺　御壱人　御布施百文　私シ曰妙清二七日いって取こし相勤申候

幱帳飾り配りは村外二十一軒

十月廿七日　薫屋妙清信女　中張（幱帳）御かざりくばり
私シ曰倹約年限中故　村方相止メ他所計り
良向寺○九　はづ林右衛門○十一　トミダ糟谷善右衛門○九　ヨコテ太兵衛○九
糟谷林右衛門○十一　大竹喜兵衛○十一　糟谷弥助○九　乙川角蔵○九
糟谷平蔵○九　下川原平六○九　トミダ糟谷庄兵衛○九　よし田兵吉○九
よし田佐兵衛○九　トミダ太田善三郎○十一　木田利助○九　ウノズ権右衛門○九
駒場随縁寺○九　友国仲右衛門○九　八まん太郎右衛門○九　ヨコテ彦兵衛○九
よし田清助○九　〆弐拾壱けん　〆　凡米弐斗弐升　数百八十九ツ

「倹約年限中で、他所ばかり」と弥三郎は記すが、弐斗弐升もの米を使って、餅を搗いたのは、近年にない。この年は、豊作だったのだろうか。餅の数は、正しくは百九十七。

母五七日は十九人呼ぶ

十月晦日　薫屋妙清信女　五七日正當

良興寺御壱人　御斎　御布施　三百文　御供　三拾弐文　駒場随縁寺　三百文〆
呼　人　喜左衛門　百文　川崎屋忠八　百文　送り膳　若善　百文　源九郎　百文
白分　百文　清八　百文　乙川喜兵衛　弐百文　藤屋九平　百文　次太夫　百文
兵次　白銀壱匁　随縁寺　卯丸壱把　権平　百文　馬久　百文　利八　百文　音吉　百文
忠兵衛　百文　萬久　百文　送り膳　はづ林右衛門　百文　トミダ善右衛門　百文
利吉　まんぢう百文　た満《ま》りや利重　百文　〆拾九人　白分おか《こ》う　なし
外ニ送り膳　おげん　福泉寺　性勧〆　外家内両家ニて〆拾三人
献立一汁三榮（菜）念入仕立　茶菓子三つ盛他三品
平　大志ゐ竹　丸阿げ　れんこん　寿こ婦　長いも
坪　こうじみそ　のつ遍《ぺ》い
皿　志ゐ竹　にんじん　寿こ婦　大こん　こんにゃく
爾《に》す阿《あ》へ（煮酢和え）〆
勝手方　料利人　東利兵衛　礼　手拭壱筋　下男助右衛門　なし　日用〆
私シ曰　けん屋く年限中故　御地走向キ御取極通一汁三榮（菜）
呼人も女なくゲんじテよび申候

呼び人十九人は、呼び人二十一人の内、川崎屋忠八と萬久に送り膳をしているので、出席者の数。また、弥三郎は、例外として、女性の白分おかうを十九人以外に表記する。手伝いとして招いたか。

倹約年限中にしては呼び人が多く、献立も取極め通り一汁三菜だが、念入り仕立て、とわざわざ断っている。倹約令に反発しているように思える。

せつが女児出産も死去

十一月十九日　昼八つ時（午後二時頃）女子出産仕候其砌諸々ゟ　進物受納左ニ印
名前付キ不申　其まて　死去仕候
十一月廿二日　諸々見舞受納扣

一　まんぢう百文　寿ぎや音吉
一　とふ婦七丁　東ノ馬久
一　せんべい廿枚　西ノ忠兵衛
一　純惣木めん志ぼり壱切　東ノ利兵衛
一　まんぢう百文　婦じや九平
一　まんぢう弐百文　いせ惣
一　機留《きりゆう》（桐生）嶋壱切　川崎屋忠八
一　南京染壱切　宮地忠左衛門
一　いな肴七ツ　東ノ栄次（二）〆
　阿ら子ば々さ礼　金弐百疋（四万円弱）

私シ曰右之女子七夜祝ひ　致候はづニテ支度仕候処　右七夜朝六つ半比《ごろ》（午前七時頃）ニ死去仕候
十一月二十五日　法名　釋尼妙軀童女
良向寺御壱人　伴僧壱人　御布施　三百文　同伴僧　百文　灰葬兼テ遣申候
御供　廿四文　外ニ　源徳寺　福泉寺　立合なし
　丁内　九平ヨリ吉兵衛迄　他町なし　人数　凡四拾人　外　東とも家内十三人

おせつの四度目出産は女児。弥三郎は、七夜祝いの準備をしていたところ、七夜祝いをする朝に他界したと、言う。弥三郎は、さぞ落胆したことだろう。葬儀には四十人が参列。

二十人が香典寄せる

十一月廿五日　香奠受納扣
一　壱朱包　大竹喜兵衛　一　弐百文　本町喜左衛門　一　弐百文　若松屋善助
一　百文　黒野次太夫　一　百文　若松や善吉　一　百文　白木や文蔵
一　白銀壱ツ　なべ屋兵次　一　百文　く王しゃ恵助　一　百文　下川原平六
一　卯ノ丸壱王　婦じゃ九平　一　五種香二袋　いせ惣　一　朱丸五本　こなや忠助
一　丁子香せんかう壱王　丁内音吉　一　同　はづ林右衛門　一　朱丸五本　東ノ甚八
一　丁子香せんかう壱王　西ノ忠兵衛　一　同壱王　阿王や利八　一　百文　川崎や忠八
一　同壱王　多満りや利重　一　百文　萬久

香典は二十人が寄せた。金銭の最高は、死んだ女児の母方の祖父・大竹喜兵衛の一朱（五千円弱）。なべ屋兵次も白銀を寄せた。物品は、五種香二袋のほかは、線香である。

灰葬に約二十人参列

十一月廿六日　灰葬　良向寺　御壱人
利兵衛　兵次　白分　く王しゃ恵助　馬久　次太夫　利重　万久　利八　若善　乙吉
善吉　九平　川崎屋忠八　忠兵衛　喜左衛門　〆凡廿人　外　東とも家内拾三人
天保十一子十一月廿五日　釋尼妙軀童女

初七日　良向寺江　上ト宇　福泉寺江　志弐百文　極月朔日
二七日　右同断　極月七日　三七日　右同断　〃十四日
四七日　右同断　極月廿一日　五七日　右同断　〃廿八日
六七日　右同断　正月五日　七七日　右同断　〃十二日　〆
釋尼妙軀童女　初七日ヨリ五七日迄　志上ト宇
　良向寺江則　御布施　三百文（約三千四百五十六円）御斎米壱升　〆

天保十二（一八四一）辛丑《かのとうし》年正月五日　薫屋妙清信女 天保十一庚子年九月廿五日（弥三郎母・松）百ヶ日
福泉寺上ヶ銅　遠バ立ル　御斎米壱升　御布施百文　蝋燭弐丁　〆
正月五日　天保十一庚子年九月廿五日　薫屋妙清信女　百ヶ日
　天保十一庚子年十一月廿五日　釋尼妙軀童女　七七日取こし　〆
右百満んべん志　性勤尼上ヶ銅　御布施　壱朱（五千円弱）卯丸壱王
正月五日　天保十一庚子年九月廿五日　薫屋妙清信女　百ヶ日
良向寺　御壱人　御斎　御布施百文（約千百五十二円）〆
二月七日　文化四丁卯二月七日　鐵翁志堅居士（四代源兵衛・宇平）三十五年祥月
良向寺　御壱人　御斎　御布施百文　〆

再登場の観喜光院様五十回忌

二月七日　観喜光院様　五十回忌　引上　良向寺御壱人　御斎　御布施　弐百文　〆

観喜光院様は三十七回忌に次いで、二回目の登場だが、以後はない。この日は四代源兵衛・宇平の祥月命日。三十七回忌と同じ引き上げ法事。萬屋で今年、五十回忌になるのは、三十七回忌の際に述べたように、寛政四年に死去した宇平の乳母・釋尼妙華しかいない。

二月十七日　天保五甲午二月十七日　荘翁香嚴信士　八年祥月

良向寺　御壱人　御斎　御布施百文（千百五十二円）〆

正徳二壬辰二月廿六日　感光道榮信士（初代源兵衛・弥四郎）百三十一年祥月

良向寺　御斎　御布施百文　〆　私シ曰香嚴祥月と　一所ニ取こし相勤申候

弥三郎は、このところ、毎年、初代の年忌法事を繰り上げ、父・文助の祥月命日に一緒に法事を営んでおり、経費の節減を図っているようだ。

四代乳母五十回忌に性勤尼

三月四日　寛政四壬子三月四日　釋尼妙華信女　俗名宇平ママア（乳母）　五十回忌

性勤尼　百まんべん上ケ銅　御布施百文　〆

弥三郎は、寛政四（一七九二）年に死去した祖父・宇平の乳母五十回忌正当の日は、浄土宗の性勤尼に、百万遍の念仏を唱えてもらった。

五月廿日　寛政三辛亥五月廿日　釋顕證信士（三代源兵衛・源右衛門）五十一年祥月

良向寺　御壱人　御斎　御布施百文　〆

六月廿一日　安永二癸巳六月廿一日　釋尼朋（明）壽信女（四代源兵衛・宇平実母）六十九年祥月

性勤尼　上ヶ銅　御布施百文　ろうそく弐丁

先祖代々二十六人の施餓鬼

八月十四日　先視《ママ》（祖）代々〆弐拾六人　せがき相勤り　志　壱朱包　福泉寺上銅　〆

先祖代々とは、弥三郎が記した〝萬屋歴代の仏〟によれば、清現（初代の母）、道榮（初代）、明清（三代実母）、貞壽（藤次郎妻）、寂照（藤次郎）、顕誓（二代）、知清（二代妻・飛さ）、明光（四代妹・しつ）、正念（曽十）、明壽（四代実母）、明思（四代継母）、法岸（三代姉・と己）、周達（四代弟・周八）、顕證（三代）、明華（四代乳母）、明雲（四代妻・ひさ）、志堅（四代）、香嚴（五代）、妙清（六代母・松）、常照（六代妻・せつ）、妙雲（六代妹・こぎ）、顕覺（五代父・治兵衛）、明貞（五代母・ちせ）、明安（五代弟・治作）、明慧（五代妹・しま）、顕泡（五代弟・万作）の二十六人と考えられる。

八月廿六日　宝暦二申八月廿六日　釋顕誓信士（二代源兵衛）九十年祥月
文化二亥八月廿六日　光譽妙安信士（五代源兵衛弟・治作）　廿七回忌

良向寺　御壱人　御布施百文　〆　私シ曰（妙安）年（忌）ハ次兵衛方ニテ相勤メ申候

母一周忌の飾り配り五軒

九月廿五日　天保十一庚子九月廿五日　薫屋妙清信女（弥三郎母・松）一周忌正當

福泉寺　上銅　遠バ立ル　御斎米壱升　御布施百文　蝋燭弐丁　〆

性勤尼　上銅　百満んべん　志　御布施　壱朱包（五千円弱）　双龍香壱箱　〆

九月廿五日　天保十一庚子九月廿五日　薫屋妙清信女　一周忌正堂（當）
九月廿三日　鎊くばり　ヲキ原糟谷林右衛門〇十一　乙川大竹喜兵衛〇十一
トミダ糟谷善右衛門〇十一　東城良興寺〇十一　當所大沢善助〇十一　〆　米凡六升
私シ曰けん屋く年限中故　鎊くばり八他所計り村方ハ　相見合申候

弥三郎は「村方は見合わせた」と言うが、同じ町内の大沢善助（若松屋）には配った。若松屋は、母・松（薫屋妙清信女）の母・ひさの実家だからだろう。

呼び人は二十一人

九月廿五日　天保十一庚子九月廿五日　薫屋妙清信女　一周忌正當
良向寺　御壱人　御布施　三百文（約三千四百五十六円）　御供壱人　不参候
呼　人　新家喜左衛門　百文　新家清八　百文　河崎屋忠八　百文　萬屋久五郎　百文
若松屋善助両人　弐百文　病気断送り膳遣申候　若松屋善吉　百文　白木屋文蔵　百文
乙川大竹喜兵衛　百文當百銭　外ニ小供壱人　鍋屋兵治　百文當百銭　黒野次太夫　百文
トミタ糟谷善右衛門　是不参ニ候　卯ノ丸五己入壱把　かざりいつてニ参り申候　権平　百文
藤屋九平　百文　杉屋音吉　百文　忠兵衛　百文　多満《ま》りや利重　百文
阿王や利八　百文　ヨコテ利兵衛　弐百文　馬久於いく　百文　上町利吉　なし
〆　弐拾壱人　香典　〆　弐〆（貫）文（約二万三千円）
外ニ送り膳　性勒尼　福泉寺　利兵衛於袋於げん

大竹喜兵衛と鍋屋兵治が持参した〝當百銭〟とは、天保六年に江戸幕府が鋳造を始めた天保通宝。裏面に「當百」と書かれており、一枚で百文に当たるから、そう呼ぶ。

料理は一汁三菜念入り仕立て

献立　一汁三榮（菜）念入仕立　　茶く王し（茶菓子）　三ツ盛三品

平（半月　長いも　中志ゐ竹）

坪（きくらげ　里いも　人じん　のつ遍《ぺ》い　ごぼう　かんひやう）

皿　いけもり

臺引（阿げ物　とふ婦　ごぼう）

勝手料利方　利兵衛　礼　手拭壱ツ　たばこ壱ツ　助右衛門　日用〆

私シ曰けん屋く年限中故　御地走向キ御取極通一汁三榮（菜）呼人女見合《みあわせ》なし

弥三郎は、倹約年限中だとして、母・松の一周忌も、取極め通り一汁三菜だが、やはり五七日同様念入り仕立て。呼び人も女性は見合わせたが、送り膳者、不参者を含めると二十一人と多い。弥三郎は、どこか倹約令に反発しているとしか思えない。

十月十日　享保元辛酉十月十日　奇峯妙雲信女（四代源兵衛・宇平妻ひさ）四十一年祥月

良興寺　御壱人　御布施百文（約千百五十二円）〆

死んだ二女児の三回忌と一周忌

十一月十三日　取越　天保十年亥十一月廿二日　釋尼枝芳童女（三人目の死産児）三回忌
天保十一庚子十一月廿五日　釋尼妙軀童女（四人目の當才児）一周忌

〆　私シ曰御引上ケトいつてニ取こし相勤め申候

良向寺　御壱人　御布施　弐百文（約二千三百円）〆

弥三郎は、天保十年、十一年と、二年連続で死産、生まれてすぐに死んだ、二人の童女の三回忌と、一周忌を一緒に営んだ。

天保十三（一八四二）壬寅《みずのえとら》年二月七日　文化四丁卯二月七日　鐵翁志堅居士　文化四丁卯年二月七日　三十六年祥月

良向寺　御壱人　御斎　御布施百文（約千百五十二円）〆

二月十七日　天保五甲午二月十七日　荘翁香嚴信士（五代源兵衛・文助）九年祥月

良向寺　御壱人　御布施百文　〆　當日御住寺様差支《さしつかえ》有之　十四日ニ取越相勤メ申候

二月廿六日　正徳二壬辰二月廿六日　感光道榮信士（初代源兵衛・弥四郎）百三十一年祥月

良向寺　御壱人　御布施百文　〆　當日御住寺様差支　有之十四日取こし　相勤メ申候

父・文助と初代の祥月命日は、住持に支障があったため、弥三郎は、十四日に住持を招いて、一緒に法事を営んだ。

母ハコツを八事山に納める

三月廿五日　天保十一庚子九月廿五日　薫屋妙清信女（弥三郎母・松）ハコツ

右尾州八事山江相納メ申候　御回忌《ママ》料　弐朱包（一万円弱）
私シ曰　手前持参仕相納メ申候　〆

弥三郎は、母・松の三回忌を前に、ハコツ（歯骨）を八事山興正寺に持参、二朱の回向料とともに納める。これまでに父・文助、文助父・治兵衛、文助母・ちせ、母・松の母・ひさ、文助弟・治作の五人のハコツを八事山に納めており、これで六人となった。

五月廿日　寛政三辛亥五月廿日　釋顕證信士（三代源兵衛・源右衛門）五十二年祥月
良向寺　御壱人　御布施百文（約千百五十二円）〆
六月廿一日　安永二癸巳六月廿一日　釋尼明壽信女（四代源兵衛・宇平実母）七十年祥月
性勒尼　上ケ銅　御布施百文　蝋燭弐丁　〆
八月廿六日　宝暦二申八月廿六日　釈顕誓信士（二代源兵衛）九十一年祥月
文化二亥八月廿六日　光譽妙安信士（父・文助の弟・治作）廿八年祥月
良向寺　御壱人　御布施百文　〆　私シ曰是（妙安）ハ次兵衛方仏ニ御座候

母三回忌飾り配りは村外のみ

九月廿五日　天保十一壬子九月廿五日　薫屋朋《ママ》（明）清信女（弥三郎母・松）三回忌
福泉寺　上銅　遠バ立ル　御斎米壱升　御布施百文　蝋燭弐丁　〆
九月廿五日　天保十一庚子九月廿五日　薫屋妙清信女　三回忌
百満べん志　性勒尼　上銅　御布施　四百文（約四千六百円）　双龍香壱箱　〆

九月廿五日　天保十一庚子九月廿五日　薫屋妙清信女　三回忌
錺配ｩ扣　良向寺　大〇九　大竹喜兵衛　大〇九　トミダ糟谷善右衛門　大〇九
糟谷林右衛門　大〇九　小蝋廿丁　米凡六升
〆　私ｼ曰御けん屋く御熱意ﾆ付　格別之年端故村方ハ勿論　他所も阿らまし遣し申候

弥三郎は、領主の倹約熱意が格別の年だとして、村内は無論配らず、村外もざっと配っただけ、と言う。「御けん屋く御熱意が格別の年」なる表現は初出。天保十一年に始まった水野忠邦による天保の改革が浸透した、ということか。

一周忌では、村内の母・松の母で、祖母に当たる、ひさの里・大沢善助（若松屋善助）に配ったが、今回は取り止めた。だが、使った米の量は、六升で変わらない。

呼び人は二人減の十九人

九月廿五日　天保十一庚子九月廿五日　薫屋妙清信女　三回忌
良向寺　御壱人　御布施　三百文（約三千四百五十六円）　御供壱人　不参　〆
呼　人　新家喜左衛門　百文　役用断　於てる殿　新家恵助　百文　他行断　若松屋善吉　百文
大沢善助両人　弐百文　主人留ス　断不参　白木屋文蔵　百文　志不参名代子供　於かう壱人
鳥井忠八　百文　断不参　萬屋久五郎　百文　乙川大竹喜兵衛　百文　藤屋九平　百文
トミダ糟谷善右衛門　小蝋廿五丁　断不参候　鍋屋兵次　百文　黒野次太夫　百文
杉屋音吉　百文　病気断不参　忠兵衛　百文　阿王や利八　百文　権平　百文

左官久五郎　百文　ヨコテ利兵衛　病気故沙汰なし　〆　香奠〆　壱〆（貫）七百文

外送り膳　性勧尼　福泉寺　利兵衛お袋　於げん　〆

献立一汁三榮（菜）念入仕立　勝手方料利人　東ノ利兵衛　礼手拭壱　助右衛門　日用

平
半月
長いも
志ゐ竹
寿こ婦
連んこん

坪
里いも
きくらげ
人じん
ごぼう
かんひやう

皿
大こん
人志ん
志ゐ竹
こふりこんにやく
寿こ婦

但シみ楚こく志月　但し爾す王へ

私シ曰當年ハ格別之倹約　御熱意通壱汁三榮（菜）之外茶く王し中酒

受而相止メ以招《もつてまねく》との取極　故一切見合相止メ申候　呼人も女ハ見合相止メ申候

弥三郎は「当年は格別の倹約ご熱意通り、茶菓子、中酒を見合わせた」と言うが、呼び人は十九人で、一周忌より二人減っているが、一周忌と変わらない感じだ。

十月十日　享保元辛酉十月十日　奇峯妙雲信女（四代源兵衛・宇平妻ひさ）四十二年祥月

良向寺　御壱人　御布施百文（約千百五十二円）〆

四代三十七回忌飾り配り五軒

天保十四（一八四三）癸卯《みずのとう》年二月七日　鐵翁志堅居士（文化四丁卯年二月七日）（四代源兵衛・宇平）三十七回忌

福泉寺　上ヶ銅　遠バ立ル　御斎米　壱升　御布施百文　蝋燭弐丁〆
二月七日　文化四丁卯二月七日　鐵翁志堅居士　三十七回忌　性勤尼　上銅　御布施百文
二月七日　文化四丁卯二月七日　鐵翁志堅居士　三十七回忌　銹くばり左ニ印
東城良向寺○十一　ヲギ原糟谷林右衛門○十一　乙川大竹喜兵衛○十一
トミダ糟谷善右衛門○十一　丁内大沢善助○十一〆　凡米八升
私シ曰御熱意ニ付格別　御けん屋く故銹くばり　阿らまし他所計り遣し申候
祖父・宇平の三十七回忌は、母・松の一周忌と同じ配り先。米の量は、二升ほど多い。
二月七日　文化四丁卯二月七日　鐵翁志堅居士　三十七回忌
良向寺　御壱人　御斎　御布施金百疋（二万円弱）　但シ三歩（部）経上ヶ申候
番僧　弐百文　御供　三拾弐文〆

呼び人は十八人

呼　人　新家喜左衛門　百文　同恵助　百文　断　送り膳遣し申候
大沢善助　おこぎ両人　弐百文　おこぎ断不参　同善吉　百文　神取文蔵　百文
鳥井忠八　百文　萬久　百文　兵次　百文　乙川大竹喜兵衛　百文
トミダ糟谷善右衛門　百文　断　使ノもの　九平　百文　すぎや音吉　百文
次太夫　卯ノ丸五己入弐把　断　不参　送り膳遣し申候　忠兵衛　百文　権平　百文
阿王や利八　百文　久五郎　百文　〆　香典　壱〆（貫）七百文

外ニ送り膳　性勒尼　丁内福泉寺　利兵衛お袋於げん　〆
私シ曰當年ハ格別之　けん屋く故御熱意　故取極通り一汁三榮（菜）
外ニ茶く王し中酒　なし受テ相止メ　候招《まねく》との取極由へ　一切見合《みあわせ》なし
呼人も女見合申候
献立一汁三榮（菜）但念入仕立　勝手方　料利人　利兵衛　礼手拭一　助右衛門　日用

平
半月
長いも
志ゐ竹
寿こ婦
連んこん

坪
里いも
人じん
きくらけ
かんひやう
ごぼう

皿
大こん
人じん
皮竹
こふりこんにやく
寿こ婦

但みそこく志月　但爾《に》す王《あ》へ　〆

御斎の呼び人は十八人。母・松の三回忌より一人少ないが、「私シ曰……」の文言は同じ。天保十三、十四年は「天保の改革」の期間で、厳しい倹約令が出ていたのだろう。

二月十七日　天保五甲午二月十七日　荘翁香嚴信士（五代源兵衛・文助）十年祥月
良向寺　御壱人　御斎　御布施百文（約千百五十二円）〆
二月廿六日　正徳二壬辰二月廿六日　感光道榮信士（初代源兵衛・弥四郎）百三十二年祥月
良向寺　御斎　御布施百文　〆

せつが病に罹り見舞い品

天保十四壬《ママ》（癸）卯正月比《ごろ》於せつ病気ニ　相成丁《ちょう》内外《ないがい》様くすり相持ひ候へ共よろしからず候ニ付正月晦日ゟ家武橋本薬　相持ひ候処はきくとも致不申四月二日ゟ於《お》い志《し》や（医者）かへ屋ぞね□□薬用仕申候　見舞品々左ニ印

三月十日から四月廿二日までに、三十九人から、ぼ多餅一～二重、白酒壱徳利、楚うめん壱包、せんべい廿～三十枚、ちどり満んぢう羽書百文、満んぢう五十個、なし壱ツ、阿いなめ弐ツ、くじめさかな弐ツ、うなぎ凡百文分、白砂糖百文、上菓子袋壱ツ、婦き三王《わ》、柏もち弐拾壱、玉阿《あ》ら連《れ》壱箱、阿んもち重箱入三重――等が届く。□□は「雪存」？

せつが二十七歳で病死

乙河喜兵衛娘於せ津病気相成當《とう》正月比《ごろ》　悪《あ》敷《しく》相成《あいなり》追々諸々薬用相持ひ候《そうら》へ共《えども》とんとはきくとも致不申《いたしもうさず》　尤《もっとも》たんろうと申《もうす》屋満以《やまい》ニて大キニ六ケ敷《むずかしく》津《つ》いニハ養生《ようじょう》不相叶《あいかなわず》天保十四年　卯五月二日昼七ツ時（午後四時頃）　命於王《おわ》り申候年行廿七才

五月二日佛生　法名釋尼常照信女　住誉常照　俗名於せつ　廿七才

せつの病名は、たんろう。大変難しい病気、とある。如何なる病気か。江戸病名録ｗｅｂ版（原資料『漢洋病名対照録』）によれば、痰労と書くが、病気の実体は諸説ある。腎虚では？　行年二十七。若すぎる死である。凶作の中、短期間の妊娠・死産繰り返しが、死を招いたのだろうか。

御斎呼人　良向寺　御壱人　番僧　二人　供　三人　〆六人

源徳寺住寺（持） 壱人 番僧 壱人 供 二人 〆
外ニ福泉寺和尚 子蔵 壱人 供 弐人 外ニ称名院和尚 子蔵 壱人 供 弐人
町内不残 兵次 長右衛門 九郎作 伊兵衛 保安不参 〆
他所 大竹喜兵衛 トミダ糟谷善右衛門手代 鈴木平六 随縁寺 ヨコテ利兵衛
ヨコテ助右衛門 ヨコテ彦兵衛〆 外《ほか》村縁者書不及 人数〆凡百五拾人程

葬儀の参列者の約百五十人は、五代源兵衛の弥三郎父・文助、母・松と変わらない。

灰葬は七十人分を支度

五月三日九つ時（正午頃） 灰葬 良向寺 御壱人
権平 乙吉 利八 九平 久五郎 忠兵衛 次太夫 東ノ弥助 東ノ惣助 東ノ忠七
兵次 九郎作 万久両人 川崎屋忠八 池平 若善両人 善吉壱人 松喜両人
白分 清八 本町惣介 栄次 福泉寺送り膳 性勒送り膳 乙川喜兵衛 ヨコテ万蔵
ヨコテ助右衛門 〆 外ニ内ノ者書不及 人数凡七拾人支度

今回も、七十人分の支度をしたが、四代源兵衛・宇平、母・松の際にあった〝余り呼び人多く重ねては減らし申すべく〟なる文言はない。

御布施 金弐朱包凡金弐分弐朱包（五万円弱） 東城良興寺 白小袖壱ツ 同寺
但シ灰葬兼テ父之砌金壱分 なれ共母之砌同断ニ仕候 但かごなし
弐百文 良向寺 晩僧両人 三百文 同 供三人 〆

三百文　寺町源徳寺　百文　同寺　番僧壱人　百文　同寺　供弐人　〆
三百文　丁内福泉寺和尚　五拾文　同寺　子蔵三人　百文　同寺　供弐人　〆
三百文　下川原称名院　五拾文　同寺　子蔵壱人　百文　同寺　供弐人　〆
惣〆金三分ト壱〆（貫）九百文（約八万円）
初七日　福泉寺へト宇バ立ル　良向寺　御斎　御布施　弐百文　五月八日
呼人　喜兵衛　百文　善介弐人　弐百文　喜左衛門　百文　〆五《ママ》（四）百文
二七日　福泉寺ト宇バ立ル　良向寺御斎　御布施百文　五月十五日
三七日　福泉寺遠バ立ル　良向寺御斎　御布施百文　五月廿二日
四七日　福泉寺遠バ立ル　良向寺御斎　御布施百文　五月廿九日
五七日　福泉寺遠バ立ル　六月六日
良興寺御斎　三歩（部）経　金百疋（二万円弱）　外《ほか》呼人　りん可　志んるい
六七日　福泉寺へ遠バ立ル　六月十三日
七七日　福泉寺へ遠バ立ル　セガキ上ル　六月廿二日
百ケ日　八月十三日

四十二人が香典寄せる

香奠扣　五月二日　一　清龍香弐王《わ》　仕立屋善三郎　一　百文　木田村利助
一　百文　ヨコテ利兵衛　一　弐百文　乙川善兵衛　一　百文　ふじや九平

一　百文　乙川伊三郎　　一　百文　寺町平吉　　一　百文　杉屋音吉
一　百文　萬久　　一　弐百文　宮地村忠左衛門　　一　百文　ヨコテ万蔵
一　弐百文　丁内源四郎　　一　百文　佐官佐助　　一　弐百文　丁内忠八
一　弐百文　吹〆町恵助　　一　卯ノ丸弐王　なべや兵治　　一　金弐朱　若松屋善助
一　卯ノ丸弐王　福泉寺　　一　弐百文　室村政右衛門　　一　卯ノ丸弐王　下川原稱名院
一　百文　本町惣助　　一　卯ノ丸　丁内藤吉　　一　百文　横手村助右衛門
一　百文　丁内あ王利　　一　百文　横手村彦兵衛　　一　百文　東ノ利兵衛
一　卯丸弐王　黒野治太夫　　一　卯ノ丸弐王　いせ屋新六　　一　三百文　本町喜左衛門
一　卯ノ丸壱王　冨田庄兵衛　　一　二百文　本町分蔵　　一　五種香壱包　吹〆町保安
一　三百文　駒場隨縁寺　　一　百文　上町善六　　一　弐百文　下川原平六
一　百文　西ノ忠兵衛　　一　弐百文　冨田村善右衛門　　一　百文　池半
一　五百文　吉田村長左衛門　　一　百文　よし田兵吉　　一　金弐朱　乙川喜兵衛
一　白銀二匁　糟谷林右衛門
〆　金壱分ト弐匁　銭四〆（貫）七百文　卯丸〆十四把　代五匁六分　香〆　壱匁
物合　金壱両ト六朱八分九厘（約十万五千円）

四十二人が香奠を寄せる。金銭は三十三人。最高は金弐朱（一万円弱）で、若松屋善助と、せつの実家・乙川の喜兵衛。百文が十八人で最も多い。物品は卯丸、五種香等線香、香の類。

文政五（一八二二）年に、弥三郎妹・こぎの出産祝いを出した池田屋平六（池半）は、今回が最後。

少なくとも二十一年間の付き合い。また、池半には於みしがいる。天保五年の文助の死去、天保十一年の文助妻・松の死去に当たり登場する。半六の妻ではないか。

香奠扣付次　一　卯丸五己入壱王　一しき太田伊八出店（五月十三日）
一　白銀二つ弐匁五分　トミダ太田善三郎（十五日）
一　百文　よし田佐兵衛（十六日）　一　卯丸五己入三王　はづ彦八（廿八日）
悔人扣　す次左衛門　ヲギ原糟谷林右衛門　トミダ糟谷善右衛門　〆

葬儀費用は約五両壱分

葬式入用　拂方扣　一　三百拾三文　寿者《すは》らや半七拂　一　百拾四文　油屋音吉拂
一　壱〆（貫）九百拾文　河内屋清兵衛拂　一　弐百拾六文　井桁屋定七拂
一　弐百五拾六文　山口屋新吉拂　一　八〆弐百六拾七文　若松屋善介拂
一　四百五拾四文　白分拂　一　四〆九百文　み楚　割木　王《わ》ら〆
一　金三分ト壱〆九百文　四ケ寺御布施　一　九〆文　米弐俵半
一　弐〆五百六拾五文　店方　紙るい　いろいろ入用　〆金三分ト二拾九〆九百七文
此金四両二分ト六百五十五文　合金五両壱分ト六百五十五文
内金壱両ト七百五十六文　香典受納〆　引〆　金四両弐朱ト七百廿三文タシ

如何なる計算方法なのか、計算間違いか、分からないが、葬儀代は約五両壱分（約三十九万五千円）。香典を差し引いた額は約四両二朱（約三十一万円）とする。なお、米の値段は、一升が約九十七文。

現在は一升千二百円程度の米だとすると、一文は約十二円となる。

淋し見舞いはわずか四件

淋見舞受納扣　五月改　一　餅米　凡弐升　いせ屋惣兵衛
一　焼婦　壱袋　横手利兵衛　一　茶免し　切多め入大壱機　凡三升　若松屋善介　〆
一　志ゐ竹　箱入壱ツ　名古屋十一屋庄兵衛（六月十二日）

弥三郎は、淋し見舞いを断ったのだろう。四十年以上前の享和元（一八〇一）年以前から、取引のある名古屋の十一屋は、今回も椎茸を寄せた。

五月廿日　寛政三辛亥五月廿日　釋顕證信士（三代源兵衛・源右衛門）五十三年祥月
良向寺　御壱人　御布施百文（約千百五十二円）

二十四軒に中陰飾り配り

五月晦日　釋尼常照　中陰錺くば里
良向寺　横手利兵衛　横手萬蔵　横手助右衛門　横手彦兵衛　室政右衛門
駒場随縁寺　下川原平六　よし田長左衛門　乙川喜兵衛　乙川善兵衛
乙川伊三郎　木田利助　トミダ庄兵衛　トミダ善右衛門　トミダ善三郎
よし田佐兵衛　糟谷林右衛門　若善　権平　喜左衛門　いせや惣兵衛
法六町於りか　よし田兵吉　〆　弐拾四けん　凡白米弐斗五升　数弐百拾壱

中陰の飾り餅配りは二十四軒と多く、村内もある。それに二斗五升もの白米で搗いている。天保十三、十四年は厳しい倹約令が出ていたが、豊作だったのだろうか。

せつ五七日の呼び人は三十三人

天保十四壬卯年六月十八日　天保十四壬卯年五月二日　釋尼常照信女　五七日正當
　良向寺　壱人　〃若僧　壱人　〆
　御布施　金百疋　（浄土）三歩（部）経　若僧　弐百文　御供　三拾弐文　〆
呼　人　東ノ権平　百文　前ノ利八　百文　断送り膳　馬久　百文　音吉　百文
九平　百文　向ノ一色出伊八出店　百文　断送り膳　忠兵衛　百文　断送り膳
次太夫　卯丸五己入二王　断送り膳　兵次　百文　半七　百文　萬久　百文
いせ惣　五種香代五分　若善両人　弐百文　若松屋善吉　百文　喜左衛門　百文
川忠　百文　白分おりつ　百文　く王しや恵助　百文　下川原平六　百文
トミダ善右衛門　不参　むろ政右衛門　不参　乙川喜兵衛壱人　百文　駒場随縁寺　百文
ヨコテ利兵衛　百文　ヨコテ萬蔵　なし　〃助右衛門　なし　よし田山長　五種香百文　不参
〆三拾三人　香典〆　弐〆（貫）百文　卯丸弐王

献立は一汁三菜と質素

献立一汁三榮（菜）　勝手方　料利人　利兵衛　助右衛門

平（志ゐ竹
飛りようず
な寿《す》）
坪　こ升みそ
のつ遍《ぺ》い
皿（みしま
水せん
寿《す》りみ
川たけ）

献立は一汁三菜だが、呼び人の三十三人というのも、近年にない多さである。

六月廿一日　安永二癸巳三月廿一日　釋尼妙壽信女（四代源兵衛・宇平実母）七十一年祥月
性勤尼　上銅　御布施百文（約千百五十二円）ろう楚《そ》く弐丁　〆
八月十三日　天保十四癸卯年五月二日　釋尼常照信女（弥三郎妻・せつ）百ヶ日
良向寺　御壱人　御斎　御布施百文
八月廿六日　宝暦三申八月廿六日　釋顕誓信士（三代源兵衛）　九十二年祥月
文化二亥八月廿六日　光譽妙安信士（五代源兵衛弟・治作）廿九年祥月
良向寺　御壱人　御斎　御布施百文　私シ曰是ハ俗名次作（治作）次兵衛方ニテ　相勤メ申候〆
九月廿五日　天保十一庚子九月廿五日　薫屋妙清信女（弥三郎母・松）四年祥月
良向寺　御壱人　御斎　御布施百文　〆
十月十日　享保元辛酉十月十日　奇峯妙雲信女（四代源兵衛・宇平妻ひさ）四十三年祥月
良向寺　御壱人　御斎　御布施百文　〆
十月十日　報恩講御引上　相勤メ申候　御布施百文　〆

妹・こぎが若松屋と結納交わす

天保十五（一八四四）甲辰《きのえたつ》年正月廿八日

今般六代目源兵衛妹古《こ》ぎ　町内若松屋善助方江遣候　結納申受候付左ニ印

一　緋かの古小袖　壱ツ　一　黒二重《ふたえ》どん春《す》　帯壱筋　一　古《こ》ん婦《ぶ》

一　乃し　一　寿《す》留《る》女《め》　一　志ら可　一　扇子　一　鯛　一　家内喜《き》多《た》留《る》

右ノモノ仲人河内屋清兵衛様　御持参ニ而右之通り申受候

諸道貝扣　一　男多《た》ん春《す》　弐本　一　なが持　弐本　外ニ両掛先遣シ申候

弥三郎は、妹・こぎを若松屋善助方に嫁入りさせる結納品を受け取る。若松屋善助方からは四代源兵衛・宇平の妻が輿入れしている。仲人の河内屋清兵衛は、若松屋の左隣。

餞別物之扣　善助殿方江相渡シ申候

一　金五拾疋　吹貫町清八　一　欠《け》砂《さ》風呂敷壱ツ　丁内杉屋善吉

一　ぶら丁ちん壱ツ　萬久　一　八重桜於《お》しろ以《い》　遍り取裏付壱足　なべ屋

一　機留《きりゅう》（桐生）嶋壱反　万兵衛　一　白木綿壱反　本町喜左衛門

一　真田織石底裏付壱足　川忠　一　欠砂風呂敷壱ツ　同人　一　白木綿壱反　白文

一　ゑり　扇子箱〆弐品　治太夫　一　白足袋壱足　あ王や利八　一　羽書壱枚　佐助

一　羽書壱枚　槌屋平兵衛　一　半紙三状　西ノ忠兵衛　一　羽書壱枚　ふじや九平

一　金百疋　冨田村善右衛門　一　羽書壱枚　ヨコテ利兵衛　一　羽書壱枚　東ノ藤吉

婿入りと舅入りで土産

正月廿九日　む古《こ》入　御土産物受納之扣

一　若樽壱荷　左《さ》かな　む古持参　一　若樽壱荷　かつぶし三本　仲人清兵衛持参

一　若樽壱荷　親類忠八　一　白砂糖入織箱壱ツ　仲人清兵衛殿内義

一　上菓子壱折　母之代善吉内義　一　同中之口壱折　宇之津権右衛門殿内義

外ニむ古土産幷ニ母之土産物　下女下男江　弐百文ツ々申受候

呼人之扣　一　仲人　清兵衛　む古　善助　一　親類　忠八　〆　三人

一　兵治　治太夫　一　九平　半七　一　善吉　忠兵衛

一　あ王や利八　佐助　一　権平　いせや惣兵衛　〆　外ニ縁者書ニ不及申候

右振舞ひ之儀者《は》御倹約ニ付　新《し》つ《っ》楚《そ》仕《つかまつり》　焼物幷ニ茶菓子なし

志うと入　土産物左ニ印

一　若樽壱荷　さかな　紋付足袋壱足　金弐百足　上下代　む古幷母江土産遣申候

一　若樽壱荷　喜左衛門土産　一　若樽壱荷　万兵衛土産

一　上菓子壱折　万兵衛内義　一　上菓子壱折　白分内義　一　上菓子　喜左衛門内義〆

一　餅六合程り　斎米三斗六升　保か以（外居）弐荷

一　弐百文ツ々　下女下男〆六人江　弐包ツ々　遣候　一　風呂敷三十弐　半紙弐状包二十五

一　引代物（引き物代）　三百文ツ々　〆六人江遣候　一　扇子箱　弐拾弐軒　〆

仲人江礼　玉紬　壱反　さかな代五百文　外ニ羽書壱枚　清兵衛殿江遣シ申候　〆

婚礼費用は約十両二朱

右諸雑用之扣　二月十八日改

一　金三分弐朱ト弐百四拾弐文　祝儀〆

一　七〆（貫）弐百文　引代物也　〆　一　金弐分ト七百四文　仲人江礼物也　〆

一　弐朱　料理人隆助殿遣シ　一　金二両弐朱　六百八十八文　さかな代　辻屋江拂

一　金三両三分弐朱ト弐百七拾壱文　雑用一　金弐分　む古江土産金

一　金壱分ト四百文　さかな　だちん　一　金弐分　餅米代

〆金八両三分ト九〆（貫）五百拾三文　此（代？）金　壱両三分弐朱ト四百三拾七文

合金拾両弐朱ト四百三拾七文

婚礼の費用は、今回も計算方法が分からないが、約十両弐朱（約七十六万円）とする。

二月七日　文化四丁卯二月七日　鐵翁志堅居士（四代源兵衛・宇平）三十八年祥月

良向寺　御壱人　御斎　御布施百文（約千百五十二円）〆

二月十七日　天保五甲午二月十七日　荘翁香嚴信士（五代源兵衛・文助）十一年祥月

良向寺　御壱人　御斎　御布施百文　〆

二月廿七日　正徳二壬辰二月廿六日　感光道榮信士（初代源兵衛・弥四郎）百三十三年祥月

良向寺　御壱人　御斎　御布施百文　〆

私シ曰二月十七日香嚴祥月と　いつてニ取越相勤メ申候

こぎを帯直しで遣わす

二月廿一日　於こぎ帯なをし遣《つかわ》し申候　則左通リ
餅外居《ほかい》　壱荷　もみ（紅絹）八尺　晒木《さらし》めん八尺　〆弐品遣申候
右ノ通　東ノちせどの相招　遣申候

もみは、紅で染めた絹布。弥三郎は、妻・せつを亡くしたため、東店の二代目治兵衛の女房・ちせに介添を頼んだ。

四月四日　天保九戊戌四月四日　釋了證童子（最初の死産男児）七回忌
性勒尼　上ケ銅　御布施百文（約千百五十二円）　卯丸小タバ壱把　〆
五月二日　天保十四癸卯年五月二日　釋尼常照信女（弥三郎妻・せつ）一周忌正當
性勒尼　上ケ銅　百満んべん志　御布施　五百文　卯丸小壱把　〆
五月二日　天保十四癸卯年五月二日　釋尼常照信女　一周忌正當
良向寺　御壱人　御布施　三百文（約三千四百五十六円）〆
鎊くばり　良向寺　壱ケ所切

せつ一周忌の呼び人五人

呼　人　喜左衛門　百文　清八　百文　善助　弐百文　於こぎ　断不参　万兵衛　なし
〆五人　外ニ送り膳　性勒尼　若松屋於こぎ　〆
献立　念入仕立一汁三菜（菜）料利人　於はる

皿
志ゐ竹
大こん
寿《す》こ婦
連んこん
阿婦《ぶ》らげ

志る
つととふ婦
志ゐ竹
寿《す》りみ
こ升み楚仕立

坪
里いも
志ゐ竹
ちく王《わ》婦
連んこん
つととふ婦

平
竹のこ
志ゐ竹
連《れ》んこん
寿こ婦
もみじ婦

〆　外ニ中酒　竹のこ寿《ず》し三つつ々　大こん赤づけ

弥三郎は、妻の一周忌に、性勒尼に百万遍の念仏を頼み、良興寺には斎を供し、飾り餅を配って供養した。呼び人は近親の五人と質素。妹・こぎの婚礼で出費が重なったためか。

五月廿日　寛政三辛亥五月廿日　釋顕證信士（三代源兵衛・源右衛門）　五十四年祥月
　良向寺　御壱人　御布施百文（約千百五十二円）〆

こぎが出産後に死去

六月十六日　往生夜八ツ半時（午前三時頃）　釋尼妙雲信女　俗名　於古ぎ　弥三郎妹　廿三才
　私曰若松屋善助方へ遣置《つかわしおき》候處《そうろうところ》此度さん後ちニテ急死仕候　香典金弐朱包

妹・こぎが産後、急死。〝ち〟ニテとは、出血が多かったのが、死因ということか。江戸時代の出産は死と隣合せ。弥三郎は、香典として二朱（一万円弱）を差し出す。

六月廿一日　安永二年癸巳六月廿一日　釋尼妙壽信女（四代源兵衛・宇平実母）七十二年祥月
　性勒尼　上ヶ銅　御布施百文　ろう楚く弐丁　〆

六月廿二日　天保十五甲辰年六月十六日　釋尼妙雲信女　初七日正當
俗名　於こぎ　若善方へ遣し申候
性勒尼　上ケ銅　百満んべん志　御布施　四百文（約四千六百円）　双龍香壱箱　〆
八月廿六日　宝暦三申八月廿六日　釋顕誓信士（二代源兵衛）　九十三年祥月
良向寺　御一人　文化二亥八月廿六日　光譽妙安信士（父・文助弟・治作）　三十年祥月
御布施百文（千百五十二円）　俗名次作是次兵衛方ニテ　相勤メ申候

若松屋でこぎの子の七夜

九月廿日　若善祐次七夜仕候ニ付　遣し物左ニ印
こ王《わ》めし　外以《ほかい》（外居）ニ壱荷　ちりめんもよふ付　壱ツ　白むく　壱ツ
婦とん　弐ツ　こ飛ろ　壱ツ　〆　外ニば々さへ　金弐朱包（二万円弱）　心付
右於はるよばれ参り候
ここの〝ば々さ〟は産婆。於はるは、弥三郎妻・せつ（釋尼常照信女）の一周忌法事で斎を担当した。弥三郎は妻を亡くしたので、於はるを若松屋の七夜祝いに行かせたのだろう。
九月廿五日　天保十一庚子九月廿五日　薫屋妙清信女（弥四郎母・松）　五年祥月
良興寺　御壱人　御斎　御布施百文（千百五十二円）　〆
十月十日　享保元辛酉十月十日　奇峯妙雲信女（四代源兵衛・宇平妻ひさ）　四十四年祥月
良向寺　御壱人　御斎　御布施百文　〆

十月十日　報恩講御引上　相勤メ申候　御布施百文　〆

天保十五年は十二月二日、江戸城の火事など災厄により、弘化と改元される。

弘化二（一八四五）乙巳《きのとみ》年二月七日　鐵翁志堅居士（文化四丁卯年二月七日）（四代源兵衛・宇平）三十九年祥月

良向寺　御壱人　御斎　御布施百文（約千百五十二円）〆

二月十七日　天保五甲馬二月十七日　荘翁香嚴信士（弥三郎父・文助）十二年祥月

良向寺　御壱人　御斎　御布施百文

二月廿六日　正徳二壬辰二月廿六日　感光道榮信士（初代源兵衛・弥四郎）百三十四年祥月

良向寺　御壱人　御斎　御布施百文　〆

私シ曰二月十七日　香嚴祥月一所ニ取越　相勤メ申候

せつ三回忌も呼び人五人

五月二日　天保十四癸卯年五月二日　釋尼常照信女　俗名於せつ　三回忌

良向寺　御壱人　御布施　三百文（約三千四百五十六円）〆

皿
大こん
みしま
志ゐ竹
そうめん

志る
とふ婦
志ゐ竹
但《ただし》つ（す）満《ま》し

坪
きくらげ
つととふ婦
里いも
志ゐ竹
連《れ》んこん

平
竹のこ
婦
寿《す》こ婦《ぶ》
半月
志ゐ竹

献立　一汁三榮（菜）〆外中酒　出申候　料利人　はる

呼　人　喜左衛門　百文　恵助　百文　白分　百文　若善　百文　万兵衛　なし

〆六人（良興寺を含む）　外　家内不残よび

錺くばり　良向寺〇十一　壱ヶ所切〆

妻・せつの一周忌の料理は、一汁三菜念入り仕立てだったが、三回忌の料理は、念入り仕立てでない一汁三菜。斎の呼び人の五人、飾り餅配り先の良興寺一ヶ所だけは、一周忌と同じで、一周忌と同じやり方だが、さらに倹約している。料理人のはるは、今回が最後。

外国との関係で風雲急を告げる時代に入っており、昨年六月、水野忠邦が筆頭老中に復帰した。今年二月に退任したが、その影響か？

五月廿日　寛政三辛亥五月廿日　釋顕證信士（三代源兵衛・源右衛門）五十五年祥月

良向寺　御壱人　御布施百文（千百五十二円）〆

若松屋へ嫁ぎ死去の妹一周忌

六月十六日　天保十五甲辰年六月十六日　釋尼妙雲信女　俗名　於こぎ　一周忌正當

性勒尼　上ヶ銅　百満んべん志　御布施　四百文　（卯丸）小たば壱把

八月廿六日　宝暦三申八月廿六日　釋顕誓信士（二代源兵衛）九十四年祥月

文化二亥八月廿六日　光譽妙安信士（父文助弟・治作）三十一年祥月

良向寺　御壱人　御布施百文　俗名次作是ハ治兵衛方ニテ　相勤メ申候　〆

九月廿五日　天保十一庚子年九月廿五日　薫屋妙清信女（弥三郎母・松）六年祥月
良向寺　御壱人　御布施百文（約千百五十二円）〆
十月十日　享保元辛酉十月十日　奇峯妙雲信女（四代源兵衛・宇平妻ひさ）四十五年祥月
良向寺　御壱人　若僧御入来相勤メ申候　御斎　御布施百文　〆
十月十日　報恩講御引上相勤メ申候　御布施百文　〆

弘化三（一八四六）丙午《ひのえうま》年二月七日　鐵翁志堅居士 文化四丁卯年二月七日 （四代源兵衛・宇平）四十年祥月
良向寺　御壱人　御斎　御布施百文　〆
二月十七日　天保午甲年二月十七日　荘翁香嚴信士（弥三郎父・文助）十三回忌
性勒尼百満べん志　御布施　四百文　卯丸小たば　壱把　蝋燭　弐丁　〆

父十三回忌飾り配り三軒

二月十七日　天保午甲年二月十七日　荘翁香嚴信士　十三回忌
錺くばり　ヲギ原糟谷林右衛門○大九　ろうそく廿五丁　トミダ糟谷善右衛門○大九
東城良向寺○大九　〆　私シ曰御けん屋くニ付　村方ハやめ他所計《ばか》りへ遣申候
良向寺　御壱人　御斎　若僧　壱人　御斎
御布施　金百疋　但シ三歩（部）経　同　青銅弐百疋　但若僧　御供　三拾弐文　〆
呼　人　喜左衛門　百文　若松屋善助　百文　万久　百文　断送り膳　左官佐助　百文
若松屋源九郎　百文　く王《わ》しや恵助　百文　白木屋文蔵　百文　川崎屋忠八　百文

トミダ善右衛門　百文　断不参　東ノ権平　百文　表具屋清吉　百文　万兵衛　百文
藤屋九平　百文　すぎや音吉　百文　次太夫　百文　なべ屋兵次　百文　断送り膳　阿王《あわ》や利八　百文
なかや柳助　百文　はづ十助　百文　〆　廿二人（良興寺僧を含む）　外家内拾人東共ニ

通例の一汁五菜で倹約？

献立　一汁五榮（菜）　中酒出申候　外ニ送り膳　性勤尼　東ノ於げん　〆

平
長いも
寿《す》こ婦《ぶ》
連んこん
志ゐ竹
油阿《あぶらあ》げ

坪
きくらげ
里いも
志ゐ竹
もみじ婦
ごぼう

皿
大こん
人《にん》じん
こふり（氷）こん爾《に》やく　直　由《ゆ》りね
寿こ婦　志ら阿へ
志ゐ竹

引物《ひきもの》　からしな　〆　料利人　店方林平

斎の呼び人は二十二人と多い。料理も一汁五菜と、倹約年限中にしては豪華である。料理人の林平は、はるの後の料理人だが、今回一回限りである。家内は十人に減った。

二月廿六日　正徳二壬辰二月廿六日　感光道榮信士（初代・弥四郎）百三十四年祥月
良向寺　御壱人　御斎　御布施百文　〆　私シ曰香嚴祥月といつてニ　相勤メ申候
五月廿日　寛政三辛亥五月廿日　釋顕證信士（三代源兵衛・源右衛門）五十六年祥月
良向寺　御壱人　御布施百文（約千百五十二円）〆

八月廿六日　宝暦三申八月廿六日　釋顕誓信士（二代源兵衛）九十五年祥月
文化二亥八月廿六日　光誉妙安信士（弥三郎父文助弟・治作）三十二年祥月
良興寺　御壱人　御布施百文　俗名次作是は次兵衛方ニテ　相勤メ申候　〆
九月廿五日　天保九庚子九月廿五日　薫屋妙清信女七年（弥三郎母・松）七回忌
百満べん志　性勤尼　上ヶ銅　御布施　四百文（約四千六百円）卯丸壱把　〆

母七回忌飾り配りは二軒

九月廿五日　天保九庚子九月廿五日　薫屋妙清信女七年　七回忌
錺配り扣　良向寺○九　若松屋善助○九〆　米凡四升五合
私シ曰御けん屋く御伝達ニ付　今夕年限中故両所計り仕申候
九月廿五日　天保九庚子九月廿五日　薫屋妙清信女七年　七回忌
良向寺　御壱人　御布施　三百文（約三千四百五十六円）御供　不参　〆
祥《ママ》（呼）人　喜左衛門　百文　断於とよ　恵助　百文　万兵衛　なし　万久　百文
若善　百文　若松屋源九郎　百文　川崎屋忠八　百文　白分　百文　権平　百文　送り膳
阿《あ》王《わ》や利八　百文　送り膳　万辰　卯丸壱王　送り膳　表具屋嘉介　卯丸壱王　送り膳
杉屋乙吉　ろうそく廿丁　送り膳　柳介　なし　送り膳　外　於げん送り膳　〆
献立　一汁三榮（菜）念入仕立　外ニ中酒
勝手衆　料利人　内ノ於屋つ　手つだい　吉十娘於きく　〆

私シ曰けん屋く年限中故　壱汁三榮（菜）手がるニ仕申候　呼人もげんじ仕候　〆

平（半月　志ゐ竹　寿《す》こ婦《ぶ》　連んこん　長いも）

坪（里いも　きくらげ　ごぼう　人じん　とふ婦）

皿（大こん　寿《す》こぶ　こふりこんにやく　志ゐ竹　但爾《に》寿《す》王《あ》へ《え》）

肴丼（とうみかん　連んこん　すし）

弥三郎は、倹約年限だとして、母・松の七回忌は、飾り配りが良興寺と、松の母・ひさの実家である若松屋善助の二軒だけ。料理も手軽に、一汁三菜（念入り仕立て）にしたと言う。呼び人は、父・荘翁香嚴信士の十三回忌の二十二人より減らしたが、十五人と、かなり多い。料理人の於屋つは、林平の後任で、弥三郎の後妻となる。

於げんと半世紀以上交流

送り膳された於げんは、九十四歳になる。これが最後の登場である。寛政四（一七九二）年三月四日、宇平乳母（釋尼妙華）が死去するが、その乳母の病中介護者として登場して以来、萬屋とは、実に五十四年の長きにわたる付き合いである。

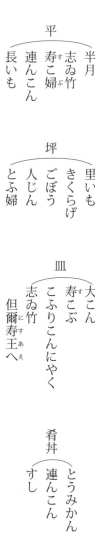

弘化四年一月十六日、九十五歳で死去するが、七年前の天保十年に九十六歳で死去した於さの同様、九十歳以上に大濱陣屋から支給される敬老手当米を受けていた。

於げんは、天保十年二月七日の四代源兵衛・宇平（鐵翁志堅居士）三十三回忌の際は、権平御袋とある。天保十一年二月十七日の五代源兵衛・文助（荘翁香嚴信士）七回忌では、利兵衛お袋とある。利兵衛は、寛政九（一七九七）年二月の三代源兵衛・源右衛門（釋顕證）七回忌に、給仕として参加、文助の時代には調菜人を務め、文助死去の際は、湯潅人を務めた。

於げんは権平の母でもあることから、権平と利兵衛は、兄弟と考えられる。権平は、天明四（一七八四）年十二月、文助の父・治兵衛の妻・ちせの嫁村廻り先として登場する。以来、慶弔行事に顔を見せる。この権平は、於げんの子ではない。

於げんが生まれたのは、宝暦二（一七五二）年と考えられる。すると、天明四年当時は三十二歳。於げん十七歳の時の子としても、権平はまだ十五歳。於げんは利兵衛と暮らしているから、息子の一人を権平家に養子に出したのではないか。

十月十日　享保元辛酉十月十日　奇峯妙雲信女（四代源兵衛妻・ひさ）四十六年祥月
良向寺　御壱人　御布施　弐百文（約二千三百円）　右無僧差《さし》つかへニ付上ケ銅　〆
十一月十三日　報恩講御引上相勤メ申候　良興寺　御壱人　御布施百文　〆

弘化四年は祥月法事のみ

弘化四（一八四七）丁未《ひのとひつじ》年二月七日　文化四丁卯年二月七日　鐵翁志堅居士（四代源兵衛・宇平）四十一年祥月
良向寺　御壱人　御布施　弐百文　〆　私シ曰無僧さしつかへニ付　上ケ銅ニ仕申候
二月十七日　天保五甲午二月十七日　荘翁香嚴信士（弥三郎父・文助）十四年祥月
良向寺　御壱人　御布施百文（約千百五十二円）〆

二月廿六日　正徳二壬辰二月廿六日　感光道榮信士（初代源兵衛・弥四郎）百三十五年祥月
良向寺　御壱人　御布施百文〆　私ｼ曰香嚴祥月と　いつてニ相勤メ取こし仕《つかまつり》申候
五月二日　天保十四壬卯五月二日　釋尼常照信女（弥三郎妻・せつ）五年祥月
性勤尼　上ケ銅　御布施百文（約千百五十二円）線香小壱把　〆
五月廿日　寛政三辛亥五月廿日　釋顕證信士（二代源兵衛）五十七年祥月
良向寺　御壱人　御布施百文　〆

父と弟の三十三回忌取り止め

八月廿六日　宝暦三申八月廿六日　釋顕誓信士（三代源兵衛・源右衛門）九十六年祥月
文化二亥八月廿六日　光譽妙安信士（父文助弟・治作）三十三回忌
俗名次作是ハ次兵衛方ニテ　可相勤仏之此方へい（兵衛）輔佐　一向無住手前茂病気由へ　相勤不申候
良向寺　御壱人　御布施百文　〆
九月廿五日　天保九庚子九月廿五日　薫屋妙清信女（弥三郎母・松）八年祥月
良向寺　御壱人　御布施百文　〆
十月十日　享保元辛酉十月十日　奇峯妙雲信女（四代源兵衛妻・ひさ）四十七年祥月
報恩講御引上ケ相勤メ申候　私ｼ曰取越相勤メ申候　〆
良向寺　御壱人　御斎　御酒出ｼ申候　御布施百文　同百文　〆

弘化五（一八四八）戊申《つちのえさる》年二月七日　文化四丁卯年二月七日 鐵翁志堅居士（四代源兵衛・宇平）四十二年祥月

良興寺　御壱人　御布施百文（約千百五十二円）〆
二月十七日　天保五甲午二月十七日　荘翁香嚴信士（弥三郎父・文助）十五年祥月
　良興寺　御壱人　御布施百文　〆　私シ曰志堅祥月一所ニ　二月七日取こし相勤メ申候

初代命日に蓮如上人三百五十回忌

二月廿六日　正徳二壬辰二月廿六日感光道榮信士（初代源兵衛）三十六年祥月　御布施百文
　　　蓮如上人三百五拾回忌　御引上ケ　御布施　弐百文　良興寺　御斎　〆
蓮如上人は、室町中期の僧侶で、本願寺第八世。真宗中興の祖といわれ、明応八（一四九九）年三月二十五日に入寂。弘化五年は、二月二十八日に孝明天皇即位に伴い、嘉永と改元。

嘉永元戊申年五月二日　天保十四壬卯五月二日　釋尼常照信女（弥三郎妻・せつ）六年祥月
　性勒尼　上ケ銅　御布施百文　線香小壱把　〆
五月廿日　寛政三辛亥五月廿日　釋顕證信士（三代源兵衛・源右衛門）五十八年祥月
　良向寺　御壱人　御斎　御布施百文　〆

弥三郎に女児・栄が誕生

五月廿四日　晝九ツ時（正午頃）出産女子於栄　諸々見舞覚左ニ印置《しるしおき》申候
五月廿五日　一　満んちう三十弐　東ノ万兵衛　　一　袋入菓子壱ツ　阿王や利八
　廿六日　一　阿つきめし壱升五合計り　東ノ利兵衛

廿七日　一　満んぢう三十弐　若松屋善助　　一　満んぢう三十弐　辻屋嘉六
一　菓子袋壱ツ　江どや於古と
廿八日　一　嶋壱切　中のば々さとせ　　一　嶋切壱切　ちぢみ　井桁屋定七
一　石毛《いしも》ち肴《さかな》七つ　西ノなかや柳助
廿九日　一　石毛ち肴十五　法六町萬久　　一　こち肴七ツ　向ノみよしや嘉介
六月十二日　一　嶋切壱切　凡八尺三寸計り　万久

栄の七夜祝いに十四人呼ぶ

五月晦日　右七夜祝儀　呼人左ニ印
万兵衛内義於由《ゆ》う　外ニ菓子三人前遣申候　利兵衛嫁於ぎの　阿《あ》王《わ》屋利八内義於てる
まん辰於せひ　みよしや於てう　病気断　送り膳遣申候　柳介内儀於屋す　中野茂八殿内ば々さ
若善お袋於寿　断　送り膳遣申候　辻長　送り膳遣申候　万久　断　送り膳遣申候　〆
外ニ　ヨコテ利兵衛　梶阿らい周蔵　下男弥衛門　於こと　茶く王し遣申候　〆

御酒

硯婦多
く王《わ》い
か王竹
ごぼう
玉子
連んこん

鉢肴　黒たい

寿《す》い毛《も》の　す満《ま》し
切身

三ツ丼（すし
　　　　ちく王婦
　　　　見合毛の

坪（ちく王婦
　　かん飛やう
　　ごぼう
　　志ゐ竹
　　とふ婦

皿いけ盛（大こん
　　　　　みし満
　　　　　か王竹
　　　　　うり
　　　　　さかな

平（連んこん
　　こぶ
　　切身

〆

御馳走は一汁三菜

御地走　一汁三榮（菜）外ニ酒出申候　外茶菓子　三ツ盛　壱人前
　料利人　左官由蔵　相添　梶阿らい周蔵　〆
中野茂八殿内とやげば々さ（とせ）礼物　金弐百疋（四万円弱）外ニ小裏附壱そく
八月廿六日　宝暦三申八月廿六日　釋顕誓信士（二代源兵衛）九十七年祥月
　文化二亥八月廿六日　光譽妙安信士（父文助弟・治作）三十四年祥月
良向寺御壱人　御斎　御布施百文　俗名次作是ハ次兵衛方ニテ　相《あい》勤メ可申《もうすべき》佛也　〆
九月廿五日　天保九庚子九月廿五日　薫屋妙清信女（弥三郎母・松）九年祥月
良向寺　御壱人　御斎　御布施百文（約千百五十二円）〆
十月十日　享保元辛酉十月十日　奇峯妙雲信女（四代源兵衛妻・ひさ）四十八年祥月
報恩講御引上ケ　相勤メ申候　私シ曰取越相勤申候
御布施百文　同百文　〆　良興寺　御壱人　御斎御酒出シ申候

嘉永二（一八四九）己酉《つちのととり》年二月七日　鐵翁志堅居士　文化四丁卯年二月七日（四代源兵衛・宇平）四十三年祥月
良向寺　御壱人　御斎　御布施百文　〆
二月十七日　天保五甲午二月十七日　荘翁香嚴信士（弥三郎父・文助）十六年祥月
良向寺　御壱人　御斎　御布施百文（約千百五十二円）
私シ曰志堅祥月と　一所取越二月七日　相勤メ申候　〆
二月廿六日　正徳二壬辰二月廿六日　感光道榮信士（初代・弥四郎）百三十七年祥月
良向寺　御壱人　御斎　御布施百文　〆

前妻・せつの七回忌は簡略

五月二日　天保十四癸卯年五月二日　釋尼常照信女（弥三郎妻・せつ）七回忌
俗名於せつ　性勤尼上ト宇　百満べん志　私曰無僧差《さし》つかへ由《ゆ》へ　上ト宇仕申候
御布施　三百文　卯丸　五己入壱王　ろう楚《そ》く弐丁　〆

吉良町史によると、前年の嘉永元年は植え付け後の五月、雨天が続き水冠、九日と十二日に烈風が吹き荒れ、十月に検見願いが出された。つまり、凶作だった。このため、弥三郎は妻・せつの七回忌を簡略化したのだろう。

五月廿日　寛政三辛亥五月廿日　釋顕證信士（三代源兵衛・源右衛門）五十九年祥月
良向寺　御壱人　御斎　御布施百文　〆
八月廿六日　宝暦三申八月廿六日　釋顕誓信士（二代源兵衛）九十八年祥月

文化二亥八月廿六日　光譽妙安信士（父文助弟・治作）三十五年祥月

良向寺　御壱人　御斎　御布施百文　俗名次作是ハ次兵衛方ニテ　相勤メ可申仏ニ御座候

九月廿五日　天保九庚子九月廿五日　薫屋妙清信女（弥三郎母・松）十年祥月

良興寺　御壱人　御斎　御布施百文　〆

十月十日　享和元辛酉十月十日　奇峯妙雲信女（四代源兵衛妻・ひさ）四十九年祥月

報恩講御引上ケ　相勤メ申候　私曰取越相勤メ申候

御布施百文（約千百五十二円）　同百文　〆　良興寺　御壱人　御斎御酒出シ申候

嘉永三（一八五〇）庚戌《かのえいぬ》年二月七日　文化四丁卯年二月七日　鐵翁志堅居士（四代源兵衛・宇平）四十四年祥月

良興寺　御壱人　御布施百文　〆　私曰二月六日引上ケ　相勤メ申候

父十七回忌飾り配り八軒

二月十七日　天保五甲午二月十七日　荘翁香嚴信士十七年（弥三郎父・文助）十七回忌

二月五日　錺くばり扣　良興寺〇九　トミダ糟谷善右衛門〇九　ろうそく十一丁

糟谷林右衛門〇九　不参候　新家記左衛門〇七　同恵助〇七　神取文蔵〇七

万久〇七　大沢善助〇七〆　八けん　白米　七升

二月十七日　天保五甲午二月十七日　荘翁香嚴信士　十七回忌　二月六日　取こし相勤メ申候

良興寺　御壱人　御斎　御布施　三百文　御供　不参ニ候　〆

呼　人　喜左衛門　百文　恵助　名古や留ス中　断　万兵衛　なし　白文　百文

若松屋善助　百文　〃源九郎　百文　権平　百文　送り膳
阿王《あわ》屋利八　百文　送り膳　満ん辰　百文　万久　百文　送り膳　柳介　百文　送り膳
みよしや嘉介　卯丸五己入壱王　送りぜん　トミタ善右衛門　不参候　〆
外ニ家内六人　岡山於いね　吉のや於いく　〆

献立は通例の一汁五菜

皿（大こん　かき寿《す》あへ）

志る（つととふ婦　但シ志ろみそ　寿りみ）

平（大志ゐ竹　半月　長いも）

坪（里いも　志《し》ゐ竹　ごぼう　人《にん》じん　つととふ婦）

茶碗蒸（京く王い　由《ゆ》ば　せり　ぎんなん　志ゐ竹）

茶菓子
三つ守（盛）
代三分つ々

献立一汁五榮（菜）　料利人　お屋つ　手つだ以　よしのや於いく
〆　中酒見合申候　時節柄事故《ことゆえ》呼人御地走　けん屋く仕申候

弥三郎は、時節柄、呼び人、御馳走を倹約した、と言うが、呼び人は十三人と他に女性が二人いる。御馳走も一汁五菜の通例で、倹約しているとは思えない。

米の値段が一升百十文

右諸入用買物扣　戌二月六日　一　壱〆（貫）文　西尾買物　一　四百文　當村買物

一　五百五拾文　いずみや与七茶く王《わ》し　一　五百五拾文　米五升

一　四百文　いろいろ

二月廿六日　正徳二壬辰二月廿六日　感光道榮信士（初代源兵衛・弥四郎）百三十八年祥月

良興寺御壱人　御斎　御布施百文　〆

五月廿日　寛政三辛亥五月廿日　釋顕證信士（三代源兵衛・源右衛門）六十年祥月

良向寺御壱人　御斎　御布施百文（約千百五十二円）〆

八月廿六日　宝暦三申八月廿六日　釋顕誓信士（二代源兵衛）九十九年祥月

文化二亥八月廿六日　光譽妙安信士（父文助弟・治作）三十六年祥月

良興寺御壱人　御斎　御布施百文　俗名次作是ハ次兵衛方ニ而　相《あい》勤メ可申《もうすべき》仏ニ御座候

九月廿五日　天保九庚子九月廿五日　薫屋妙清信女（五代源兵衛妻・松）十一年祥月

良興寺御壱人　御斎　御布施百文　〆

四代妻五十回忌は凶作で取り延べ

十月十日　享和元辛酉十月十日　奇峯妙雲信女五十年（四代源兵衛妻・ひさ）五十回忌

私シ曰當戌年年忌相當り　法事相勤メ可申《もうすべく》候處　古来満連成《まれなる》大風大水出テ

凶年作悪《あしき》ニ付當年相延《あいのば》シ　来ル亥年相勤メ可申書《かき》　居《お》く
報恩講御引上ケ　相勤メ申候　取越相勤メ申候
御布施百文（約千二百五十二円）　同百文　良興寺　御壱人　御斎　御酒出申候　〆

十月十日は、祖母・ひさの五十回忌に当たるが、弥三郎は「この年は、古来稀な大風、大水が出て凶作のため、五十回忌法事は延期して来年勤める」と話し、例年のように、祥月並みの法事（御布施百文）を報恩講（同百文）とともに勤めた。

吉良町史によれば、嘉永三年は、七月二十一日大風雨、八月七日大雨が三日間続き大洪水、九月二・三日大風雨、水冠、大風により稲株吹損、前代未聞の凶作、とある。

男児・源治郎が誕生

極月十二日　夜八ツ半時（午前三時頃）出産男子源治郎　諸々見舞覚左ニ印置申候
同　一　満んぢう三十弐　萬久　一　とふ婦羽書七丁　阿王や利八
一　つ満みせんべい壱袋　東ノ惣介
十三日　一　とうみ可ん壱袋　阿王や利八　一　満んちう百文　東ノ万兵衛
十五日　一　小紋木綿壱切　東ノ万兵衛
十七日　一　満んちう三十弐　若松屋善助　一　さば肴仔五ツ　辻屋嘉六
一　満んちう三十弐　大嶋屋乙吉
十八日　一　かれ以《い》肴仔弐枚　なかや柳助　一　さば肴煮付毛《も》の七つ　東ノ於ちの

一　満んちう三十弐　表具屋嘉介
十九日　一　とふ婦羽書九丁　東ノ利兵衛　一　同八丁　井桁屋定七

七夜祝いの呼び人十三人

極月十九日　右七夜祝　呼人左ニ印
万兵衛於由う　外ニ於り宇　利八嫁於きの　阿王や於てる　まん辰於せひ
みよしや於てう　柳介嫁於屋す　断送り膳　若善於うた　送り膳　中のば々さ
辻長　送り膳　万久　送り膳　〆　外ニ　岡山於いね　吉《よし》のや於いく
　御地走　一汁三榮（菜）　外《ほか》酒出候　料利人　内能《の》お屋つ
御酒　丼　すし　からしな　かづのこ　鉢肴　さば五ツ
平　のつ遍《ぺ》い　里いも　ごぼう　人じん　ゑび　うり
寿《す》い毛《も》の　こ升みそ　切身　茶めし　皿　かきす王《あ》へ　〆
　私曰當年凶作ニ付格別　けんやく仕《つかまつり》　御地走《ごちそう》一切《いっさい》　仕不申候《つかまつりもうさずそうろう》
中の茂八内と屋げば々さ　礼物　金壱分弐朱（三万円弱）　亥正月十六日　お屋つ持参　〆

嘉永四（一八五一）辛亥《かのとい》年二月七日　文化四丁卯年二月七日 鐵翁志堅居士（四代源兵衛・宇平）四十五年祥月
良興寺　御壱人　御斎　御布施百文（約千百五十二円）　〆
二月十七日　天保五甲午二月十七日　荘翁香嚴信士（五代源兵衛・文助）十八年祥月
良興寺　御壱人　御斎　御布施百文　〆

二月廿六日　正徳二壬辰二月廿六日　感光道榮信士（初代源兵衛・弥四郎）百三十九年祥月
良興寺　御壱人　御斎　御布施百文　〆　私曰香嚴祥月と　一所取越十七日相勤申候

初節句に紙幟飾る

五月朔日　源治郎初節句ニ付祝ひ少〳〵仕《つかまつる》尤時節柄特ニ當年ハ凶作ニ付
内い王《わ》ひ計《ばか》り候則左ニ印
紙登り　壱本　三十弐枚　手作致申候　同　壱本　十八枚　万久ゟ来ル〆
柏餅くばり　松喜　若善　万久　表嘉（表具屋嘉介）　梅忠　阿王や利八　万兵衛
中のば々さ　辻長　岡山於以ね　吉丈　栄七　東ノ於ちの　〆
祝儀受納扣　四月廿九日　一　紙のぼり　せん可十八枚　松きんとき画　萬久
五月四日　一　さかな　凡中位弐ツ　東ノ傳助　一　青銅拾疋　中の村茂八ば々さ
　一　いなさかな　凡中位五つ　本町辻長
五日　一　とふ婦羽書五丁　阿王や利八　一　石持《いしもち》肴五ツ　東ノ万兵衛
　一　銭三拾弐文　西ノ梅忠　〆

紙幟を飾るのは初めて。一本は自作、もう一本は万屋久五郎から贈られた。この紙幟は、せん可十八枚で作られ、松と金太郎が描かれていた。

〝せん可〟とは、仙花紙の略称。紙質が厚く、強靭で合羽の地紙にされる楮《こうぞ》紙。旧暦の五月は、梅雨時期。雨に濡れても破れないよう紙幟にも、仙花紙が使われた。

紙幟を飾る風習は、江戸中期以降、武士が端午の節句は、武を尊ぶ「尚武《しょうぶ》の日」だとして、男子の出世と息災を願って、旗指物などを飾ったのが始まり、という。幕末には、三河部の庶民の家でも、紙幟を飾る風習が伝わったようだ。紙幟は、やがて布製になる。

五月廿日　寛政三辛亥五月廿日　釋顕證信士（三代源兵衛・源右衛門）六十一年祥月
良興寺　御壱人　御布施百文（約千百五十二円）御斎米　五合　〆
私曰無僧差支《さしつかえ》ニ付　上ケ銅ニ仕《つかまつる》　五月十八日　お幾《き》み遣申候

二代百回忌も凶作で取り延べ

八月廿六日　宝暦二申八月廿六日　釋顕誓信士（二代源兵衛）百年回忌
私曰昨年世の中違ニ付　取のべ致置申候
文化二亥八月廿六日　光譽妙安信士（父文助弟・治作）三十七年祥月
良興寺　御壱人　御布施百文　俗名治作之ハ治兵衛萬兵衛　相勤可拂ニ御座候
私曰無僧さしつかへ有之　上銅を致申候

〝違ニ付〟とは、いつもとは違うという意味か。昨年は、台風に見舞われ、凶作で、十月十日の宇平妻・ひさの五十回忌を取り延べたが、今年は二代源兵衛の百回忌を取り延べる。

九月廿五日　天保九庚子九月廿五日　薫屋妙清信女（弥三郎母・松）十二年祥月
良興寺　御壱人　御斎　御布施百文　〆
十月十日　享和元辛酉十月十日　奇峯妙雲信女（四代源兵衛妻・ひさ）五十一年祥月

報恩講御引上ヶ　相勤メ申候　取越相勤メ申候
御布施百文（約千百五十二円）　同百文　良興寺　御壱人　御斎ハ酒出申候　〆

取り延べ四代妻五十回忌は祥月並み

弥三郎は、凶作のため、昨年の奇峯妙雲信女（宇平妻・ひさ）五十回忌法要を取り延べし、今年営むとしていたが、祥月法事に留めた。昨年の凶作が尾を引いたようだ。今年八月の釋顕誓（二代源兵衛）の百回忌法要も、昨年の凶作を理由に取り延べた。

嘉永五（一八五二）壬子《みずのえね》年二月七日　文化四丁卯年二月七日　鐵翁志堅居士（四代源兵衛・宇平）四十六年祥月
良興寺　御壱人　御斎　御布施百文（約千百五十二円）〆
先様御差つかへ有之候ニ付　同六日朝取こし相勤メ　申候
二月十七日　天保五甲午二月十七日　荘翁香嚴信士（五代源兵衛・文助）十九年祥月
良興寺　御壱人　御斎　御布施百文　〆
二月廿六日　正徳二壬辰二月廿六日　感光道榮信士（初代・弥四郎）百四十年祥月
良興寺　御壱人　御斎　御布施百文　〆　私曰香嚴祥月と　一所ニ取越相勤申候
五月廿日　寛政三辛亥五月廿日　釋顕證信士（三代源兵衛・源右衛門）六十二年祥月
良興寺　御壱人　御斎　御布施百文　〆
八月廿六日　宝暦二申八月廿六日　釋顕誓信士（二代源兵衛）百壱年祥月
文化二亥八月廿六日　光譽妙安信士（弥四郎父文助弟・治作）三十八年祥月

良興寺　御壱人　御斎　御布施　百文　〆　俗名次作是ハ次兵衛方ニテ　相勤メ申候

結局、昨年取り延べた釋顕誓信士（二代源兵衛）の百回忌も、一昨年取り延べし、昨年取り止めた奇峯妙雲信女（宇平妻・ひさ）の五十回忌と同じように、祥月法事とした。

母十三回忌飾り配りは一ヶ所

九月廿五日　天保九庚子九月廿五日　薫屋妙清信女（弥三郎母・松）十三回忌

錺りくばり扣　良興寺○九　米凡弐升　私シ臼けん屋く故他家　親類皆々相止メ申候

飾り餅配りは、良興寺一ヶ所。搗いた米も、わずか二升。弥三郎は「倹約のため、親類、皆々止めた」と言い、今年（嘉永五年）、昨年、一昨年と、凶作が続いた可能性がある。

吉良町史によると、嘉永五年は五月が大干ばつに見舞われる。五日から五日間、二十七日からも五日間、雨乞いをした。七月二十一日からは風雨が二日間続き、烈風が吹き荒れ、家が破損、その後、雨天が続く。八月二十二日も烈風吹き荒れ、格外の違作となった。

嘉永四年は、町史に凶作の記載はない。前年の凶作が尾を引いたのかもしれない。

母十三回忌に後妻・屋つ披露

九月廿五日　天保九庚子九月廿五日　薫屋妙清信女（弥三郎母・松）十三回忌

良興寺　御壱人　御布施　三百文（約三千四百五十六円）御供　不参〆

祥《ママ》（呼）人　紀左衛門　百文　平太夫　百文　万兵衛　なし　万久　百文　若善　百文

源九郎　百文　川崎屋忠八　百文　白分　百文　なべ兵　百文　権平　百文
利八　百文　万辰　百文　大嶋屋　百文　柳介　百文　なかや傳介　百文
黒野次太夫　卯ノ丸壱把　江戸行留ス　代祐次　ヨコテ利兵衛　百文
梶《かじ》阿《あ》らい周蔵事《こと》か自《じ》や清七　百文　〆拾八人　香奠〆　壱〆（貫）六百文　卯ノ丸壱把
献立之儀此度右年忌　一所ニお屋つヒロ宇仕候　ニ付左ニ印申候
九月廿五日　目出度《めでたく》　於屋津飛《ひ》ろう仕《つかまつる》　尤《もっとも》　法事　席ニ以一所《いっしょ》ニ仕《つかまつる》　村方役人
丁内万兵衛方《かた》内義於由う　案内ニて相廻《あいまわ》し申候左ニ阿《あ》ら満《ま》し　印置《しるしおき》申候
尤呼人ハ右法事　懐石於く王《わ》し有之《これあり》申候　於栄《おえい》七夜兼テ仕申候

弥三郎は、経費節減のため、母・松の十三回忌の席で後妻の屋津を披露する。彼女は、六年前の弘化三（一八四六）年、萬屋の料理人として登場、弥三郎の後妻となった。嘉永元（一八四八）年に長女・栄、嘉永三年には長男・源治郎が生まれた。

江戸時代は、慶と弔は裏と表で一体、との考えが一般的だった証左と言える。村方役人、町内は、東店の万兵衛内儀・於由うの案内で、挨拶をして回る。吉良町史によれば、時の村役人は（庄屋）文（分）蔵、（組頭）為助、九郎左衛門、常助、（百姓代）源九郎、太兵衛。

二十人から祝儀を受ける

祝儀受納扣　九月廿五日　一　酒羽書壱升　辻屋嘉六　一　同弐升　川崎屋忠八
一　初見代金弐朱包　酒壱升　まつや紀左衛門

一　初見代金弐朱包　風呂敷壱ツ　白木や文蔵
一　玉紬八尺　花志ぼり八尺　風呂敷壱ツ　吹〆町く王しや平太夫
一　酒羽書壱升　金弐朱包　晒八丈嶋八尺　若松屋善介
同廿八日　一　酒羽書壱升　東城村良興寺　一　酒羽書壱升　万久
一　酒羽書壱升　梶阿《かじあ》らい甚右衛門　一　鳥目五拾疋　松竹《まつたけ》少し　東ノ万兵衛
一　風呂敷壱ツ　紙二丈　東ノ権平　一　晒壱袋　か自《じ》や清七養子周蔵
一　金弐朱包　外羽書壱升　若松屋源九郎　一　酒羽書壱升　阿王や利八
一　とふ婦羽書七丁　傳助　一　同七丁　なかや柳介　一　同七丁　大し満や伊右衛門
一　同八丁　井桁屋定七　一　同七丁　黒野次太夫　一　同五丁　よし能や於いく〆
九月廿五日　右諸入用覚
一　三百文　阿ん満祝儀　一　三百文　役場祝儀　一　金弐朱　丁内祝儀
一　四百文　料利人忠七礼　一　金弐朱ト三百文　西尾買物　一　六百四拾文　川清払
一　弐〆六百文　若松屋源九郎払　一　金弐朱ト四百三十弐文　満ん辰茶菓子
一　金弐朱ト六拾文　辰巳屋長右衛門払　一　金弐分　白米凡三斗　一　金壱分　諸用
〆　金壱両壱分ト五〆（貫）三拾二文　此金壱両壱分ト八十四文
合金弐両弐分ト八拾四文（約十九万千円）

母十三回忌と後妻披露で約二両

弥三郎は、法事に併せて後妻を披露したため、今回も計算法は、よく分からないが、費用は約二両二分で済んだ。なお、前に触れたが、辰巳屋長右衛門は、小説家・尾崎士郎の先祖。

嘉永六（一八五三）癸丑《みずのとうし》年二月七日　鐵翁志堅居士 文化四丁卯年二月七日（四代源兵衛・宇平）四十七年祥月
　良興寺　御壱人　御斎　御布施百文（約千百五十二円）〆
二月十七日　天保五甲午二月十七日　荘翁香嚴信士（弥三郎父・文助）二十年祥月
良興寺　御壱人　御布施百文　〆
二月廿六日　正徳二壬辰二月廿六日　感光道榮信士（初代・弥四郎）百四十一年祥月
良興寺　御壱人　御斎　御布施百文　〆　私曰香嚴祥月と　取越一所ニ相勤申候
五月廿日　寛政三辛亥五月廿日　釋顕證信士（三代源兵衛・源右衛門）六十三年祥月
良興寺　御壱人　御斎　御布施百文　〆
八月廿六日　宝暦三申八月廿六日　釋顕誓信士（二代源兵衛）百二年祥月
　　文化二亥八月廿六日　光譽妙安信士（弥三郎父文助弟・治作）三十九年祥月
良興寺　御壱人　御布施百文　俗名次作是ハ次兵衛方ニテ　相勤メ申候　〆
九月廿五日　天保九庚子九月廿五日　薫屋妙清信女（弥三郎母・松）十四年祥月
良興寺　御壱人　御斎　御布施百文（約千百五十二円）〆
十月十日　享和元辛酉十月十日　奇峯妙雲信女（四代源兵衛妻・ひさ）五十三年祥月
　　報恩講御引上ケ　相勤メ申候

御布施百文　同百文　良興寺　御壱人　御斎　中酒出候　〆

嘉永七（一八五四）甲寅《きのえとら》年二月七日　文化四丁卯年二月七日　鐵翁志堅居士（四代源兵衛・宇平）四十八年祥月

良興寺　御壱人　御斎　御布施百文　〆

二月十七日　天保五甲午二月十七日　荘翁香嚴信士（弥三郎父・文助）二十一年祥月

良興寺　御壱人　御斎　御布施百文　〆

二月廿六日　正徳二壬辰二月廿六日　感光道榮信士（初代・弥四郎）百四十二年祥月

良興寺　御壱人　御布施百文　〆　私曰香嚴祥月と　取越一所爾勤メ申候

男児・弥四郎が誕生

四月廿四日　夜八ツ時比《ごろ》（午前二時頃）出産男子弥四郎　諸々見舞覚左ニ印置申候

四月廿五日　一　満んちう三十弐　但シく王し袋入　阿王や利八

同廿六日　一　嶋切八尺　東ノ万兵衛　一　満んぢう三十弐　同人

一　津る豆壱升計り　綿内弥會八

同廿七日　一　満んぢう三十弐　大嶋屋伊右衛門　一　とふ婦三丁　市子出代八ば々さ

一　阿つき免し壱升弐三合　東ノ権平

同廿八日　一　い奈肴五ツ　井桁屋定七

同晦日　一　かれい肴弐枚　なかや柳介　一　とふ婦三丁　よし能や於以く

五月朔日　一　まんちう羽書百文分　数三十弐　河崎屋忠八

一　機留《きりゆう》嶋八尺　若松屋源九郎　一　地嶋八尺　法六町萬屋久五郎
一　機留嶋八尺　松屋記左衛門　一　白木綿壱切　源右衛門後家於ら以
同六日　一　満んぢう羽書百文分　本町辻長　同七日　一　黒鯛弐疋凡六七寸位　東ノ傳介
五月残分　一　志可ふ努壱つい　万久　六月十日　一　夏嶋八尺　吹〆町平太夫
六月残分　一　よとかけ　但シもめんもみへり　白文　（よと＝よどは、よだれの方言）

七夜祝い呼び人は三人

右七夜祝呼人之儀三人目之　子供由へ見合《みあわせ》とやげば々さ計《ばか》り
よび申候隣家衆其外祝ひ申不《もうさず》候御方江送リ膳遣置申候則左ニ
権平　利八　満ん辰　万兵衛　大嶋屋伊衛門　なかや柳介　川忠　万久　若松屋源九郎
御地走一汁三榮（菜）酒　内祝ひ申候　料利人　内ノ於屋つ
呼　人　王多内源右衛門後家　是ハとやげば々　よし能や於いく　万兵衛娘於り宇〆
一　御酒　一　肴　かれい弐疋　爾つけ　一　皿　せん切大こん
一　坪　志ゐたけ　里いも　つはふき　竹葉婦　婦き
一　平　竹のこ　連んこん　寿こ婦　さかな　〆
綿内源右衛門後家とやげば々さ　礼物
金弐朱包（一万円弱）　外ニ嶋四尺　切節入壱尺　寅五月九日お屋つ持参
私曰今日十五日（目）日立《ひだち》ニ　相成ニ付礼なから参り　うどんニ而よばれ申候

嘉永七年末に大地震

五月廿日　寛政三辛亥五月廿日　釋顕證信士（三代源兵衛・源右衛門）六十四年祥月
良興寺　御壱人　御斎　御布施百文（約千百五十二円）〆
八月廿六日　宝暦三申八月廿六日　釋顕誓信士（二代源兵衛）百三年祥月
　文化二亥八月廿六日　光譽妙安信士（弥三郎父文助弟・治作）四十年祥月
良興寺　御壱人　御斎　御布施百文　俗名次作是八次兵衛方ニテ　相勤メ申候
九月廿五日　天保九庚子九月廿五日　薫屋妙清信女（弥三郎母・松）十五年祥月
良興寺　御壱人　御斎　御布施百文　〆
十月十日　享和元辛酉十月十日　奇峯妙雲信女（四代源兵衛妻・ひさ）五十四年祥月
　十月九日上ヶ銅ニテ相勤申候　尤無僧差支《さしつかえ》ニ付
良興寺　御布施百文　外ニ御斎米袋入少々　〆

『萬般勝手覺』に記載がないが、十一月四日辰下刻（午前八時から九時ごろ）に東海大地震、翌五日には南海大地震が発生する。十一月二十七日には、安政と改元されるため、安政の東南海大地震と呼ばれる。西尾で震度5〜6と言われる。

弥三郎が濃州へ引っ越す

卯二月七日佛（鐵翁志堅居士・宇平）　同二月十七日佛（荘翁香嚴信士・文助）

同五月廿日佛　（釋顕證・源右衛門）　同八月廿六日佛　（釋顕誓・源右衛門父）〆

右ハ濃州江引越仕候ニ付　取こし差舞（配？）致有之候

弥三郎は、自宅兼店舗が地震で、大きな被害を受けたため、引っ越しを決断したのだろう。濃州（岐阜県）へ引っ越すに当たり、二代、三代、四代、五代の法事を取り越しで営んだ。引っ越し時期は、はっきりしないが、安政二年の初めではないか。引っ越し先は、妻・屋つの里。後の記述で分かるが、本巣郡長屋村（岐阜県本巣市）である。

濃州引っ越し後初の法事

安政二（一八五五）乙卯《きのとう》年九月廿五日

天保九庚子九月廿五日　薫屋妙清信女（弥三郎母・松）十六年祥月　報恩講御引上ケ

濃州本巣郡カイデン　教徳寺　御壱人　御斎〆

弥三郎に法事を営む心の余裕が出来たようだ。改田村（カイデン）は、方県郡《かたがた》（岐阜市）で、長屋村東隣の村。教徳寺は浄土真宗本願寺派で、屋つの実家の菩提寺である。

安政三（一八五六）丙辰《ひのえたつ》年二月十七日　教徳寺　御壱人　御布施　壱朱包（五千円弱）

文化四年丁卯二月七日　鐵翁志堅居士 文化四丁卯年二月七日 （四代源兵衛・宇平）五十回忌

取のべ相成居候今日相勤メ候

天保五甲午二月十七日　荘翁香嚴信士（弥三郎父・文助）二十三回忌

正徳二壬辰二月廿六日　感光道榮信士（初代源兵衛）百四十四年祥月〆

弥三郎は、教徳寺和尚を招き、父・文助の二十三回忌に併せ、祖父・宇平の五十回忌、初代・弥四郎の百四十四年祥月の法事を一緒に勤め、布施一朱（五千円弱）を進上する。

八月廿五日　宝暦三申八月廿六日　釋顕誓信士（二代源兵衛）百五年祥月

文化二亥八月廿六日　光誉妙安信士（父文助弟・治作）四十二年祥月

俗名次作是ハ三州　次兵衛方ニテ相勤メ申候

九月廿五日　天保九庚子九月廿五日　薫屋妙清信女（弥三郎母・松）十七回忌　〆

右取こし相勤メ申候　教徳寺　御壱人　御布施　三百文（約三千四百五十六円）〆

弥三郎は、二代源兵衛の祥月命日に併せ、母・松の十七回忌を一緒に営む。祖父の五十回忌、父の二十三回忌、母の十七回忌とも、飾り配り、呼び人なしで済ます。

十月十日　享和元辛酉十月十日　奇峯妙雲信女（四代源兵衛妻・ひさ）五十三年祥月

報恩講御引上ケ　相勤メ申候　教徳寺御壱人　御斎　御酒出候　御布施百文　〆

濃州で四人目の子供誕生

十一月廿五日　夜九つ時分（午前零時頃）出産女子於と免《め》　諸々見舞左ニ印置申候

十一月廿六日　一　三文モち数廿宇　藤嶋屋庄兵衛　一　餅米五升　田中宗左衛門

極月二日　一　三文モち十五　怒《ぬ》いや左助　〆

右七夜旅居事《こと》故呼人とやげ　ば々扣平《こうへい》内ぎ左助内ぎ〆三人

一　八《や》ワタ村ば々さ　一　扣平内ぎ　一　怒《ぬ》いや於可《こう》ふ　〆　三人

御地走一汁三菜　一　御酒　　　一　ごもく寿し

とやげば々へ礼物　一　五百文　遣申候〆　左助内ギ遣申候

弥三郎に、四人目の女児が誕生する。「もうこれ以上いらない」との思いであろう、〝と免〟と名付ける。とやげ婆は、池田郡八幡村（岐阜県揖斐《いび》郡池田町）に住む。そして、旅居中だとして、七夜祝いも質素に行う。祝いの品も三人から受納しただけである。

弥三郎が流行の風邪に罹る

安政四（一八五七）丁巳《ひのとみ》五月廿日　寛政三辛亥五月廿日釋顕證信士（三代源兵衛・源右衛門）六十七年祥月

安政四丁巳二月七日　文化四丁卯二月七日　鐵翁志堅居士（四代源兵衛）五十一年祥月

安政四丁巳二月十七日　天保五甲午二月十七日　荘翁香嚴信士（五代源兵衛）二十四年祥月

安政四丁巳二月廿六日　正徳二壬辰二月廿六日　感光道榮信士（初代源兵衛）百四十五年祥月

〆　右當春以来ハ風はやりニ而　王《わ》づらい無《む》リ相成相のばし　置此度一所ニ相勤申候

濃州改田村　教徳寺　御壱人　御布施　〆

弥三郎は、流行の風邪に罹り、二月に営むべき三件の祥月法事を五月廿日の三代源兵衛の命日に四霊の法事を一緒に営む。三、四月には萬屋歴代当主の命日がないので、弥三郎が、どれほどの期間、風邪を患っていたのかは、分からない。布施の額も書いてない。

八月廿五日　宝暦三申八月廿六日　釋顕誓信士（二代源兵衛）百六年祥月

文化二亥八月廿六日　光謦妙安信士（父文助弟・治作）四十三年祥月

教徳寺　御壱人
九月廿五日　天保九庚子九月廿五日　薫屋妙清信女（弥三郎母・松）十八年祥月
俗名次作是ハ　次兵衛方ニテ相勤メ申候
十月十日　享和元辛酉十月十日　奇峯妙雲信女（四代源兵衛妻・ひさ）五十七年祥月
布施の額の記載がないのが続いた後は、祥月命日の記載だけである。理由は分からないが、帰国準備で忙しかった可能性はある。

濃州で最後の法事

十一月九日　報恩講御引上　相勤メ申候　教徳寺　御壱人　御布施百文　〆

教徳寺和尚を招いた濃州で最後となる法事、報恩講には布施の額が記載される。

安政五（一八五八）年　一件の記載もない。帰国準備をしていたと考えられる。

安政六（一八五九）未年十二月十六日　濃州表ゟ帰国仕居致候

弥三郎は、安政六年の年末に帰国する。帰国準備に二年ほどかかった、と言えよう。濃州には、五年近く滞在したことになる。

安政七（一八六〇）庚申《かのえさる》年二月十七日　天保五甲午二月十七日　荘翁香嚴信士　二十七回忌
百満遍志　御布施　壱朱包（五千円弱）法六町地蔵堂　上銅　〆
私シ曰先月取ヤメ居候ニ付　取延シ置三月十七日ニ　相勤申候

弥三郎は、帰郷の翌年、法六町の地蔵堂に頼み、一ヶ月遅れで父・文助の二十七回忌法事を飾り配り、呼び人なしで営む。濃州に引っ越す前は、下町に住む性勤尼に頼んでいた。吉良町史によれば、法六町の地蔵堂は、尾崎士郎の大叔母の私庵。

安政七年は、江戸城の火災や桜田門外の変といった災いがあったとして、三月十八日に万延と改元されるが、萬屋にとっても画期となる。以後、報恩講と父母の法会以外営まない。

三人目の男児・与茂助誕生

万延元庚申四月八日晝五ツ時（午前八時頃）出産男子与茂助諸々見舞品　左ニ印置申候則

四月八日　一　満んちう十五　東ノ万兵衛
〃九日　一　阿つき免《め》し大重箱入凡壱升　大嶋屋伊右衛門
一　かつ婦《ぶ》し二本　まんぢう百文羽書　若松屋源九郎
一　とふ婦羽書五丁　十七日　外ニかれい肴弐枚　若松屋善助
〃十三日　一　とふ婦羽書五丁　東ノ権平　一　同羽書八丁　中屋柳助
〃十四日　一　とふ婦三丁　江戸屋於古と　一　とふ婦羽書五丁　中屋傳介
一　かれい肴　法六町万屋又助　一　とふ婦羽書五丁　丁内以げ多屋定七
一　地嶋八尺　東ノ万兵衛　一　つ満みせんべい壱袋　岡山村於いね
一　白もめん壱切八尺　とやげば々於ら以
〃十五日　一　とふ婦羽書八丁　阿王や利八
一　満んちう数四十八　但シ羽書代百五十文分　松屋喜左衛門
〃廿日　一　南京小紋よど掛壱ツ　もみひも　白文

〃廿六日　一　とふ婦羽書八丁　く王しや平太夫

五人目の子も呼び人三人

四月十四日　私シ曰右七夜祝呼人之儀五人　目子供故相止メ親類隣家衆送り
膳遣シ置申候　則左ニ印
　権平　満ん辰　万兵衛　利八　大し満や伊右衛門　なかや柳介　万久
若松や源九郎　若松や善助　まつや記左衛門　く王しや平太夫　白文　〆
　右送り膳遣申候　御地走　壱汁三榮（菜）料利　内方お屋つ
呼　人　とやげば々源右衛門後家於らい　岡山於いね（江戸屋）於古と
音介　於市　於り宇　子供分　〆　諸入用　凡金壱分弐朱（三万円弱）余
一　御酒
一　肴　かれい爾つけ　一　平（半月　竹のこ　連んこん　こぶ　さかな）　一　坪（ごぼう　ゑひ　つる豆　里いも　竹のこ）
一　皿　千切大こん
　とやげば々さ礼物　金弐朱包（一万円弱）礼仕候　四月廿二日　お屋つ持参
私曰今日十五日（目）日立相成　候ニ付礼物持参仕阿つき　めしよばれ候
十一月十三日　報恩講御引上ケ相勤申候　良興寺　御布施百文　〆

安政七年（万延元年）は、何故か分からないが、母・松の祥月法事を営んでいない。

万延二（一八六一）年　万延二年は、讖緯《しんい》説による辛酉《かのととり》の年に当たるとして、二月十九日に早くも、文久に改元される。幕末の激動・混乱期である。

文久元辛酉年十一月十三日　報恩講御引上ヶ相勤申候　良興寺　御布施　〆

辛酉革命の年に当たるとして、二月十九日に改元された文久元年は、報恩講を勤めただけである。しかも布施の額も記載されない。萬屋の混乱ぶりも窺える。

文久二（一八六二）壬戌《みずのえいぬ》二月十七日　天保五甲午二月十七日　荘翁香巖信士　二十九年祥月

百満遍志　法六町地蔵堂相頼勤申候　御布施百文（約千百五十二円）

外ニ阿んもち壱ツ　壱人つゝ　せんべい五枚　差遣《さしつかわし》申候〆

三歳の与茂助が疱瘡罹患

四月二十七日ヨリ　与茂助三才熱出疱瘡ニ御座候　諸々見舞受納仕候ニ付　左ニ印置申候

五月朔日　一　銭拾六文　よし能《の》やお以く

〃二日　一　菓子袋壱ツ　大升屋才兵衛　一　同　壱袋　以げ多屋定七

一　同　壱袋　なかや柳助　一　同　壱袋　白木屋文蔵

〃三日　一　銭百文　東ノ万兵衛　一　銭百文　若松屋善助

一　満んちう　く王し袋入ニテ百文分　阿王屋利八

一　菓子袋壱ツ　法六町萬久　一　同　壱袋　丁内於らい

〃四日　一　銭百文　なかや傳助　一　柏もち　数三十五　白木屋お里つ
〃五日　一　菓子袋壱ツ　江戸屋お古と　一　同　壱袋　丁内米屋儀兵衛　佑次
〃六日　一　同　壱袋　吹〆町平太夫　一　白砂糖　袋入壱包　若松屋源九郎
　　　　一　白米壱升　丁内利兵衛　〆
九月廿五日　天保九庚子九月廿五日　薫屋妙清信女（弥三郎母・松）二十三回忌
百満遍志　法六町地蔵堂　相頼勤申候　御布施百文（約千百五十二円）〆
　外阿んもち三ツつ々壱人前　差出申候
十一月十七日　天保九庚子九月廿五日　薫屋妙清信女　二十三回忌
良興寺御壱人　御斎　御布施　弐百文〆　報恩講御引上ヶ　良興寺　御布施　百文〆
母・松の二十三回忌も、父・文助の二十七回忌同様、質素。地蔵堂に頼んで百万遍の念仏行をし、二ヶ月後に引き上げ報恩講を兼ねて、良興寺を招き、斎を催すが、呼び人はいない。

弥四郎が真如寺に弟子入り

文久三（一八六三）癸亥《みずのとい》年三月二日　六代目源兵衛倅弥四郎　當亥年十四才ニ相成候処
去ル戌年十一月朔日形ノ原村　真如寺江弟子入仕テイハツ　昨冬十二月廿四日仕今般
きやくニ参り候ニ付隣家親類廻り仕則　扇壱對つ々持参仕候左ニ印
弥四郎事　正圓　行年十四才　くば里物覚
万兵衛　喜左衛門　善介　源九郎　又七　文蔵　平太夫　権平　傳介　利八　才兵衛

満ん辰　為介油屋出店　柳介　法六町於いく世話人　とやげば々於らい　白文内於里つ　〆
祝儀受納扣　三月二日　一　手拭　壱筋　法六町又七
三月　三日　一　とふ婦羽書五丁　中屋傳助　一　同八丁　阿王や利八
一　井手の里く王し壱包　井桁屋定七　一　扇　壱本　丁内福泉寺
一　白足袋壱足　とやげば々於らい　一　鳥目弐拾疋　本町喜左衛門
一　いがまんぢう十六　なかや柳助

いがまんぢうは、春の訪れを告げる、三河地方に古くから伝わる菓子。臼で搗いた米で餡を包み、薄紅、黄色、緑の三色に染めた餅米を表面に散らした、ひな祭り用の饅頭。ひな祭りが近づくと、各家庭で作り始めた、という。全国的に同類の饅頭が点在する。

一　鳥目拾疋　東ノ利兵衛　一　いか満んぢう九ツ　同人　〆
一　満んぢう羽書百文分　吹〆町油屋為助出店
〃　四日　一　半紙弐状　大升屋才兵衛
〃　五日　一　とふ婦羽書九丁　若松屋善助　一　同八丁　よし能や於いく
一　満んぢう羽書百文分　白木や文蔵　一　手拭壱筋　東ノ万兵衛
一　白米小重壱はい凡五六合　白文内於袋於里つ
〃七日　一　満んぢう羽書百文　若松屋源九郎　〆
右之通受納仕候見屋げ物　くばり不参家ハ平太夫壱軒　御座候為念《ねんのため》印置申候

文久三年は、法事の記載が一切なく、二男の出家報告とは、萬家の家計の逼迫ぶりが窺えよう。

文久四（一八六四）甲子《きのえね》年二月二十日　甲子革命に当たるとして、元治と改元される。

六人目の子・ぶん誕生

元治元甲子八月二十一日夜　五ツ半時（午後九時頃）出産仕候女子於ぶん　諸々見舞品々左ニ印置候

八月廿四日　一　赤むし（赤飯）壱丼　よし能屋於以く

〃廿六日　一　とふ婦羽書七丁　丁内井桁屋定七　一　とふ婦羽書百文分　なかや傳介

一　酒　羽書壱升　手前借家　吹〆町九右衛門倅いかけや〆吉

〃廿七日夕　一　とふ婦羽書壱枚此七丁　法六町万久

〃廿八日　一　同　羽書五丁　中屋柳助　一　鯛子数十一　大升屋才兵衛

〃廿九日　一　とふ婦羽書七丁　東ノ利兵衛

一　壱朱　但シ初見代　とやげば々法六町源右衛門（後家）ら以

一　とふ婦羽書七丁　東ノ万兵衛　一　同羽書七丁　借家次平

九月五日　一　満んちう羽書弐百文　松屋喜左衛門

〃九日　一　か王嶋初着《うぶぎ》ち々ぶ裏　小林角屋作右衛門

差支えで七夜祝い二日遅れ

八月廿九日　廿七日迄差支有之今日相勤申候

私シ曰七夜祝ひ之儀ハ六人目　子供故相止メ親類隣家限り

前半見舞申受候方江送膳遣シ　置申候則左ニ
権平　満ん辰　万兵衛子供へ　なかや柳介　才兵衛　傳介　万久　いかけやメ吉　〆
呼　人　とやげば々源右衛門後家於らい　万兵衛嫁於市　〆
御地走壱汁三榮（菜）料利　内方於屋つ
一　御酒　一　肴丼　一　ちょく　人志《にんじ》ん志ら阿へ
一　坪（志ゐ竹　里いも　ごぼう　人じん　とふ《う》婦《ふ》）　一　平（な満婦　寿《す》こ婦《ぶ》　ごぼう　さかな　とふかん（冬瓜））　一　皿（とふかん　な満す）
八月廿九日諸入用　一　四百七拾八文　米三升　一　六百三十三文　肴代共ニ若善払　〆
〆　壱〆（貫）百拾壱文
とやげば々　礼　金弐朱包　九月六日於屋つ持参　外ニ満んぢう百文分羽書遣ス
私曰今日十五日（目）日立相成　候ニ付礼物持参よばれ候

弥三郎は、六人目の子供だとして、七夜祝いは、質素に行い、呼び人も、とやげ婆・於らい、と手助けをした東店の万兵衛嫁・於市の二人だけである。

九月廿五日　天保九庚子九月廿五日　薫屋妙清信女（弥三郎母・松）二十五年祥月
福泉寺　上ヶ銅　御布施百文（約千百五十二円）　ろう楚く弐丁　〆

ぶんが疱瘡に罹る

極月廿五日比ゟ　於ぶん熱出疱瘡ニ御座候　諸々ゟ見舞品受納仕左ニ印置　申候則

元治二（一八六五）乙丑《きのとうし》年正月二日

一　菓子袋壱袋　以げ多屋定七　一　とうみかん数廿　松屋喜左衛門

一　銭百文　大升屋才兵衛

〃三日　一　菓子袋壱袋　法六町萬久

〃四日　一　同壱袋　東ノ万兵衛　一　菓子袋壱袋　阿王や利八

一　同壱袋　東ノなかや傳助　一　桜糖菓子壱包　向ノ富岡屋出店

一　上製つ満みせんべい壱袋　吹〆町く王しや平太夫

〃五日　一　菓子袋壱袋　扣借家弥吉

〃六日　一　同壱袋　中屋柳助　一　鳥目百銅　東ノ利兵衛

〃七日　一　鳥目百銅　とやげば々法六町源右衛門（後家）らい

〃九日　一　同　百銅　若松屋善助　一　一口香　く王し壱袋　白分隠居於里つ

〃十日　一　満んぢう百文羽書　若松屋源九郎　一　菓子袋壱袋　本町白分　〆

一口香は、「いっこうこう」「いっこっこう」と呼ぶ饅頭の一種。江戸時代は、尾張国知多郡大野村（常滑市大野町）の名産品だった、と言われる。

年末に六人目の子供・於ぶんが疱瘡に罹る。まだ一歳である。十七人から、翌年正月二日から十日まで見舞いの金品が届く。
二月十七日　天保五甲午二月十七日　荘翁香嚴信士（弥三郎父・文助）三十二年祥月
良興寺　御壱人　御斎　御布施百文（約千百五十二円）〆
慶応元乙丑年十一月十三日　報恩講引き上ヶ　良興寺　御壱人　御布施百文
元治二年は、禁門の変などがあり、社会不安から四月七日に改元され、慶応元年となる。弥三郎はこの年、二月に父・文助の祥月と、八ヶ月後十一月に報恩講の法事を勤めただけ。母・松の祥月法事もない。萬屋家内も政情同様、何らかの不安に陥ったのだろうか。

一緒に母二十七回忌と父三十三回忌

慶応二（一八六六）丙寅《ひのえとら》年九月廿五日
天保五甲午年二月十七日　荘翁香嚴信士（弥三郎父）三十三回忌　取延致置此度相勤メ申候
天保九庚子年九月廿五日　薫屋妙清信女（弥三郎母）二十七回忌
右福泉寺江　つぼの内　大石二ツ　待居処　中石弐ツ　〆四ツ　上銅仕候
九月廿五日　天保九庚子年九月廿五日　薫屋妙清信女　二十七回忌
天保五甲午年二月十七日　荘翁香嚴信士（弥三郎父）三十三回忌　取延置有之此度相勤申候
鎊くばり　良興寺　形原真如寺　けん屋く年限中由へ　外ハ不遣見合申候

呼び人八人で一汁三菜

十月三日　良興寺　壱人　同老僧　壱人〆　御布施　三歩（部）経金百疋　老僧　五拾疋
呼　人　喜左衛門　百文　平太夫　百文　白分　百文　於りつ　百文　若源　弐百文
若善　百文　万久　弐百文　万兵衛　なし　真如寺　弐百文　よび不申
献立一汁三榮（菜）　内方於屋つ仕申候
諸入用覚　金壱両二朱ト五〆（貫）六百文

慶応二年も、九月二十五日まで何の記載もない。弥三郎は、母・松の二十七回忌命日に、取り延べた父・文助の三十三回忌の法事を一緒に勤め、記載する。前年の十一月以来、九ヶ月ぶりの記載。弥三郎、あるいは萬屋に一体何が惹起したのだろうか。

良興寺和尚と老僧を招いて、浄土三部経をあげてもらい、布施は百疋（二万円弱）、老僧に五拾疋（約五千七百六十円）とはずむが、倹約年限中だとして、飾り配りは、良興寺と、弥四郎が出家した真如寺の二軒だけ。呼び人も八人と少なく、料理も一汁三菜である。

福泉寺へ庭石四個寄贈

そうした中で、弥三郎は、町内の福泉寺へ庭石四個を寄贈した。政情の混乱から、萬屋の消滅を考え、後世に残る物として庭石を考えたのだろうか。そのため、一回の法事にしては、一両（約七万五千円）を超える多大な出費である。

慶応三（一八六七）丁卯《ひのとう》年二月十七日　天保五甲午二月十七日　荘翁香嚴信士　三十四年祥月
良興寺　御壱人　御斎　御布施百文　〆
九月廿五日　天保九子九月廿五日　薫屋妙清信女（弥三郎母・松）　二十八年祥月
良興寺　御壱人　御布施百文（約千百五十二円）〆
十月十日　報恩講御引上ヶ　良興寺　御壱人　御斎　御布施百文（約千百五十二円）〆
慶応三年は、父母の祥月法事と報恩講を営む。

出家した弥四郎の剃髪披露

十二月朔日　形原村真如寺江去ル戌年　冬出家遣《つかわ》シ置候弥四郎事《こと》改
祥赤（証跡）剃髪披露今年迄　年延ニ相成居《おり》今般披露有之　則遣物左ニ印
餅米　弐斗　男衆栄作へ鳥目廿疋　金百疋　酒代致遣置申候　万兵衛内㐧
右當日手前万兵衛代人両人　よばれ参り泊ｩ翌日かへり申候
理由は分からないが、弥三郎は、「年延べしていた」と言って、出家・剃髪から五年後の披露で真如寺を訪れる。
なお、訪問に当たり、他にも世話になった関係者の名前と持参した土産品が書いてあるが、字の崩しがひどく読めないので、割愛した。
慶応四（一八六八）戊辰《つちのえたつ》年二月十七日　天保五甲午二月十七日　荘翁香嚴信士　三十五年祥月
良興寺　御壱人　御斎　御布施百文　〆

七人目の子・よね誕生

五月六日昼　八ツ時（午後二時頃）出産女子於よね　諸々見舞品々左ニ印置申候　則見舞覚

五月七日　一　餅数拾壱　但シ拾六文もち　法六町徳右衛門

〃八日　一　満んぢう百文　阿王や利八

〃十一日　一　以か　中五ツ　法六町萬久　一　とふ婦羽書五丁　借家於すみ

〃十二日　一　とふ婦七丁　外《ほか》多《た》く王《わ》んつけ少々　東ノ利兵衛

一　白木綿じ由ばん　青銅三拾疋　とやげば々源右衛門後家於ら以

一　梅干少々　よし能やお以く　一　とふ婦羽書七丁　以けだ屋芳五郎

一　とふ婦羽書七丁　以げた屋定七　一　同九丁　東ノ万兵衛

一　とふ婦羽書拾壱丁　若松屋善助　一　同㋺（屋号？）百文分　借家めくら半助

〃十七日　一　す王《わ》きや肴羽書代三百文分　本町松屋喜左衛門　文左衛門持参

七夜祝いで七軒に送り膳

私シ曰七夜祝ひ之儀ハ七人目之　子供故相止メ礼之印計りニ致

見舞品請候方《うけそうろうかた》へ送膳遣申候則　送り膳覚

東ノ利兵衛　満ん辰　万兵衛ば々さ　いげ多や芳五郎　法六町徳右衛門

若善　めくら半助　〆　七軒

御地走　一汁三榮（菜）　調榮方　於屋つ　内方之もの
呼　人　万兵衛内於市　借家於すみ　とやけば々源右衛門後家於らい　〆三人
一　御酒　一　皿　きうりもみ　いか
きうりもみ　とふ婦　ごぼう
一　丼　とふ婦　一　坪　まめ　一　平　寿こンぶ
爾《に》まめ　ごぼう　く王い
子満《ごま》婦　〆

七人目の子供だとして、弥三郎は、七夜の祝いを六人目同様、質素に勤める。呼び人は三人である。六人目の於ぶんより一人多いが、世話になったため、呼んだのだろう。

五月十二日　諸入用扣
一　六百廿弐文　羽書とふ婦　廿三丁分　一　三百文　㋺出店
一　壱〆（貫）五拾文　酒いろ〳〵　若善出店　一　五百五拾文　いげ多や払
一　弐〆（貫）五百文　白米五升　五口〆　五〆（貫）弐拾弐文
外ニと屋げば々礼左ニ印　辰五月廿日十九日（を）取のべ持参
金三朱包　お屋つ持参　私曰今日十五日（目）日立相成　候ニ付礼物持参よばれ申候

白米の値段は、何と一升が五百文。十八年前の嘉永三年に比べ、五倍近くに値上がり。明治元年の米の値段を基準とするならば、百文は現在の約二百三十円となる。

弥三郎は改元後も慶応使う

慶応四戊辰年九月廿五日　天保九子九月廿五日　薫屋妙清信女（弥三郎母・松）廿九年祥月
　良興寺　御壱人　御斎　御布施百文（約千百五十二円）〆
慶応四戊辰年十月十日　報恩講御引上ケ　良興寺　御壱人　御斎　御布施百文　〆

慶応四年は、九月八日に改元されたが、弥三郎は改元後も慶応を使用し続ける。改元を知らぬわけはないので、理由は分からないが、無視したのだろう。

明治二（一八六九）己巳《つちのとみ》年二月十七日　荘翁香嚴信士《天保五甲午二月十七日》（弥三郎父・文助）三十六年祥月
　良興寺　御壱人　御斎　老僧御入来　御布施百文　外ニ年玉百文　〆
九月廿五日　天保九子九月廿五日　薫屋妙清信女（弥三郎母・松）三十年祥月
　良興寺　御壱人　御斎　御布施百文　〆
十月十日　報恩講御引上ケ　良興寺　御壱人　御斎　御布施百文　〆

明治三年は弥三郎にとって凶年

明治三（一八七〇）庚午《かのえうま》年二月十七日　荘翁香嚴信士《天保五甲午二月十七日》（弥三郎父・文助）三十七回忌
　良興寺　御壱人　御斎　御布施百文　〆　私曰當春凶年ニ付　取延シ置申候

弥三郎が父母の祥月法事と、報恩講を営んだだけの前年の明治二年は、吉良町史によると、大風で九軒の居宅が潰れた。台風で凶作となったことは間違いない。凶年と言えよう。しかし、弥三郎は明治三年、当春が凶年だとして、父・文助の三十七回忌法事を延ばす。

弥三郎の言う凶年とは何か。年の初めだから凶作ではない。後の記述で分かるが、弥三郎は、領主の水野出羽守（明治元年から、沼津藩の廃藩に伴い上総国菊間藩主）に〝源兵衛〟名を剥奪される。弥三郎にとって、まさに凶年だが、理由は書いてない。

何故、弥三郎は、屋号の源兵衛名を剥奪されたのだろうか。明治政府が主導する王政復古の政治が関与した可能性が大きい。「源兵衛」は〝みなもとのひょうえ〟とも読める。〝源〟は源氏を意味する。〝兵衛〟は、広辞苑によれば、兵衛府に属し、閤門《こうもん》を守衛し、行幸に供奉した武官。したがって、平民に源兵衛の名は恐れ多い、と言うわけである。

水野出羽守の新政府に媚を売る所行と考えられるが、前年は凶作。弥三郎に、何か領主の気に障る行為があったのかもしれない。

九月廿五日　天保九子九月廿五日　薫屋妙清信女（弥三郎母・松）三十一年祥月
　良興寺　御壱人　御斎　御布施百文（約千百五十二円）〆
十月十日　報恩講御引上ケ　良興寺　御壱人　御斎　御布施百文　〆

父三十七回忌は祥月並み

明治四（一八七一）辛未《かのとひつじ》年二月十七日　天保五甲午二月十七日　荘翁香嚴信士（弥三郎父・文助）三十八年祥月
　良興寺　御壱人　御斎　御布施百文　〆

弥三郎は前年、源兵衛名を剥奪され、凶年だとして、父・文助の三十七回忌法事を延ばしたが、今年も、通常の祥月法事で済ます。

九月廿五日　天保九子九月廿五日　薫屋妙清信女（弥三郎母・松）三十二年祥月

良興寺　御壱人　御斎　御布施百文　〆

十月十日　報恩講御引上ヶ　良興寺　御壱人　御斎　御布施百文　〆

明治五（一八七二）壬申《みずのえさる》年二月十七日　天保五甲午二月十七日　荘翁香嚴信士（弥三郎父・文助）三十九年祥月

良興寺　御壱人　御斎　若僧御入来　御布施百文（約千百五十二円）〆

額田県へ戸籍簿出す

三月十一日改　今般額田縣ヨリ出生年号　月日相印差出シ候様《よう》との儀ニ付

則左之通付出シ申候

文化十一甲戌十二月十三日出生　家主　源治郎　五十九才

文政九戌丙八月十日出生　女房　屋津　四十七才

嘉永元戊申五月廿四日出生　娘　ゑひ　二十五才

嘉永三庚戌十二月十二日出生　倅　源次　二十三才

安政三丙辰十一月廿五日出生　娘　とめ　十七才

万延元庚申四月四日出生　倅　与茂助　十三才

元治元甲子八月廿一日出生　娘　ぶん　九才

慶応四戊辰五月二日出生　同　よね　五才

〆八人　内男三人　女五人

右之通附出シ社長万平江　相渡申候為念《ねんのため》印置申候

額田県（明治四年十一月設置、同五年愛知県に併合）から、家族の出生年月日を差し出すよう求められ、弥三郎は、万平（万兵衛）を通じ提出するが、出家した二男・弥四郎（正圓）の名はない。

万兵衛を社長と表記していることから、明治五年には、社長なる言葉が一般に使われていた、と言えよう。弥三郎は、濃州転居を前に、東店に〝社長〟の座を譲ったのだろう。

母三十三回忌呼び人は九人

九月廿五日　天保九子九月廿五日　薫屋妙清信女（弥三郎母・松）三十三回忌
鎊くば里　良興寺　壱ヶ所計り　外ニけん屋くニ而相見合セ申候
御寺差支《さしつかえ》ニ付　廿三日取越相勤申候　良興寺　御壱人　同御子蔵様　御壱人
私シ曰三歩（部）経上ケ申候　御布施　金百疋　同御子蔵　壱朱　〆
呼　人　新家紀左衛門　香典弐百文　於たち両人入来　新家万兵衛　なし
新家平太夫　弐百文　右娘参詣被致候　大沢善助　當百銭三枚　大沢源九郎　同三枚
神取文蔵　當百銭三枚　外ニ於りつ両　子供衆　弐百文（弐拾文？）
萬久　三百文　権平　三百文　〆壱〆（貫）九百廿文
諸入用覚　一　金壱分一朱包　良興寺御布施　一　五百文　餅米壱升
一　弐〆（貫）五百文　若源　諸入用ニ払　一　壱〆（貫）五百廿文　白米四升
一　壱〆（貫）文　松公　まんぢう代　五口〆　金壱分一朱ト五〆（貫）五百弐拾文
外五百五十文　内壱〆（貫）九百廿文　呼人ゟ香奠入分

引テ　金壱分一朱ト四〆（貫）百五拾文

御地走一汁三菜　内お屋つ　茶く王し　まんちう九つつ々

明治五年の白米の値段は、一升三百八十文。明治元年の一升五百文より百二十文も安い。嘉永三年は一升百十文だった。幕末、明治初めの米価の変動は激しい。

弥三郎は、明治三年の父・文助の三十七回忌法事を、凶年だとして、法事を延ばし、結局営まなかったが、母・松の三十三回忌は、お寺の都合で二日繰り上げ営む。

飾り配りは、倹約のため良興寺一ヶ所、と弥三郎は言う。斎の料理は一汁三菜。呼び人も子供を除き、ごく親しい九人。やはり倹約のためだろう。

十月十日　報恩講御引上ケ　良興寺御壱人　御斎　御布施百文（約千百五十二文）〆

明治五年十二月三日に新暦が施行される。この日が明治六年一月一日となった。だが、弥三郎は、引き続き日付の上に〝旧〟を付け、旧暦を中心に新暦を併用する。

明治六、七年も父母の祥月と報恩講のみ

明治六（一八七三）癸酉《みずのととり》年旧二月十七日　荘翁香嚴信士《天保五甲午二月十七日》（弥三郎父・文助）四十年祥月

良興寺　御壱人　若僧御入来　御斎　御布施百文　〆

旧九月廿五日　新暦十一月十四日　薫屋妙清信《天保九子九月廿五日》（弥三郎母・松）三十四年祥月

良興寺　御壱人　御斎　御布施百文　〆

旧十月十日　新暦十一月廿九日　報恩講御引上ケ　良興寺御壱人　御斎　御布施百文〆

明治七（一八七四）甲戌《きのえいぬ》年旧二月十七日　新暦四月三日
天保五甲午二月十七日　荘翁香嚴信士　四十一年祥月　良興寺御壱人　御斎　御布施百文〆
旧九月廿五日　新暦十一月三日　天保九子九月廿五日　薫屋妙清信女　三十五年祥月
良興寺　御壱人　御斎　弟坊ズ御入来　御布施百文　〆
旧十月十日　新暦十一月十八日　報恩講御引上ヶ　良興寺御壱人　御斎　御布施百文〆

明治八（一八七五）乙亥《きのとい》年旧二月十七日　新暦三月廿四日
弥三郎親父　俗名文助　天保五甲午二月十七日　荘翁香嚴信士　四十二年祥月
良興寺　若僧御壱人　御斎　御布施百文（約千百五十二文）〆
旧九月廿五日　新暦十月廿三日　良興寺　御壱人　御斎　御布施百文　〆
弥三郎母　俗名お松　天保九子九月廿五日薫屋妙清信女　三十六年祥月

報恩講と常太郎内妻四十九日
旧十月十八日　新暦十一月十五日　報恩講御引上ケ
但シ例年十月十日可相勤申処當年ハ　佛事有差延《さし》シ相勤申候
明治八亥旧八月廿九日往生　釋尼高雲信女　四十九遠正當
私曰此佛ハ常太郎内妻也　出生國桑名宿外堀川端町　長嶋權六娘俗名たか申候
今夕披露無之旅ゟ参り出産　ニテ死去仕候
良興寺　御壱人　御布施　四百文（約四千六百円）

祥《ママ》（呼）人　沢田隆伯ゑひ両人　香奠天通八枚　とやげば々於つい　香奠弐百文　送り膳
地蔵堂　送り膳　奥次郎らい壱人　香奠四百文　外ニ送り膳遣申候

常太郎は、後の記述から、真如寺に出家した弥三郎の二男・正圓である。明治を迎えて還俗、名を改めたのであろう。沢田隆伯・ゑひ両人の萬屋との関係は、分からない。

二男の子を自分の四男として届け

明治九（一八七六）丙子《ひのえね》年　旧二月十七日　新暦三月十二日

天保五甲午二月十七日　荘翁香巖信士　四十三年祥月　良興寺　御壱人　御斎　御布施百文

明治九年　子六月十六日出生　新家高治（次）郎　氏神春日社
右は當家六代目新家源兵衛倅四男　仕此度村役場向ヶ愛知県 奉《とどけたてまつり》届 候
此者ハ全クハ倅次男常太郎実子也　去ル明治八亥旧八月廿九日出生仕候処
只今迄入帳不仕有之候ニ付此度相改年号　月日替付出シ申候母親ハ桑名外堀川端町
長嶋権六娘也是ハ昨亥年旧八月廿九日　死亡仕候
右之通相改明治九子新六月十六日出生ニ仕　奉届候也　同新七月二日書附差出シ届仕候
出生届　第十一大区六小区幡豆郡上横須賀村弐拾弐番地居住　農　新家源治郎四男

弥三郎は、二男・常太郎の子として生まれた高治（次）郎を自分の四男として、村役場を通じて愛知県に届け出る。

母三十七回忌にと免結婚披露

旧九月廿五日　天保九子九月廿五日　薫屋妙清信女（弥三郎母・松）三十七回忌
　私曰右日限差支《さしつかえ》御座候ニ付　旧十月十日取延相勤申候
報恩講御引上ヶ相勤メ申候　良興寺　御壱人　番僧　御壱人　〆
但シ三歩（部）経　御布施　金百疋　同番僧江　拾銭　同御引上ヶ　百文　〆
娘次女於と免當廿一歳相成候処　今般寺嶋村又蔵方江嫁遣シ尤
當九月廿八日遣シ置候処聟道明ヶ　仕候ニ付曝仕右年間法事一所ニ仕
親類隣家相招キ膳分之上ニテ酒　一盃出し相済シ申候則呼人左ニ印

弥三郎は、二十一歳になった二女・と免を隣村の寺嶋村の伊奈又蔵方へ嫁入りさせた。去る九月二十八日、婿が道明けになった。差支えがあり、旧十月十日に取り延べした母・松の三十七回忌法事、報恩講と一緒に祝う。明治に入っても慶弔一体だった。ただ、萬屋の家計は、かなり逼迫していたと思われ、膳に酒一杯を出して済ませた。

この後、頁が変わり、紙質が悪くなる。裏の字がにじみ、読みにくくなる。『萬般勝手覺』の頁数が足らなくなり、弥三郎が追加した、と考えられる。裏に嘉永三年の年号が記載された頁があるので、このころには萬屋の家計が相当悪化していたことが裏付けられる。

呼び人は十九人

旧十月十日　呼人覺

一　佛前志弐拾銭　外ニ餅壱荷　酒三升持参　寺嶋村伊奈又蔵　老母壱人　外ニ供男壱人
一　差支ニ付御不参　御志なし　寺嶋村伊奈常蔵
一　天通三枚　本町松喜　一　同四枚　法六町萬久　一　同三枚　若松屋源九郎
一　天通三枚　若松屋善助　一　同三枚　本町白文　一　同三枚　吹〆町く王しや恵助
一　なし　東ノ万兵衛　一　天通四枚　うどんや平助　一　同三枚　大升屋才次郎
一　天通三枚　大升屋平七　一　同四枚　はりまや喜兵衛　一　同三枚　向ノまん辰
一　天通三枚　阿王や利蔵　一　同三枚　借家清助　一　米重箱入少々　町内利兵衛
〆　六〆（貫）弐百文　外ニ重箱入少々
一　天通三枚　りんか江戸次　（注）一両＝一円、一両＝一万文、一銭＝百文で計算
御地走　一汁三榮（菜）御酒　すし　肴　大平　有介物三つ丼入　茶菓子　阿んもち弐ツヅ々

十五人に新客土産の餅配る

於と免寺嶋村ゟ新客見やげ　もちくばり則左之通り
餅　壱重ツヽ　八合取位イ　遣申候
松喜　糸入嶋切参り候　万久　志壱朱包　先ニ参り候　源九郎　なし　白文　なし
く王しや恵助　なし　若善　とふ婦十一丁　東ノ利兵衛　酒羽書壱升　先ニ参り候

平助　手拭壱　大升屋才次郎　菓子羽書四百文分　大升屋半七　手拭壱　は里喜《りき》　手拭壱
まん辰　肴イナ五ツ　万兵衛　羽書一升　先日参り候　阿王や利蔵　手拭一　江戸次　手拭一
　右之通餅くば里仕祝儀印　受納仕候

〝は里喜《りき》〟、つまり、はりまや喜兵衛（喜平）は、四代源兵衛・宇平のころ、娘が手習いに来ていた。代は替ったが、それ以来の付き合いと考えられ、明治二十一年まで顔を出す。初登場の大升屋半七は村松姓で、十二年後の明治二十一年まで顔を出す。

明治十（一八七七）丁丑《ひのとうし》年二月十七日　荘翁香嚴信士 天保五甲午二月十七日 （弥三郎父・文助）四十四年祥月
　良興寺　御壱人　御斎　御布施百文（約千百五十二円）〆

常太郎内妻三回忌に百万遍

　旧八月廿九日　明治八亥旧八月廿九日　釋尼高雲信女　三回忌
　私曰此佛ハ常太郎内妻也　出生桑名宿外堀河端町　長嶋權六娘俗名たか申候
　披露不致旅ゟ参り出産仕　翌日死去仕候　地蔵堂相頼百万遍志　相勤申候

弥三郎は、地蔵堂に百万遍の念仏を頼んで、二男・常太郎の内妻・たかの三回忌を営む。

　旧九月廿五日　天保九子九月廿五日　薫屋妙清信女（弥三郎母・松）三十八年祥月
　良興寺　御壱人　御斎　御布施百文　〆
　旧十月十日　報恩講御引上ケ　良興寺　御壱人　御斎　御布施百文　〆

明治十一（一八七八）戊寅《つちのえとら》年旧二月十七日　荘翁香嚴信士 天保五甲午二月十七日 （弥三郎父・文助）四十五年祥月

良興寺　御壱人　御斎　御布施　百五拾文　〆　外ニ百文年玉不参ゆへ　遣申候

江戸時代、檀那寺は正月、檀家を訪れ、お年玉を受け取るのが慣習だった。神仏分離令により、明治に入ると、その慣習が崩れ、檀家は、来訪がない場合、年初の法事に訪れた住職等に、お年玉を渡した、と考えられる。この事例の初出が明治二年だからだ。

三代後妻百回忌取り延べ

旧五月廿日　安永八丁亥五月廿日　釋尼妙思信女　百回忌
右寺嶋村田中　伊奈弥三右衛門ヨリ来ル俗名志な　但シ俗名宇平父後妻也
（朱筆）私曰正當ニ相勤可申筈之処　農前植附遅掛リ延置以テ　追テ相勤可申候事
　良興寺　御壱人　御布施　天通四枚（四百文）〆
　私曰取延シ寅旧十月十日（報恩講）御引上ケ一所相勤メ申候
旧九月廿五日　天保九子九月廿五日　薫屋妙清信女（弥三郎母・松）三十九年祥月
良興寺　御壱人　御斎　御布施　天通弐枚（二百文）〆
旧十月十日　報恩講御引上ケ　良興寺　御壱人御斎　御布施　天通弐枚〆

取り延べた釋尼妙思信女の百回忌を母・松の祥月法事、報恩講と共に営む。

長女・栄が大濱村に嫁ぐ

旧十二月十日　今般長女於栄儀三拾壱歳御座処　大濱村倉田岩蔵殿方へ嫁入り致

仲人橋掛（橋渡）中野村幸右衛門本仲人　大濱村遠藤氏ニテ有之候則今日
差遣申候仲附持参衣類左ニ相印　置候左之通り

一　黒奉書紬定紋付男小袖　壱ツ　一　御石シちりめん小袖　壱ツ
一　ヱ千《えち》後ふき嶋小袖　壱ツ　一　なんぶ嶋小袖　壱ツ
一　紬ちりめん袷　壱ツ　一　唐残《とうざん》（桟）嶋袷　壱ツ
一　黒天はか多ちふや（昼夜）帯　壱筋　一　嶋天京織ちふや帯　壱筋
一　はか多京於里とびもよふ帯　壱筋　一　此原ちりめん丸帯　壱筋
一　黒志由す　こぶ茶ヱぼしちりめんちふや帯　壱筋　一　京於里丸帯　壱筋
一　はか多どんすちふや帯　壱筋　一　此原ちりめんこはく嶋帯　壱筋
一　純ゑぼし堂《ど》ふ　袖由ふぜんちりめん　じ由ばん　壱ツ　一　はか多丸帯　壱筋
一　ちりめん由満き　弐ツ　一　ちぢみは婦《ぶ》多《たい》以上着小袖　壱ツ
一　純ゑぼしちりめん小袖　壱ツ　一　白むく小袖　壱ツ
一　なんぶ無地紋付小袖　壱ツ　一　黒奉書紬紋付小袖　壱ツ
一　純ちりめん小袖　壱ツ　一　なんぶ嶋紋付小袖　壱ツ
一　廣ちりめんどふ　むきみちりめん袖　じ由ばん　壱ツ　一　なんぶ嶋小袖　壱ツ
一　純ちりめん　水色ちりめん　つぎ王け　じ由ばん　壱ツ
一　白むく　阿や袖　袷じ由ばん　壱ツ　一　もめん嶋半天　壱ツ
一　なんぶ嶋半天　壱ツ　一　同嶋半天少し古　壱ツ

一　於めし　ちりめん半天　壱ツ　一　同　上ノ口　壱ツ
一　なんぶ前かけ　弐筋　一　はか多上シメ　壱筋
一　此原ゑぼし　こし帯　壱筋　一　此原ちりめん飛も　壱筋
一　帯阿げ　壱ツ　一　由ふき単物　壱ツ　一　由か多　壱ツ　一　紬単物　壱ツ
一　さつ満じよふ婦（上布）練かすり帷子　壱ツ　一　さつ萬《ま》かすり単物　壱ツ
一　霞相色紋付帷子　壱ツ　一　ヱチゴ練かすり帷子　壱ツ
一　藤色紋付　男向き単物　壱ツ　一　おめし　ちりめん　単物　壱ツ
一　米沢嶋　単物　壱ツ　一　じ由ばん　せまき　弐ツ　一　かつ羽《ぱ》　壱ツ
〆品数五拾三品　此外ニ小道具類つぶさニ相印　不申候也
右之通今般持参仕り大濱村　倉田岩蔵方へ遣候為念印置申候也

弥三郎は、長女・栄の嫁入り支度で、五十三品もの衣装類を揃えた。三十一歳まで手元に置き、多くの衣装を持たせたのは、余ほど可愛がっていたのだろう。

明治十二（一八七九）己卯《つちのとう》年旧二月十七日　荘翁香巖信士《天保五甲午二月十七日》（弥三郎父）四十六年祥月
良興寺　御壱人　御斎　御布施　天通弐枚　〆

屋つの父が八十五歳で他界

新暦八月十五日写扣置候　濃州本巣郡長屋村成瀬惣左衛門　娘於屋津當五拾四歳懸ル處
今般右實父成瀬惣左衛門行年八拾五才　明治十二年新暦八月十五日朝六ツ時（午前八時頃）

病気養生不相叶死去仕候　右之趣書状参り法名則左ニ相印申候
法号　釋蓮光信士　俗名　成瀬惣左衛門　行年　八拾五歳　於屋津實父ニ御座候
右之通濃州表ヨリ法名相印　書状参り写扣置申候也
明治十二年八月十七日出し　書状同廿一日晩方ニ着仕候

隣県の岐阜県からの手紙は、明治十二年当時、出した日の四日後に着いたことが分かる。

九月廿五日　天保九子九月廿五日　薫屋妙清信女（弥三郎母・松）四十年祥月
良興寺　御壱人　御斎　御布施　天通弐枚　〆

報恩講に屋つの父百ヶ日

旧十月九日　報恩講御引上ケ　良興寺　御壱人　御斎　御布施　天通弐枚
私曰當年ハお屋つ親父　成瀬惣左衛門行年八十五才　百ヶ日相當り候ニ付一日
早メ九日ニ相勤メ申候尤例年　ハ十月十日相勤メ申候也
釋蓮光信士　百ヶ日志　明治十二年八月十五日往生　旧六月廿八日當ル
御布施　三銭　〆　但シ観経壱巻御願申候

弥三郎は、報恩講を例年より一日早めて、妻・屋津の父親の百ヶ日を一緒に勤める。観経とは、浄土真宗の経典、浄土三部経の中の一つ、観無量寿経のことである。

明治十三（一八八〇）辰年旧二月十七日　天保五甲午二月十七日 荘翁香嚴信士（弥四郎父・文助）四十七年祥月
良興寺　御壱人　御斎　御布施　天通弐枚　〆

五　七代源兵衛・源十郎の時代

六代が源兵衛名を剥奪される

六代目新家源兵衛　茲曰ク去明治三年旧地頭水野出羽守領地　大濱陣屋ヨリ兵衛《ひょうえ》名義相不レ成旨御達《おたつし》ニヨリ其節頭字ヲ用《もちい》左（下記）之通相改《あらたむ》　新家源治郎

新家源治郎　当明治十三年一月中病気　相発シ同年五月十九日死去

午前十一時陰四月十一日四ツ時ニ当《あたる》　法名　釋　智眼　俗名　新家源治郎

原文に返り点。一ヶ所のみ。六代源兵衛・弥三郎が死去する。行年の記載はないが、文化十一（一八一四）年十二月生まれだから六十七歳。歴代萬屋当主の中で、最も長生きした、と思われる。嫡子の源十郎は、父・弥三郎の死去に当たり、明治三年に領主・水野出羽守の大濱陣屋より、「〝源兵衛〟名相成らず」旨のお達しにより、頭字を残し〝源治郎〟と改めた、と記す。ところで、源治郎は長男・源十郎の幼名だが、その名の元になった源治（二）郎は、四代・源兵衛・宇平、五代源兵衛・文助に下男として勤め、弥三郎が生まれる前年の文化十（一八一三）年まで調菜人を務めた。弥三郎は、源治郎に心酔していたことが窺える。

葬儀出席者は五代のほぼ半数

葬式ハ十二日旧八ツ時（午後二時頃）呼人　良興寺　和尚　番（伴）僧　壱人　供　三人

外ニ　立合　福泉寺　源徳寺　但シ両寺共　供無シ

町内　半分　縁者ハ書ニ不及　人数　凡　八拾人

灰葬ハ　相當之呼人　凡五拾人　但シ外ニ　町内　子共　廿五六人
灰葬　陰ノ九ツ時（正午頃）〆　七拾五六人ノ　支度

葬儀は、祖父・文助の時に比べ、ずいぶん質素になった。葬式の参列者は、祖父の時は町内だったが、町内半分となり、人数も半数に近い八十人と減った。しかし、灰葬の料理支度の数は減っていない。萬屋固有の問題か、地域の慣行によるのかは分からない。

また、町内の子供が二十五、六人出席した、とわざわざ書いてあるのは、六代源兵衛・弥三郎も四代源兵衛・宇平同様、子供たちに読み書き、算盤を教えていた、と考えられる。

御布施　良興寺　金　弐拾銭　外ニ　着類相當ノ物　壱ツ
金　四銭　伴僧　金三銭弐りんヅ々　但シ壱人ニ付　供三人
福泉寺　金　三銭弐厘　外ニ　金弐銭四厘墓勤ノ礼　源徳寺　金　三銭弐厘

布施の額を江戸時代末期の五代源兵衛・文助（荘翁香嚴信士）と対比する。良興寺は金百疋（一分＝二万円弱）だったのが二十銭、伴僧は二百文が四銭、供は一人百文が三銭二厘、福泉寺、源徳寺ともに三百文が、良興寺の供と同じ三銭二厘となった。

香典は金銭で物品はなくなる

呼人幷　香奠扣　一　八銭　新家喜三郎　一　四銭　新家万平
一　四銭　新家平治郎　一　四銭　大沢源九郎　一　四銭　大沢善助
一　三拾銭　大濱倉田岩造　一　弐拾銭　寺しま伊奈亦蔵　一　五銭五厘　法六町平井亦七

一　四銭　法六町中垣傳助　　一　四銭　丁内鈴木亦助　　一　三銭弐厘　前之岩吉
一　三銭弐厘　丁内神取彦四　　一　三銭弐厘　丁内加藤喜作　　一　弐銭四厘　丁内飯田利造
一　三銭弐厘　鈴木彦三郎　　一　弐銭四厘　山内善治郎　　一　拾銭　神取文造
一　三銭弐厘　打餅屋由五郎　　一　四銭　村松半七　　一　三銭四厘　綿打屋久兵衛
一　四銭　鳥居升造　　一　四銭　丁内半助　　一　三銭弐厘　吉野屋お以久
一　三銭弐厘　丁内鈴木平助　　一　三銭弐厘　法六町徳ヱ門　　一　弐銭四厘　法六町おらい
一　拾銭　井ノ上幸衛門　　一　四銭　法六町喜代助　　一　拾銭　形ノ原天野傳五郎
一　拾銭　寺じま彦造　　一　壱銭　丁内お屋す　　一　四銭　岡山奥治郎
一　拾銭　岡サキ仁三郎　　一　四銭　吹〆町顥《こう》助

名字を名乗るのが一般的に

香典を寄せたのは三十四人である。最高は三十銭。四銭、三銭台が多い。明治も十三年ごろになると、香典は物品がなくなり、金銭で出す慣習が定着したようだ。

また、この明治十三年から、関係者のほとんどに苗字が記載される。上横須賀村では、このころから、名字を名乗るのが一般的になった、と言えよう。

松屋、萬屋、菓子屋は新家、白木屋は神取、若松屋は大沢、うどん屋平助は鈴木、大升屋平七は村松、なか屋傳助は中垣が姓である。飯田利造は初登場だが、阿波屋利八の後継者。はりまや喜兵衛は、名を喜作と改めたのではないか、すると、はりまやは加藤姓。法六町亦（又）七は、平井が姓。

淋見舞受納扣　一　小ろう十七丁　東ノ新家萬平　一　三拾銭　倉田岩造
一　拾銭　井ノ上幸衛門　一　五銭六厘　法六町徳ヱ門　一　五銭弐厘　阿んま半助
一　玄米弐升　寺しま伊奈亦造　一　餅米弐升　本町新家喜三郎　〆　七名

淋し見舞いは七人と少ない。「断った」とは書いてないが、その可能性は大きい。

父三十五日の呼び人は十六人

新六月二十二日　三十五日法事　三拾銭　良興寺御布施　五銭　若持寺（住持）壱人
一　弐拾銭　大濱倉田岩造　一　五銭六厘　本町神取文造　一　三銭弐厘　本町新家喜三郎
一　四銭　吹〆町新家平治郎　一　六銭四厘　法六町万久　一　三銭　東ノ新家万平
一　四銭　丁内大沢善助　一　四銭　丁内大沢源九郎　一　四銭　丁内鈴木平助
一　四銭八厘　丁内加藤喜作　一　四銭　丁内由五郎　一　弐銭四厘　丁内村松半七
一　三銭□厘　飯田利造　一　三銭　鳥居升造　一　三銭□厘　丁内鈴木亦助
一　弐銭四厘　丁内鈴木岩吉　〆金七拾八銭

浄土真宗の忌明けの三十五日は、十六人を呼んで、法事を営んだ。香典を寄せた前之岩吉は、鈴木岩吉である。

一周忌呼び人は十八人

明治十四（一八八一）年旧四月十一日　明治十三年旧四月十一日　源治郎　一周忌

法名　釈智眼　一周忌法事　良興寺　御壱人　小伴僧　壱人　外ニ供　壱人
明治十四年一周忌法事扣
一　六銭　新家喜三郎　一　三銭弐厘　新家万平
一　三銭弐厘　新家恵助　一　七銭弐厘　平井亦七　一　弐拾銭　倉田岩造
一　弐拾銭　伊奈亦造　一　四銭　大沢善助　一　四銭　大沢源九郎
一　九銭六厘　神取文造　一　四銭　飯田利造　一　四銭　鈴木平助
一　拾銭　鈴木由五郎　一　四銭　加藤喜作　一　四銭　鈴木岩吉
一　四銭　村松半七　一　三銭弐厘　鳥井升造　一　四銭　鈴木亦助
一　拾銭　鈴木徳衛門　一　四銭　丁内久兵へ　〆金一円廿八銭四厘
良興寺　四拾銭　御布施　若持友（小伴僧）　十銭　供　四銭

一周忌の呼び人は十八人である。法六町の徳衛門、打餅屋由五郎は鈴木姓と分かる。

明治十五（一八八二）午年旧二月十七日　荘翁香嚴信士（五代源兵衛・文助）四拾九年祥月
良興寺　御壱人　御斎　御布施　天保銭三枚

三回忌も呼び人十八人

旧四月十一日　明治十三年旧四月廿一日伴　俗名源治郎　釋知眼　三回忌
良興寺　若持寺（住持）　御施布（布施）　老僧四十銭　若僧十銭
香奠扣
一　拾銭　寺嶌村伊奈亦蔵　一　四銭　新家万平
一　五銭　新家喜三郎　一　四銭　新家平治郎　一　八銭　平井久五郎

一　五銭六厘　神取文造　一　四銭　大沢善助　一　四銭　大沢源九郎
一　四銭　村松半七　一　四銭　鈴木平助　一　四銭　加藤喜作
一　四銭　飯田利造　一　四銭　鳥井升造　一　四銭　鈴木由五郎
一　四銭　鈴木岩吉　一　四銭六厘　鈴木亦助　一　五銭六厘　鈴木徳十
一　五銭六厘　丁内久兵衛　十八人　〆

父三回忌の呼び人（香奠扣）の数は、一周忌と変わらない。

旧九月廿五日　天保九子旧九月廿五日　薫屋妙清信女（源十郎祖母）祥月　四拾三年当ル
　良興寺　御壱人　御斎　御布施　天保三枚

明治十六（一八八三）未年旧九月廿五日　天保九子旧九月廿五日　薫屋妙清信女　祥月　四十四年当ル
　良興寺　御壱人　御斎　御布施　天保三枚

妹の三女・ぶんが岡崎に嫁ぐ

旧九月廿八日　拙者妹三女ぶんナル者當十九歳　ニ相成候処今般額田郡岡崎
板屋町岡本才治郎妻ニ　遣ス世話人須脅《わき》（脇）泰市殿　及ヒ額田郡岡サキ箱田町津
田文左両名今廻之處ハ津田文　治郎殿方ヱ奉遣ス約定原イン　ハ前記才治郎妻
　呼人覺　是ハ世話人　須脅出左（佐）野太（泰？）市殿　母まい壱人
旧九月廿九日　祝儀受納扣　一　ちり免ん　此京ちり免んヱリ　壱手拭　新家喜三郎
一　五十銭　須脅出佐野泰市　一　弐十銭　大沢善助　一　下駄壱足　大沢源九郎

一　風呂敷　小半紙四五枚　平井亦七　一　はなを下駄壱足　神取文造

〃須脅〃が分からない。〃脅〃は〃わき〃と読むので、〃須脇〃と判断した。須脇村は、幡豆郡の西尾藩領（西尾市）。

源十郎が鈴木楚よと祝言

明治十八（一八八五）年壱月廿六日当家七代目　新家源十郎今般幡豆郡東幡豆村
字山口村鈴木長左衛門弐女慶応三年卯年生楚よナル者　同郡西幡豆村字松原石川浅右衛門殿
内室せ話人及ビ親聟ニ而ムライ受　只仲人兼ニ而本日当地仲人ト相定メタルハ
弟常七供共《ともども》本日ハ四方吉ヲ代人ニ而遣ス　偶々《たまたま》捕勝壱名本日午後六時頃ニ着
仕本日飯壱荷両機一荷先方ヨリ両名　偉太作　当地招人左ニ印
尚々今回ハ親類ハ呼シ丈《だけ》飯ヲクバリ　ミヤケ物半紙壱状付親類隣家衆丈《だけ》廻ル
新家萬平　とふ婦羽書七丁　飯田利造　仝　鈴木岩吉　とふ婦十七丁　村松半七
とふ婦七丁　加藤喜作　仝　鈴木平介　仝　棚木《ませき》常吉（下町・布袋屋）
幡豆客人　石川浅右衛門内室　祝儀弐拾銭遣ス　□□下男偉太作　仝　下男捕勝
弐十銭　大濱村倉田岩造　十五銭　四方吉（与茂助）仝　常七（常太郎）〆十三名
餞別扣　一　コハ飯三合切タメ壱箱　大沢善介　一　肴羽書代十弐銭　法六町平井又七
買い物扣　〆金弐円壱銭壱厘五毛　数量と金額が書かれた買い物は次の通り。
一　寿る目弐枚　壱銭六厘　一　多く王ん十五　四銭　一　のり弐状　五銭六厘

一　数の子五合　四銭弐厘五も　一　玉子七ツ　五銭六厘　一　御酒三升　六十銭
一　豆腐五丁　二銭五厘　一　もろこ廿一匹　三銭　一　半月十五　九銭

父七回忌呼び人は六人

明治十九（一八八六）年旧四月十一日　法名　釋智眼　七回忌
良興寺様　弐十銭　若僧様　十銭
呼人　香資扣　一　拾銭　岡ザキ岡本才吉　一　四銭　法六町万久　送り膳
一　三銭弐厘　東ノ万兵へ（万平）　一　十銭　吹〆町四方吉　一　十銭　本町又造
一　小ろう楚く十丁　丁内又介（亦助）　〆　三十七銭弐厘

父・源治郎の七回忌法事の呼び人は、わずか六人である。萬屋家計の悪化が原因？

明治廿（一八八七）年五月五日　旧四月十一日　法名　智眼　八年祥月
良興寺　老僧壱人　天保銭三枚
明治廿一（一八八八）年五月十九日　旧四月九日　法名　釋智眼　祥月
良興寺　壱人　四銭礼

長女・たまが生まれる

六月四日旧四月廿五日　春午后二時出産女子於たま　諸々より見舞物申受クルヲ
左ニ相印置候事　尤入籍之義ハ翌日旧四月廿六日ニ戸長　役場江届申候戸長米津太平殿

戸籍掛リ下横須賀村字須近藤作殿　産バ吹〆（貫）町金《かな》山まきとの也

六月六日　旧四月廿七日

一　餅　一　袷壱ツ躯　壱ツ　一　志《じ》ゆばん　壱ツ　一　六《む》ツキ　壱ツ

（以上）山口長左衛門　母如は午后三時頃　持参ヲ致候

一　津まみせん遍《べ》壱袋　若松屋善助　一　保多餅《ぼたもち》壱機　倉田ゑひ

一　保多餅壱機　彦七　一　廣ちりめんヨト掛壱ツ　棚木《ませき》彦吉

一　廣ちりめんヨト掛壱ツ　鈴木松治郎　一　廣ちりめんヨト掛壱ツ　阿王や利造

一　廣嶋八尺　新家万平　一　廣木綿織物四尺　者《は》りまや喜兵衛

一　廣ちりめんヨト掛一　村松平七　一　廣ちりめんヨト掛一　井桁屋岩吉

一　地織単〈反〉物　九尺　法六町万久

源十郎に長女・たまが生まれる。取り上げたのは〝産バ（産婆）〟とある。このころには、産婆なる言葉が定着したようだ。鈴木岩吉は井桁屋岩吉と分かる。井桁屋定七の後継者だろう。者《は》りまや喜兵衛は、屋号を使った、と考えられる。

旧九月廿五日　天保九年子九月廿五日　薫屋妙清信女（源十郎祖母）祥月　四拾九年当ル

良興寺　老僧様御壱人　御（布）施　天保四枚　但シ（報恩講）御引上兼候

十三年間にわたり空白続く

明治廿二（一八八九）年四月十一日勤申候　明治十三年五月十九日旧四月十一日仏　釋知眼祥月

良興寺　老僧御一人　御施　天保三枚

明治二十二年、父・源治郎（弥三郎）の十年祥月命日の法事を営んだ後、十三年間にわたって慶弔の記載がない。この後、萬屋に何があったのか。

吉良町史によると、明治二十二年九月十、十一日矢作古川流域は台風に見舞われる。下流の吉田村では二十二ヶ所で堤防が決壊、死者三百七十九人、家屋二百三十一戸が流失した。

二年後の明治二十四年十月二十八日、岐阜県本巣郡根尾村を震源とする直下型の濃尾地震が発生する。マグニチュード8と推定され、近くの西尾町で震度6と言われ、萬屋も大きな被害を受けたであろう。大災害に二年間隔で襲われた。立ち直るのは難しい。

三年後の明治二十七年七月には、同二十八年三月まで続く日清戦争が勃発。その後の不況と萬屋には、次々と難事が降りかかる。

父二十三回忌は十六人呼ぶ

明治参拾五（一九〇二）年旧四月十一日亡父釋知眼　弐拾三年忌全法相勤〆候

香資扣　一　弐拾銭　吹〆町新家保治　一　弐十銭　法六町新家半七
一　拾五銭　吹〆町新家平治郎　一　弐十銭　本町新家仁市　一　拾銭　法六町平井彦三郎
一　拾銭　法六町神取政治郎　一　拾銭　丁内大沢善助　一　弐十五銭　対米《ついごめ》平井菊太郎
一　弐十銭　対米平井角蔵　一　拾銭　村松貞太郎　一　弐十銭　柵木《ませき》彦吉
一　十銭　東ノ平井阿以　一　八銭　阿王《あわ》や飯田金治郎　一　十銭　鈴木松治郎

一　十銭　　杉江源兵衛　　　一　十銭　　　鈴木岩吉　　〆弐円弐拾八銭

右本日御地走　茶く王《わ》し　中酒出ス

濃尾地震から間がなく、父・源治郎の十三回忌法事を営まなかった源十郎は、明治三十五年、二十三回忌法事を営む。だが、この明治三十五年を最後に慶弔記載がない。したがって、実質的には、『萬般勝手覺』の記載は、明治三十五年で終わった、と言える。

歯科医目指す長男が自殺

七代目新家源十郎長男新家信三　行年　弐拾才　法名　釋諦信

明治弐拾四年三月廿六日生　俗名新家信三ハ明治三拾八年　当村尋常小学校高等卒業シ

同年同月幡豆郡西尾町　歯科医小野田寅男氏方ヱ　書生ニ住込《すみこみ》修行中急《きつ》と免状下

玄場合《げんばあわせ》ニ而本年明治四拾三年　十月六日西尾町病院田中氏之　病ヒツ（室）ニ而午后《て》四時

ニ死亡ス　私曰《わたしいわく》本人信三ハ自我《みずからが》トク（毒）薬　服用シテ死ニ卒《そつし》タリ

『萬般勝手覺』の末尾は、明治四十三年十月、唐突として、歯科医を目指していた長男・信三の自殺が記載される。源十郎は、明治三十五年に一旦閉じた『萬般勝手覺』を開き、その経緯を書き留めた。そして、再び、開くことはなかった。

信三は明治二十四年生れだから、萬屋は難局にあった。そして、尋常高等小学校卒業時の明治三十八年は、前年に始まった日露戦争の最中。信三が歯科医を目指した理由、自殺の動機は、はっきりしない。自殺は免許が得られそうにない、と悲観した可能性が大きいが、時は戦後の不況下。戦争が、信三の心に影を落とした可能性も否定できない。

また、信三の法名には、名前の一字が入る。明治の終わりころには、名前の一字を取る、現代と同じような法名（戒名）の付け方が、行われるようになっていた。

〃死ニ卒タリ〃はダブりだが、源十郎の悲しみの大きさが現れている。「卒す」は、国語辞典によると、四、五位の人が死んだ時に使うとあるが、筆者が子供のころは、身分に関係なく、使っていた。丁寧語、あるいは謙譲語としての使い方があった、と思う。

源十郎は、長男の自殺を何としても書き残したかったようだ。二度も書き直している。時に源十郎は六十歳。還暦を迎えていた。

以上で、『萬般勝手覺』の解読と、若干の私見を交えて、まとめた本稿を終えるが、『萬般勝手覺』を通読した結論として、次の言葉を結びとしたい。

〃正史〃と呼ばれる権力者側が書いた歴史に惑わされてはならない。地方《じかた》文書を見れば、明治は、日本史上、一般に喧伝されるほど誇れる時代ではないことが分かる。危機意識、商才の欠如など固有の問題もあるが、王政復古があり、大災害、戦争、戦後不況が相次いだ明治は、萬屋にとっては、〃暗治〃で、決して〃夜明け〃ではなかった。

参考文献等

萬般勝手覺　天明四甲辰年　正月出来　新家源兵衛（萬屋源兵衛）
田畑名寄帳　天保五甲午年　正月改　新家源兵衛
田畑名寄帳　慶応四戊申年　正月改　新家源兵衛
萬屋歴代の仏　明治六癸酉年迄　六代目新家源兵衛
吉良町史　資料二　横須賀村を中心とした村方文書　吉良町史編纂委員会
吉良町史　中世後期・近世　吉良町史編纂委員会　平成一一年
吉良町史　近代・現代　吉良町史編纂委員会　平成六年
西尾市史資料叢書六『大給松平家譜下書西尾藩家老・今井家由緒書』
鸚鵡籠中記　名古屋叢続編　名古屋市教育委員会
古文書入門　髙橋磌一編　増補第一版　河出書房新社
國史大辞典　吉川弘文館　角川地名大辞典　角川書店
くずし字辞典　思文閣出版　新選五體字鑑　秀峰堂

参考ネット

日本銀行金融研究所　貨幣博物館ｗｅｂ版

近世の貨幣単位け―古文書便覧―古文書なび
古文書ネット度量衡講座
西尾市の文化財一覧ｗｅｂ版
高浜市観光協会のｗｅｂページ
愛知のオマント　ｗｅｂｌｉｏ辞書
国指定文化財等データベース

あとがき

『萬般勝手覺』の解読に、独学で取り組み、十年になる平成三十年は、明治百五十年に当たる。翌三十一年は今上天皇が退位、新元号が始まる。大きな節目だ。明治は、日本の維新と言われるが、新たな身分を設け、民主化を置き去りにした近代化と、時代に逆行する王政復古という矛盾する政策を同時に進め、戦争へと突入した。韓国支配を進めた初代内閣総理大臣・伊藤博文は、ハルビンで暗殺される。暗殺は、許される行為ではないが、実行者の背後に多くの共感者がいる、と考えられる事案だ。外国の人々に恨みを買うような政治が、果して良いと言えるのだろうか。

政権を握った権力者側が、「正」の側面だけを描いたのが〝正史〟である。「兵隊さんは消耗品です」とは、熊本第六師団の生き残り兵の言葉だが、国民を兵士として戦争に駆り出し、消耗品化したのが、明治政府である。勤王の志士を崇め、「散切り頭を叩いてみれば文明開化の音がする」などと、明治を賛美する声が大きいが、散切り頭をたたけば「時代逆行」「戦争」の音もするのである。いつの時代も「負」の側面がある。「正」の側面だけでなく、「負」の側面にも目を留めなければ、本当に歴史を学んだとは言えまい。

私は、明治を、あまり評価しない。明治は徳川親藩・譜代から薩摩・長州を中心とした外様藩への政権交代と捉える。豊臣政権から政権を奪った徳川政権と同じパターン、と言える。徳川幕府は、家康を神として日光東照宮を建立した。明治を引き継いだ大正は、明治天皇を神にし、明治神宮を建てた。徳川幕府、その前の豊臣政権と同じ手法である。脆弱な政権基盤を強化するため、王政復古により天皇を最高権力者に据え、全国行脚をさせ、政権の権威づけ（中央集権化）を図った明治政府に、近代国家建設という高邁な思想があったとは、私には思えない。

明治以降、確かに近代化した部分はあるが、庶民の生活は、江戸時代とあまり変わらなかった。戦中生まれの私は戦後、名古屋で江戸時代と変わらぬ風景を見た。農家は下肥《しもごえ》で野菜を育てる。畑には下肥を溜める野壺が埋まる。肥樽を天秤棒で担いで歩く農家の人の姿も。だが、幹線道路は舗装され、私が通った小学校は、鉄筋三階建て。ところが、通学路の幹線道路を車ではなく、馬車が通り、アスファルトの上には馬糞が散らばる。

近代化した所と旧態依然の所。この極端なちぐはぐさが、明治以来、日本が進めてきた近代化の姿だった、と言えよう。近代化部分にだけ目に留めた為政者は、皇国史観を基に戦争へと突き進み、昭和の敗戦を招いた、と言っていい。つまり、真珠湾攻撃の萌芽は明治にあった、と私は思う。

我が国が、天皇の統治する皇国だったのは平安時代まで。天皇は大日本帝国憲法が謳うような万世一系とは思えないが、今も明治政府が創案した万世一系と吹聴する国会議員すらいる。少なくとも、北陸と関係が深い継体天皇は、その名からして系統が切れている、と私は考えている。だが、私は天皇を否定するつもりはない。明治政府の過ちを糺したのが、今上天皇である。今上天皇は、美智子皇后と共に、象徴天皇として、国民と共に願い、祈る姿を模索され、国民の安寧を求めてこられた天皇で、敬意を持っている。しかし、歴代天皇の中には、後醍醐のように権力志向の強い天皇や、後鳥羽のように、譲位した後も上皇となり、権力を振るった天皇がいたことも、確かである。歴代天皇も人間。私は、是々非々で捉える。

天皇だから尊いと信じる皇国史観が太平洋戦争を招いた、と私は考えるが、未だに、明治維新を目標に憲法改正を企む人たちがいる。内戦の後、たまたま勝利を収めたが、台湾出兵、日清、日露と戦争に明け暮れた明治など、私は手本に値しない時代と考えている。

如何なる時代も、「正」の側面と共に「負」の側面がある。全てが褒められる時代などない、というのが、歴史を自主的に学んできた私の持論である。江戸時代は、武士だけが威張っていた夜明け前の暗黒の時世で、明治が夜明けの明るい時代とする、常識化した誤った考えに、一石を投じる一助となればと思い、本書の上梓に踏み切った。世間に流布する常識に疑問を持つこと。それが真実に近づける唯一の方法である、と私は確信している。

本稿に登場する花岳寺の前住職で吉良町史編さん委員長を務めた故鈴木悦道老師、河内屋清兵衛の子孫で愛知県文化財保護指導委員の天野清氏、良興寺の三浦教照老師・真教住職、源徳寺の藤原知貴住職には、特にお世話になったので、紙上を借りてお礼を申し上げる。姻族の山碕すみ子氏には吉良町内の案内役としてお世話になった。また、適切な助言をし、出稿後の繁雑な訂正に対しては、手落ちなく対応してくれた郁朋社の佐藤聡社長にも敬意を表さなければならない。なお、これまでの拙著の読者で中学校からの友人・永井清氏（名古屋市在住）の助言も取り入れた。

平成三十年八月　　著者記す

筆者・編集部註／現代では不適切な用語、言葉遣いがありますが、当時使われていた表現なので、歴史的価値を損なわないよう、そのままとしました。

【著者略歴】
新家　猷佑（にいのみ　ゆうすけ）
1942年、愛知県生まれ。同志社大卒。元中日新聞記者
著書：「狼、暴れ候—日記に見る尾張藩事件簿—」（新風舎）
「元禄なごや犯科帳」（柏艪社）
「三河商家五代の家計簿—万屋源兵衛盛衰記—」（郁朋社）
「木曽街道を歩く」（共著、春日井市文化財友の会編）
「親しみやすさ求めて　20周年記念」（共著、春日井市文化財友の会編）
「歩み続けて四半世紀　25周年記念」（共著、春日井市文化財友の会編）
ホームページ「猷々自的」http//www.ma.ccnw.ne.jp/uujiteki/

江戸《えど》・明治《めいじ》の慶弔《けいちょう》　—三河商家《みかわしょうか》　萬般勝手覺《ばんぱんかつておぼえ》—

2018年10月7日　第1刷発行

著　者 — 新家《にいのみ》　猷佑《ゆうすけ》

発行者 — 佐藤　聡

発行所 — 株式会社 郁朋社《いくほうしゃ》

〒101-0061　東京都千代田区神田三崎町2-20-4
電　話　03（3234）8923（代表）
ＦＡＸ　03（3234）3948
振　替　00160-5-100328

印刷・製本 — 壮光舎印刷株式会社

装　丁 — 根本 比奈子

落丁、乱丁本はお取り替え致します。

郁朋社ホームページアドレス　http://www.ikuhousha.com
この本に関するご意見・ご感想をメールでお寄せいただく際は、
comment@ikuhousha.com までお願い致します。

 ISBN978-4-87302-679-4 C0095